Happy Selling

Georg Bierbaum
Klaus Marwitz
Horst May

Georg Bierbaum
Klaus Marwitz
Horst May

Happy Selling

Der geniale Verkäufer

Die Deutsche Bibliothek – CIP-Einheitsaufnahme

Bierbaum, Georg:
Happy selling : der geniale Verkäufer / Georg Bierbaum/Klaus Marwitz/Horst May. – Landsberg am Lech : mvg-Verl., 1997
(Business-Training ; 1192)
ISBN 3-478-81192-9
NE: Marwitz, Klaus:; May, Horst:; GT

Veröffentlicht mit freundlicher Genehmigung der Junfermannschen Verlagsbuchhandlung in der Taschenbuchreihe des mvg-verlags im verlag moderne industrie AG, Landsberg am Lech.

Umschlaggestaltung: Gruber & König, Augsburg
Druck- und Bindearbeiten: Presse-Druck Augsburg
Printed in Germany 081 192/297502
ISBN 3-478-81192-9

Inhalt

Auf ein Wort...

Die Erde ist der Mittelpunkt des Weltalls. Die Sonne und Gestirne drehen sich um die Erde; basta!" – so oder ähnlich hieß es, bis Keppler, Kopernikus und Galilei anfingen, die seit Jahrtausenden vorhandenen, offensichtlichen und im Grunde jedermann zugänglichen Informationen anders auszulegen – plötzlich wankte und fiel ein ganzes Weltbild: „Die Sonne steht im Mittelpunkt der Planetenbahnen" – dieser Satz war einmal so ketzerisch, daß er den Tod bedeutete.

Sie haben ein Buch über das Verkaufen in die Hand genommen und wollen nun sicher wissen, was die Sternenkunde mit Verkaufen zu tun hat. Eine Nähe besteht für die Autoren dieses Buches durchaus: Auch zum Verkaufen gibt es ein feststehendes, ziemlich starres Weltbild, das nur darauf wartet, gestürzt zu werden. Dieses Weltbild der Einkäufer, Verkäufer und auch Trainer rankt sich um Begriffe wie „Preisgespräche", „Kundenwiderstand", „Wettbewerbsdruck", „Ver-

kaufsstrategie" und noch viele mehr. Eine „Weltanschauung", die eine Art Kleinkrieg verkörpert, ist überholt. In diesem Buch wollen Ihnen die Autoren ein neues Modell des Verkaufens und Kaufens anbieten, ohne großartig dabei auf die „alten" Vorstellungen einzugehen. Die Mittel dazu werden Sie u.a. im Neurolinguistischen Denken und Handeln vorfinden.

Die praktischen Erfahrungen mit dieser „hohen Kunst der Kommunikation" sollen in den 90er Jahren dazu beitragen, ein anderes Bild eines „genialen Verkäufers" entstehen und wachsen zu lassen.

Lesen Sie dieses Buch und verschaffen Sie sich selbst einen Eindruck, nachdem Sie sich mit den einfach erklärten und leicht nachvollziehbaren anderen Gesichtspunkten und Blickwinkeln vertraut gemacht haben.

Viel Spaß!

Zum Einstieg eine Geschichte...

Vor einigen Jahren fand in einer Stadt irgendwo in den Vereinigten Staaten ein Bankett für Immobilienmakler statt. Im Laufe des Abends kündigte der Conferencier einen Mann aus dem Publikum an und sagte: „Dieser Mann hat im letzten Jahr das zweifache des nationalen Durchschnittseinkommens für Immobilienmakler verdient."

Die Art und Weise, in der der Sprecher die Ankündigung machte, ließ vermuten, daß dies ein ziemlicher Erfolg sei. Daher reckten alle ihren Kopf etwas vor und hielten erstaunt nach dem Mann Auschau.

„... und er ist vollkommen blind."

Es gab einen stürmischen Applaus. Als er sich wieder gelegt hatte, sagte der Sprecher: „Ich bin sicher, daß sich viele von uns hier jetzt fragen, wie Sie es geschafft haben, ins obere Drittel der Rangliste unserer Spitzenverkäufer zu gelangen – mit diesem Handicap."

„Einen Moment mal", erwiderte der blinde Mann. „Ich habe kein Handicap. Im Gegenteil: Ich habe einen Vorteil gegenüber jedem anderen Verkäufer in dieser Gegend. Ich habe noch nie eines der Grundstücke oder Häuser gesehen, die ich verkauft habe. Also muß ich meine Abschlüsse durch DEREN Augen – DURCH DIE AUGEN MEINER KUNDEN machen. Das, wozu ich gezwungen bin, könnten Sie alle tun, die Sie Augen zum Sehen haben. – Sie würden Ihren Kunden weitaus dienlicher sein und dabei auch noch selbst mehr Geld verdienen."

Einen Moment lang war es vollkommen ruhig in der Halle, während alle darüber nachdachten. Dann brach ganz spontan erneut Applaus aus für diesen couragierten Mann, der seine Verkäufe blind durchführte – und noch dazu einen „weisen Ratschlag" für uns alle bereit hielt.

... durch die Augen des Kunden sehen, den echten Nutzen und die wahren Werte des Käufers erkennen. „Das ist doch nichts Neues", werden manche beim Lesen jetzt sagen. Und so mag es auch zunächst erscheinen. Worin liegt nun der Unterschied zu dem, was bisher im Verkaufstraining und in Büchern zu diesem Thema angeboten wird? Der „geniale Verkäufer" der nächsten Zukunft weicht vor allem in fünf Punkten deutlich vom Bekannten ab:

1. Seine/ihre grundsätzliche Einstellung (Selbstbild) zum Verkaufen beruht 100%ig auf der Vorstellung, daß er/sie sich nur unter einer Bedingung mit einem Verkaufsgespräch und -abschluß glücklich und zufrieden

fühlt: Der Kunde hat nur das für ihn Beste aus der Reihe der zu dem Zeitpunkt vorhandenen Wahlmöglichkeiten an Produkten oder Dienstleistungen erhalten. Das kann auch bedeuten, daß der Verkäufer offen erkennt und zugibt, daß sein Angebot nicht das beste ist.

2. Der „geniale Verkäufer" verwirklicht sich selbst in seinem Bestreben, eine optimale Lösung für die Bedürfnisse seiner Kunden zu finden. Er fühlt sich körperlich und geistig wohl, während er seine Käufer berät (Freude statt Streß, Zufriedenheit statt Spannung).

So erwächst aus den beiden Punkten 1 und 2 eine beiderseitige Gewinn-Situation für Käufer und Verkäufer.

3. Der Verkäufer der Zukunft erwartet aufgrund seines positiven Selbstbildes aufbauende und anregende Gespräche mit seinen Kunden, anstatt die Schwerpunkte in „Neins", „zu teuer", „Bin schon zufrieden" und ähnliche Äußerungen des Kunden zu erkennen. Da sich seine Grundeinstellung so gegenüber dem Kunden von vornherein deutlich unterscheidet, schafft er ein Gesprächsklima, in dem etwaige Hindernisse in einem ganz anderen Licht erscheinen.

4. Im neurolinguistischen Denken und Handeln (Erläuterungen im nächsten Kapitel) verfügt der „geniale Verkäufer" über ein „Kommunikationskönnen", das es ihm ermöglicht, eine wahre „Verbindung" mit seinem Gesprächspartner aufzubauen und bis zum Ende des Treffens zu halten; diese tragfähige Verbindung stellt eine echte Brücke zum Kunden her, auf der in beiden Richtungen frei Informationen ausgetauscht werden können.

5. Darüber hinaus arbeitet der „geniale Verkäufer“ nach dem Grundsatz „Prozeßdenken vor Produktdenken“. So erhält er die nötige Flexibilität (Gewandtheit), die ihn in jeder Verkaufssituation etwas Kreatives (Schöpferisches), zum beiderseitigen Nutzen Beitragendes tun läßt.

So macht Verkaufen Spaß = Happy Selling!

Bis zum heutigen Tag erfahren Verkäufer überall auf der Welt im Training und aus Büchern, was man „bieten tut“, wenn der Kunde „...“ sagt. Nach Meinung der Autoren bedeutet dies, daß Millionen, ja mittlerweile kann man sagen Milliarden von Käufern über ein und denselben Kamm geschert werden. Das ist in gewissem Sinne menschenverachtend.

Die Autoren dieses Buches wollen Sie als den zukünftigen „genialen Verkäufer“ auf folgende grundsätzliche Aussage zum Bild Ihrer Kunden hinweisen:

Da jeder Mensch einzigartig ist, verdient es jeder Kunde, als einzigartiger Mensch in einer einzigartigen Verkaufssituation betrachtet und behandelt zu werden.

Wenn Sie als Verkäufer auf diese Weise der Person des Käufers Ihren aufrichtigen Respekt erweisen, werden Sie in den meisten Fällen genauso behandelt werden – eine andere Gesprächsebene entsteht. Statt Ihren Kunden in eine der „angelernten“ Schubladen zu drücken, geben Sie ihm/ihr Raum sich zu entfalten – und die Schubladen passen so oder so nie so recht. (Dies zeigt die nie endende Nachfrage nach anderen, noch nicht dagewesenen Verkaufstechniken, mit anderen Worten: neue Schubladen.)

Auf diese Weise den Kunden zu achten (und sich selbst zu achten), jede Verkaufssituation als einmaligen Vorgang oder gar Erlebnis zu erfahren – so könnte einer der wichtigen neuen Grundsätze des „genialen Verkäufers" lauten.

Aus dem bisher Gesagten können Sie auch leicht erkennen, daß Sie in diesem Buch kein Tool-Kit (Werkzeugkiste) mit neuen Verkaufstechniken vorfinden werden. Denn neue Techniken für die bekannten sogenannten „Verkaufshindernisse", das wäre nur mehr vom Alten. Gleichzeitig wäre es ein Mißbrauch des neurolinguistischen Kommunikationswissens.

Wie Sie noch erfahren werden, gehört zum Anwenden dieses Wissens eine Persönlichkeit, die vom Glauben und Wissen geprägt ist, daß es in der Kommunikation nur Gewinner geben darf (s.o.). In diesem Buch werden Sie, verehrte/r Leser/in das neurolinguistische Denken und Handeln (NLP) und auch einige Techniken des NLP kennenlernen. Es gibt jedoch in diesem Buch keine Übungen und dergleichen.

Der „geniale Verkäufer" steht für ein Leistungspaket der Autoren:

1. Das Buch „Happy Selling"
2. K-Train Seminare (Kybernetik-Training)
   Hier wird die Praxis des „genialen Verkäufers" mit den Techniken des NLP und des kybernetischen Verkaufens gelernt. Diese Seminare stehen jedermann offen und beziehen die oben beschriebenen „ethisch-weltanschaulichen" Grundsätze in den Lernvorgang mit ein.
3. Spezialseminare – auf gezielte Wünsche zugeschnitten.

Nachdem Sie dies alles nun wissen, sollen Sie endlich erfahren, was es mit NLP – dem neurolinguistischen Denken und Handeln – auf sich hat.

I

Neuro-Linguistic Programming (NLP) – Was bedeutet das?

Der Begriff des NLP als *dem* Werkzeug des „genialen Verkäufers" ist Ihnen nun mittlerweile so oft begegnet, daß es Zeit wird, diese „hohe Kunst der Kommunikation" einmal ausführlich zu erläutern. Wenn Sie sich dann erst ein umfassenderes Bild davon gemacht haben, wird es Ihnen leichter fallen, die naheliegende Verbindung von „NLP und Verkaufen" zu erkennen und zu begreifen.

Hier zunächst einmal die Worterklärung: Neuro-Linguistic Programming stammt aus dem amerikanischen und meint im einzelnen:

‚N' – ‚Neuro' kommt von ‚Neuron' – die Nerven- oder Gehirnzelle; es steht im Grunde für unsere sinnlichen Erfahrungen wie Sehen, Hören, Fühlen, Riechen, Schmecken, wobei innere Bilder, Geräusche, Gefühle etc. genauso dazu gehören, wie die aus der ‚Außenwelt' auf uns zukommenden Reize.

‚L' – ‚Linguistic' stammt von dem Wort ‚Linguistik', die Sprachwissenschaft, ab. Wir Menschen benutzen die Sprache, um die Erfahrungen, die wir in der Welt und in unserem inneren Erleben machen, zu beschreiben. Denkend und sprechend mit Hilfe von Worten finden wir uns überhaupt erst in der Welt zurecht.

‚P' – ‚Programming' – in diesem Begriff erkennen Sie das ‚Vorgeben und Planen eines Ablaufes auf ein bestimmtes Ziel hin'; mit anderen Worten: Mit NLP können Sie das Wissen um die Muster der sinnlichen Erfahrung und der Sprache nutzen, um einmal angestrebte Verhaltensveränderungen (z.B. Lernen) oder andere Ziele möglichst direkt, schnell, einfach und angenehm zu erreichen.

NLP heißt für den „genialen Verkäufer": „Wirksam – den natürlichen Bedingungen von Seele, Gehirn und Körper des Menschen entsprechend – DENKEN und HANDELN!"

Zur Geschichte von NLP

In den 70er Jahren taten sich die beiden Amerikaner John Grinder (Psychologe) und Richard Bandler (Mathematiker) zusammen, um einem Geheimnis auf die Spur zu kommen.

Sie fragten sich nämlich: Was ist es, das die sogenannten „Zauberer der Psycho-Therapie“ haben, was sie so erfolgreich macht? Wie war es möglich, daß z.B. ein Mann wie Milton Erickson Menschen von ihrem Zwangsverhalten oder krankhaften Ängsten in kurzer Zeit heilen konnte, während sich vorher unzählige Therapeuten die Zähne an diesen Fällen ausgebissen hatten?

Bandler und Grinder faßten die Ergebnisse ihrer jahrelangen Beobachtungen dieser „Therapie-Genies“ in einem wohlgeordneten System zusammen: NLP. Eines ihrer Ziele war es nämlich gewesen, das, was die Meister der Kommunikation machten, so darzustellen, *daß es jeder nachvollziehen, erlernen und anwenden konnte.*

Eine ihrer wesentlichen Grundaussagen sei hier vorab einmal hervorgehoben: „Wir Menschen bilden uns ‚Landkarten‘ der Wirklichkeit; unser Gehirn baut diese Landkarte aus den sinnlichen Erfahrungen (Neuro) und unserer Sprache (Linguistic).“

Diese Aussage mag Ihnen noch nicht viel sagen; umgesetzt in eine praktische Forderung lautet diese Grundaussage des NLP:

> *„Ändere deine innere Landkarte, und deine Welt wird sich verändern. Oder: Ändere deine sinnliche Erfahrung, ändere deine Sprache und die Welt wird sich verändern.“ (NLP kann Ihnen genau, Schritt für Schritt sagen, wie das möglich ist.)*

Vielleicht nehmen Sie sich einmal die Zeit und denken schon jetzt darüber nach, welche Bedeutung die obigen Vorannahmen des NLP für Sie in der Praxis des Verkaufens haben könnten.

Die beiden NLP-Begründer waren so erfolgreich mit ihrem neu entwickelten „Kommunikations-System“, daß sie sehr bald selbst einige der von ihnen vorher beobachteten „Zauberer der Therapie“ sozusagen „rechts“ überholten. Sie wurden zu gefragten Therapeuten, insbesondere auch bei sogenannten hoffnungslosen Fällen; und es bereitete ihnen sogar Spaß, gerade diese Herausforderungen anzunehmen und sie mit Leichtigkeit zu bestehen. Indem sie „Unheilbare“ heilten, belegten Bandler und Grinder die Wirksamkeit von NLP. Schnell sorgte NLP für Aufsehen in Therapeutenkreisen rund um die Welt.

Als Beispiel für die durchgreifende Wirkung von NLP sei Ihnen die „Fast-Phobia-Cure“, die schnelle Heilung von Phobien (zwanghaften Ängsten) genannt: In weniger als fünf Minuten „kurierten“ Bandler/Grinder Menschen z.B. von ihrer Höhenangst, was diese oft selbst nicht glauben konnten.

Berühmt ist auch ein NLP-Muster, mit dem man Rauchern in wenigen Minuten das Rauchen oder „Freßsüchtigen“ in der gleichen Zeit z.B. das Schokoladeessen abgewöhnen kann. Unglaublich, mögen Sie denken. Bandler und Grinder wiesen nach, daß so etwas 1. möglich ist und 2. für jeden nachvollziehbar und machbar ist.

Seit Anfang der 80er Jahre begann NLP Schritte in andere Richtungen. Was vorher nur auf den Bereich der Therapie beschränkt war, fing nun an, auch auf anderen Gebieten aufzublühen: „NLP als Kunst der Kommunikation“ fand immer wieder neue Anwendungen: In der Wirtschaft (Management), in der Pädagogik (kreatives Lernen), im Sport, der Kunst und und und... heute auch im Verkauf.

NLP und Manipulation im Verkauf

Gerade in diesem Zusammenhang sollen Sie auch einen kritischen Punkt in der Geschichte von NLP erfahren: Obwohl innerhalb des NLP alles Wissen und alle Techniken offen auf dem Tisch liegen, hat es für Außenstehende stets einen leicht anrüchigen Beigeschmack der „Manipulation" im Sinne von ungewollter Beeinflussung gegeben. Tatsächlich ist es möglich, mittels NLP mit den eher weniger bewußten Schichten der menschlichen Persönlichkeit Verbindung aufzunehmen und dort auch Einfluß zu nehmen. So entsteht zwangsläufig die Frage: Wann und wo ist es „rechtens", das weniger Bewußte zu beeinflussen, und wann und wo nicht?

Wenn jemand seine Gesundheit retten will, indem er/sie sich von der Sucht nach Alkohol oder Drogen befreit bzw. befreien läßt, ist es ihm/ihr wohl recht, sich auf Wege zu begeben, die ihm/ihr bewußt wohl nicht offenstehen. (Sonst hätte er/sie wohl schon längst damit aufgehört.)

Wie sieht es beim Verkauf von Waren, Produkten und Dienstleistungen aus? Von der Werbung im Fernsehen lassen wir uns mehr oder weniger bereitwillig zum Kauf verführen; und die Werbeleute nutzen die Mittel der unbewußten Einflußnahme auf „Teufel komm raus". Auch im direkten Verkaufsgespräch könnten Sie, wenn Sie in NLP ausgebildet sind, sehr stark unterschwellig auf Ihre Partner einwirken und zwar ohne deren Wissen. Mit NLP halten Sie dann ein mächtiges Werkzeug in der Hand; ein Werkzeug, das eine Persönlichkeit erfordert, die von hohen Idealen geleitet ist.

„Hohe Ideale", ein frommer Spruch vielleicht zunächst? Im einzelnen ist damit für den „genialen Verkäufer" u.a. folgende Forderung gemeint:

> *„Finde heraus, wo die tatsächlichen Werte und Bedürfnisse deines Kunden liegen, und hilf ihm so, das wirklich Richtige zu kaufen."*

Mit anderen Worten: Wer mit Hilfe von NLP verkaufen möchte, sollte unbedingt das Wohl seines Kunden im Auge haben, wenn er mit weniger bewußten Anteilen der Persönlichkeit seines Gegenübers umgeht. (Mehr davon und wie man dies Schritt für Schritt erlernen kann, z.T. in diesem Buch und in Einzelheiten im dazugehörigen Seminar.)

Sie sehen: Die führenden Köpfe im NLP (im deutschsprachigen Raum sei hier vor allem der Name Thies Stahl genannt) und die Autoren dieses Buches legen großen Wert darauf, daß das Wissen um NLP in die „richtigen Hände" fällt. Das mächtige Werkzeug NLP soll nur zum beiderseitigen Nutzen, hier dem Nutzen und Gewinn von Käufer *und* Verkäufer, eingesetzt werden. Um dies im Rahmen der Möglichkeiten sicherzustellen, wird die Vermittlung und Anwendung der Techniken hauptsächlich in den Kontext der Seminare gestellt.

In der Praxis des Verkaufsgesprächs steht dann neben anderen Gesichtspunkten immer wieder eine Frage im Mittelpunkt: „Wieviel ist das Produkt/die Dienstleistung dem Kunden wert?" Auf diese Frage sammelt der Verkäufer mittels NLP Informationen, die er von bewußten (z.B. durch direkte Fragen) und weniger bewußten (z.B. durch Körperbewegungen, Augenbewegungsmuster etc.) Teilen der Person des Gegenüber erhalten kann. Mit diesen Informationen erhält der NLP-trainierte Verkäufer sehr viele Anhaltspunkte; damit kann er die „Werte" und das Verständnis vom Nutzen, das der Käufer hat, sehr genau abschätzen.

Drei Möglichkeiten, sich dem NEUROLINGUISTISCHEN DENKEN UND HANDELN anzunähern:

- Ein allgemeiner Rahmen
- Einige grundsätzliche Vorannahmen des NLP
- Das praktische Vorgehen

Ein allgemeiner Rahmen

Wer sich heute aufs Geratewohl mit NLP vertraut machen will, erhält als allgemeinen Eindruck wohl am ehesten, daß es sich da anscheinend um bestimmte Techniken der Kommunikation handelt. Mit diesen kann man dann anscheinend alles erreichen, von der Abgewöhnung des Rauchens bis hin zu gesteigerter Kreativität (Schöpferkraft) in allen möglichen Bereichen und noch mehr. Dieses etwas oberflächliche Bild von NLP schärfer werden zu lassen, ist Aufgabe dieses Abschnitts. Bevor man im NLP zum Gebrauch von Techniken schreitet, sollten vier andere Punkte geklärt sein:

1. Rapport (siehe auch eigenes Kapitel)

Um überhaupt mit einem Menschen, z.B. einem Käufer kommunizieren zu können, muß man als Rahmen eine Verbindung (Rapport) herstellen und auch halten können. Rapport bzw. eine Verbindung ist die Brücke, auf der Käufer und Verkäufer sich immer wieder gegenseitig Nachrichten und Informationen zuschicken; noch direkter vielleicht die Brücke, auf der sie aufeinander zugehen und sich treffen um einen Handel abzuschließen.

Wenn die Verbindung abreißt oder nur schlecht zustande kommt, kann das Produkt oder die Dienstleistung noch so gut sein; die Informationen dazu kommen nicht mehr an.

Der „geniale Verkäufer" nimmt die Verantwortung auf sich, ja es ist ihm eine Freude, eine echte Verbindung zu seinen Kunden herzustellen. Er sorgt dafür mit bestimmten Techniken des NLP wie z.B. „Pacen" (im Gleichschritt gehen). Der Verkäufer kann sich so etwa in seiner Sprache und in seinem Verhalten der Situation des Käufers angleichen.

2. Ziele, Ergebnisse (outcomes)

Wenn der Verkäufer eine Verbindung mit seinem Kunden herstellt, so hat dies überhaupt nur einen Sinn, weil er dabei ständig ein Ziel „im Hinterkopf" hat. Dies kann ganz allgemein schlicht und einfach so lauten: „Ich möchte dem Kunden Produkt X verkaufen." NLP hilft dem Verkäufer, seine Ziele genauer und wohlgeformter zu formulieren (linguistisch) und sie auch im Erleben genauer zu bestimmen (z.B. Erleben einer Zielsituation vor dem inneren Auge).

Die Zielvorstellung ist dem NLP-geschulten Verkäufer deshalb so wichtig, weil sie die „Meßlatte" für alle seine Handlungen, sowie die Anwendung von Techniken etc. darstellt. Die Zielvorstellung hilft dem Verkäufer, wichtig von unwichtig, sinnvoll von wenig sinnvoll in seinem Handeln zu unterscheiden.

3. Ökologie

Wenn Sie sich als Verkäufer für ein bestimmtes Zielbild (Zielvorstellung) entschlossen haben und auf dieses zuarbeiten, werden Sie sich ständig anderen Zielvorstellungen gegenübergestellt sehen; z.B. werden die Zielvorstellungen des Käufers häufig von den Ihren abweichen. Vielleicht mag Ihr Kunde sogar mit Ihnen übereinstimmen, während andere beteiligte Personen (Chef, Vorgesetzter, Ehefrau, Geschäftspartner) mit ihren Zielen unsichtbar auf die gegebene Situation einwirken.

Der „geniale Verkäufer" ist sich dieses Rahmens als ständigem Begleiter seiner Verkaufsgespräche voll bewußt; er sucht geradezu die jeweils einwirkenden Zielvorstellungen zu erkennen und herauszuschälen. Im Abwägen der Zielvorstellungen (eigener und anderer) wählt er seine Vorgehensweise und findet so „harmonisch-ökologische" Problemlösungen für seine Kunden.

4. Techniken oder Muster:

„In diesem Buch finden sie kein Tool-Kit (Werkzeugkiste) mit neuen Verkaufstechniken vor" – so konnten Sie in der Einleitung lesen. Da nun das NLP im eigenen Verständnis von sogenannten „Techniken" spricht, lassen Sie uns diesen scheinbaren Widerspruch aufklären: Die Anwendung von Techniken geschieht nur in Übereinstimmung mit der Ethik des „genialen Verkäufers" (siehe entsprechendes Kapitel). Das heißt, dem „genialen Verkäufer" stehen eine ganze Reihe von höchst wirksamen NLP-Techniken zur Verfügung; sobald er erst einmal Rapport hergestellt und sich nach genauem Abwägen für eine ökologisch-wohlgeformte Zielvorstellung entschieden hat. Es gibt im NLP ganz bestimmte Techniken für bestimmte Ziele, von denen Sie einige im Verlaufe dieses Buches kennenlernen werden.

Sie haben vielleicht bereits gemerkt, wie systematisch und geordnet die Vorgehensweise des NLP ist. So erscheint es auch offensichtlich, daß die ersten drei Punkte stets neu in der Verkaufssituation, dem Gegenüber angepaßt werden müssen, damit die Techniken (Punkt 4) überhaupt erst funktionieren können.

So werden die Antworten, die ein NLP-trainierter Verkäufer entwickelt, immer absolut „handgemachte Einzelanfertigungen" sein; und genauso erklärt sich auch der Erfolg und die zielsichere Wirksamkeit des NLP.

Einige grundsätzliche Vorannahmen des NLP

1. Sie können nicht *nicht* kommunizieren.

Das klingt vielleicht seltsam und enthält gleichzeitig einen wertvollen Hinweis auf die Natur der Kommunikation, auch der Verkaufskommunikation.

„Sie können nicht *nicht* kommunizieren" heißt in der Umkehrung: „Sie kommunizieren immer", sobald Sie mit jemandem an einem Ort zusammen sind. So wäre „Nichtbeachten" auch eine Nachricht, die Sie übermitteln würden, und die für den anderen Bedeutung haben könnte.

Wir kommunizieren stets über alle drei Hauptsinneskanäle, nämlich über:

die Augen – Blicke etc.
die Ohren – Sprache etc.
den Körper – Bewegungen, Haltungen etc.

D.h. allein schon diese drei „Hauptkanäle" zum Übertragen und Empfangen von Botschaften (= Kommunikation) sind ständig aktiv (sobald eben zwei oder mehr Menschen zusammen sind). Das obige Beispiel vom „Nichtbeachten" könnte man so darstellen:

Blickkontakt – (nicht vorhanden)
Sprache – (nicht vorhanden)
Körpersprache – (abgewandte Haltung des Kopfes und Körpers).

Der „geniale Verkäufer“ kennt den Grundsatz des „Nicht-nicht ...“ und bezieht ihn mit in seine Verkaufsgespräche ein. Sowohl, wenn er den Kunden und die „Ganzheit“ seines Verhaltens betrachtet, als auch bei seinem eigenen Verhalten (was Sie später noch ausführlicher erfahren werden).

2. In engem Zusammenhang mit dem gerade beschriebenen Punkt steht einer der ersten und ältesten Leitsätze des NLP:

„Die Bedeutung deiner Kommunikation ist die Reaktion, die du erhältst.“

Diese etwas ungenaue Formulierung hört sich im Original etwas runder an: „The meaning of your communication is the response you get.“

Praktisch umgesetzt können Sie darunter folgendes verstehen:

„Nicht was du beabsichtigst, zählt; worauf es ankommt ist ..., wie dein Gesprächspartner auf dich reagiert.“

Im Grunde geht es darum: Kommunikation schafft im Partner eine Erfahrung, ein Erlebnis, durch das, was man sagt und tut. Auf dieses innere Erlebnis hin reagiert der Gesprächspartner; nicht notwendigerweise auf das, was man selbst vorher gesagt hat. Nehmen Sie einmal an, Sie haben die Gelegenheit, ein Verkaufsgespräch zu beobachten.

Der Verkäufer preist mit dem Satz „Das ist das momentan Beste, was Sie auf dem Markt erhalten können“ sein Produkt an. Der Kunde antwortet: „Ja, aber ...“

Dieses „Ja, aber ...“ ist das, was der Verkäufer beim Kunden erreicht hat; obwohl der Verkäufer seine Worte wohl gewählt hat, reagiert der Kunde auf irgendein Gegenteil von dem, was der Verkäufer beabsichtigt hat.

Hier hat nun der Verkäufer u.a. zwei Möglichkeiten: Er kann 1. innerlich über diesen „Kundenwiderstand" fluchen, oder auch 2. zu sich selbst sagen: Ich habe X gesagt, um Y als Reaktion zu erhalten. Bekommen habe ich Z. Was kann ich noch machen, um Y von meinem Kunden zu erhalten?

Auf die zuletzt beschriebene Weise würde der Verkäufer zeigen: er übernimmt die Verantwortung, mit dafür zu sorgen, daß sein Partner die Informationen in der Form erhält, wie er sie erleben und verstehen kann. („Kundenwiderstand" gehört dann zu den sprachlichen Ausdrücken der Vergangenheit.)

3. Wir Menschen reagieren/handeln aufgrund unserer Landkarte der Wirklichkeit, nicht aufgrund der „Realität" (Wirklichkeit) selbst.

Das gerade eben beschriebene Beispiel vom Verkaufsgespräch macht diesen Punkt ganz klar: Der Kunde hat auf das reagiert, was in seinem Kopf oder Gehirn geschehen ist, nicht auf die tatsächlich gefallenen Worte des Verkäufers. NLP bezeichnet sich auch als die Wissenschaft von der „inneren Landkarte". Es beschäftigt sich mit den Ideen, Gedanken, Wahrnehmungen etc. der Menschen *über die Welt.*

Die Unterscheidung zwischen innerer Landkarte und äußerer Wirklichkeit war von Anfang an einer der ersten Kernpunkte im NLP. Der Verkäufer, der erst einmal gelernt hat, daß die meisten Menschen „die Speisekarte mit dem Steak" verwechseln, der hat einen gewaltigen Sprung nach vorn getan.

Natürlich glaubt auch der Verkäufer selbst, daß z.B. „der Markt gesättigt ist", wenn ihn erst einmal fünf Kunden mit diesem Argument ausgehebelt haben. Möglicherweise lähmt diese Vorstellung (innere Landkarte) seinen Glauben an seine Fähigkeiten (auch ein innerer Prozeß). Während er daraufhin fest davon überzeugt ist, daß „der Markt wirklich und tatsächlich gesättigt“ ist, verkaufen Kollegen auf genau dem selben Markt noch fleißig, aufgrund ihrer andersartigen Einstellung (inneren Landkarte).

NLP hilft dabei, innere Landkarten zu prüfen, zu verändern und den Zielvorstellungen eines Menschen entsprechend zu verbessern.

4. Es gibt im NLP kein Versagen, nur Feedback (Rückmeldungen).

Dies ist ein wesentlicher Punkt, wie Sie im Kapitel „Kybernetisch verkaufen“ noch ausführlicher sehen werden. Im NLP geht man davon aus, daß *jedes* auftretende Verhalten (z.B. eines Käufers) einen Nutzen enthalten kann. So sagt Ihnen das „Nein“ eines Kunden zunächst einmal wie ein Stop-Schild: „Aha, auf dieser Strecke gehts so nicht weiter.“ Vielleicht liefert Ihnen der Kunde gleich selbst das Material, das Ihnen sagt, in welcher Richtung er bereit ist, mit Ihnen „weiterzufahren“. Mit der „Es gibt nur Rückmeldungen“-Einstellung nehmen Verkaufsgespräche eine ganz andere „Grundfärbung“ an.

5. Für jedes Verhalten brauchen wir Menschen unsere Ressourcen (Kraftquellen). Jeder hat bereits im Grunde alle Ressourcen, nur der Zugang dazu ist manchmal versperrt.

Beispiel Verkauf: Um einen Kunden zu überzeugen, müßten Sie ihn u.a. dazu bringen, daß er ein inneres Bild davon entwickelt, wie er Produkt X erfolgreich einsetzt oder gebraucht. Nun gibt es Menschen, deren Fähigkeit sich etwas bildlich vorzustellen, in dieser Hinsicht begrenzt ist. Hier könnte es Aufgabe des Verkäufers sein, dem Kunden einen Zugang zu dieser speziellen Ressource zu erleichtern.

Auch dieser Grundsatz zielt in diesem Buch auf eine andere Betrachtungsweise des sogenannten „Kundenwiderstandes". Ressourcen (Kraftquellen, Energiequellen) beim Verkäufer selbst und beim Kunden zu erschließen, ist eine der Grundaufgaben des „genialen Verkäufers".

6. Wahlmöglichkeiten schaffen

Ein weiteres grundsätzliches Anliegen des NLP ist das Schaffen von Wahlmöglichkeiten. Weg vom „entweder-oder-Denken"! „Wer nur die Wahl hat um eine Möglichkeit, ist eine Maschine oder ein Roboter (Schalterstellungen: ‚An' oder ‚aus'); wer zwischen zwei Wegen unterscheiden kann, ist nicht viel weiter; wer mindestens drei verschiedene Wege erkennt, das gleiche Ziel zu erreichen und sich so den besten Ausgangspunkt für ein glückliches Gelingen bildet, der ist ein freier Mensch." – So könnte eine Umschreibung dieses Grundsatzes lauten.

So wird auch der „geniale Verkäufer" seine Aufgabe hauptsächlich darin sehen, seinen Kunden die Wahl zu lassen und sogar zu erleichtern: Der „geniale Verkäufer" verschafft seinen Kunden das Gefühl, daß sie sich aus mehreren guten Alternativen für die persönlich beste Möglichkeit entschieden haben.

7. Selbst „Wahlmöglichkeiten im Verhalten" haben.

Damit ein Verkäufer seinem Kunden die Wahl ermöglichen kann, muß er selbst höchst flexibel in seinem Verhalten sein. Flexibel (eigentlich „dehnbar") heißt hier spontan, schnell, schöpferisch handeln. Der „geniale Verkäufer" beherrscht mehr als nur eine Handlungsweise.

Das praktische Vorgehen

Was können Sie, wenn Sie NLP erlernt haben?

Nachdem Sie diesen Abschnitt gelesen haben, wird sich schon wieder etwas konkreter und greifbarer herausgeschält haben, welchen Gewinn Sie von NLP und diesem Buch für sich erwarten können.

Anhand von fünf einfachen Elementen werden Sie nun erfahren, worauf die Wirksamkeit von NLP beruht:

1. Zielvorstellungen
2. Die „Schärfe" der Wahrnehmung
3. Beweglichkeit und Anpassungsfähigkeit im eigenen Verhalten
4. NLP-Techniken
5. Körperlich-geistige „Meisterzustände" und „Aufteilen"

1. Zielvorstellungen:

Der Verkäufer, der mit NLP arbeitet, weiß stets, was er erreichen will und daß seine Ziele es wert sind, sie zu erreichen.

Hier rückt der Wortteil „Programmieren" im NLP in den Vordergrund. Ein „Programm" enthält stets eine Folge von Schritten, die alle im Endeffekt auf ein bestimmtes Ziel gerichtet sind. Sie können es auch so verstehen: Der „geniale Verkäufer" trägt immer sein Zielbild im Hinterkopf; alles, was er z.B. im Verkaufsgespräch sieht, sagt oder macht, bezieht sich auf einen Kern: sein Zielbild (Zielvorstellung).

Natürlich berücksichtigt er/sie auch Teilziele, und er vergleicht seine Zielvorstellungen mit denen seines Kunden. Es ist wie beim Autofahren: Wer bei der Fahrt von Köln nach Frankfurt sein Ziel im Auge behält, kann Staus vermeiden und auch mögliche Umleitungen besser verdauen und vorausplanen.

2. Die „Schärfe" der sinnlichen Wahrnehmung – „Schlüssel" zum Kommunikationspartner.

Jeder, der damit zu tun hat, weiß im Grunde, daß es für einen Verkäufer nichts Schlimmeres gibt, als entscheidende Zeichen, die der Gesprächspartner gibt, zu übersehen. Schon seit einigen Jahren sind Bücher über die „Körpersprache" gefragt, die wie in einem Vokabelheft, dem Verkäufer klarmachen wollen: Diese Bewegung bedeutet das, jene Haltung sagt das.

Wer sich schon einmal näher mit solchen Büchern und auch Seminaren befaßt hat, weiß, daß dort allzuviel versprochen wird. Woher weiß man z.B., ob den Partner gerade wieder der Heuschnupfen in der Nase kitzelt, oder ob die Bewegung der Hand zur Nase tatsächlich sagen will: Hier riecht etwas faul, da bin ich noch nicht überzeugt.

Im NLP unternimmt man gar nicht erst solche Deutungsversuche, da sie sich einfach als zu ungenau erwiesen haben. Vielmehr können Sie mit NLP eine genaue Anleitung dazu erhalten, wie man Informationen von seinem Gesprächspartner sammelt, indem man sich ausschließlich auf die Schärfe der eigenen sinnlichen Wahrnehmung beruft (ohne sog. „Deutungen"). Als Ergebnis davon reagiert der „geniale Verkäufer" ausschließlich auf das, was er wahrgenommen hat (hauptsächlich durch das Sehen und Hören); anders gesagt: er reagiert nur auf das, was jeder andere in dem Raum auch sehen und hören würde. Vermutungen wie im oben beschriebenem Beispiel („Das bedeutet ‚Unsicherheit'.") sind die größten Quellen für Fehlkommunikation. Das erkannten Bandler und Grinder schon früh, als sie daran gingen, NLP zu entwikkeln. Deshalb boten sie eine „Schritt-für-Schritt"-Taktik, mit der man genaue Informationen sammeln kann; diese beruht auf der Schärfe der sinnlichen Wahrnehmung. Diesem „Erfolgsfaktor" im NLP werden Sie sogleich im Kapitel „Rapport" wiederbegegnen, wo er eingehender behandelt wird.

3. Beweglichkeit und Anpassungsfähigkeit im eigenen Verhalten

„... und dann wußte ich nicht mehr, was ich noch tun sollte, mir fiel einfach nichts mehr ein!" Mit diesen Worten könnte man wohl das Ende aller erfolglosen Verkaufsgespräche beschreiben. Auf kaum einem anderen Gebiet macht sich eine fehlende Anpassungsfähigkeit an immer wieder neue Situationen so stark bemerkbar wie im Verkaufsgespräch. Meist hat man nicht einmal die Zeit auf seiner Seite.

Bandler und Grinder erkannten natürlich auch diese „blockierte Situation“ als eine der wichtigsten „ungeknackten Nüsse“ in der Kommunikation, wenigstens für die meisten. Ihre Antwort darauf lautete zunächst einmal ganz einfach und geradlinig:

> *„Wenn du bemerkst, daß dich das, was du gerade getan hast, nicht zu deinem Ziel führt, ... mache etwas anderes!“*

Seitdem denken sich Anhänger des NLP in der ganzen Welt immer wieder hochinteressante, oft provozierende oder von außen gesehen witzige Lösungen für „festgefahrene" Situationen aus. Nun wollen die Autoren dieses Buches Ihnen hier keinesfalls nahelegen, daß Sie als Verkäufer z.B. mal kurz in Ohnmacht fallen, wenn Sie am Punkt des „nichts geht mehr" ankommen (das wäre vielleicht eine allerletzte Möglichkeit). Hauptsächlich geht es hier darum, daß Sie

- erkennen, wann oder wenn Sie mit Ihrem Gesprächspartner in eine „Kommunikations-Sackgasse" steuern; und
- Einfallsreichtum und Schöpferkraft (Kreativität) entwickeln, auf die Sie sich stets verlassen können.

(Zum Punkt „Sackgasse" finden Sie Rat im Kapitel „Rapport".) Kreativität ist eines der Grundanliegen von NLP schlechthin: Mit Hilfe des gezielten Einsatzes Ihrer sinnlichen Wahrnehmung, von bestimmten Techniken und auch Ihrer Phantasie lernen Sie: Wie man immer wieder neue, aus der unverwechselbaren Situation selbst herausgewachsene Lösungsmöglichkeiten schließlich auch unbewußt und spontan entwickelt.

NLP hilft Ihnen also, Ihre sogenannte Intuition (Eingebungskraft) Schritt für Schritt zu entwickeln. Wie soll das gehen? Erst einmal, indem Sie lernen, die richtigen Fragen zu stellen (hier kommt auch der linguistische Teil zum Tragen). Und dann, indem Sie folgende Vorannahme als wichtig und in gewissem Sinne „wahr" in Ihr Denken und Verhalten aufnehmen: „*Jede* Reaktion eines Kunden ist auf irgendeine Weise nützlich und verwendbar." Damit Ihnen die Spannung beim Lesen dieses Buches erhalten bleibt, erfolgt hier noch keine genaue Klärung dieses Punktes. Sie werden diese an gegebener Stelle wiederfinden, z.B. im Kapitel „Reframing".

Flexibilität, also Anpassungsfähigkeit an immer wieder neue Situationen, vermittelt dem „genialen Verkäufer" Sicherheit beim Umgang mit seinen Kunden und Spaß an seinem Beruf.

4. Techniken

Die Techniken des NLP wie z.B. Ankern oder Reframing sind das, was heutzutage die meisten, die es nur oberflächlich kennengelernt haben, unter NLP verstehen. Tatsächlich ist es so, daß die Grundprinzipien, die Eckpfeiler des NLP sozusagen, keine große Veränderung mehr im Laufe der Jahre erfahren haben; daneben entwickelten die führenden Köpfe im NLP neue Techniken, wie zuletzt Robert Dilts die Genialitätsmuster und Richard Bandler bzw. Tad James die Time Line („Zeitlinie").

Die Techniken liefern uns praktisch den „Programmier-Teil" im NLP. Sie können darunter bestimmte Sequenzen (Abfolgen in Einzelschritten festgelegt) verstehen; und zwar bestimmte Sequenzen für entsprechende bestimmte Ziele. Die NLP-Techniken helfen dabei, Verhalten zu organisieren. Sie finden in den Techniken keine Allheilmittel oder Universalschlüssel (wie in manchen der altbekannten Verkaufstechniken). Betrachten Sie sie als Werkzeuge, die zu einem bestimmten Zeitpunkt im Gespräch genau das richtige Hilfsmittel sind, einen Schritt vorwärts auf das vorher auserwählte Ziel hin zu nehmen.

Nun endlich einmal ein Beispiel:

Die NLP-Technik des Kontext-Reframing eignet sich hervorragend dazu, z.B. eine bestimmte Handlung in einem völlig anderen Licht erscheinen zu lassen: Wenn z.B. einmal ein Verkäufer/Kollege zu Ihnen sagt: „Ich bin zu starrköpfig im Umgang mit meinen Kunden", so haben Sie die Wahl: Sie können dem zustimmen oder auch die Technik des Kontext-

Reframing anwenden. Statt zu antworten: „Ja, das ist traurig", könnten Sie einen Kontext, also einen Zusammenhang suchen, in dem seine „Starrköpfigkeit" nützlich und angebracht ist. Also z.B.: „Ja, es ist gut, wenn Sie ganz stur darauf beharren, Ihren Kunden das für sie beste Angebot zu unterbreiten."

Genau wie sich ein Schraubenzieher sehr gut zum Drehen von Schrauben eignet, eignet sich diese NLP-Technik unter bestimmten Voraussetzungen hervoragend. Genauso wie auch der Schraubenzieher sich weniger gut zum Einschlagen von Nägeln anbietet, ist auch jede NLP-Technik mehr oder weniger auf ihren entsprechenden Rahmen beschränkt.

Der Vorteil und die hohe Wirksamkeit der NLP-Techniken liegen in ihrer Genauigkeit der Vorgabe von Einzelschritten zu einem bestimmten Ziel. Bei ihrer Entwicklung wurde das neurolinguistische Wissen um die gesamte Bandbreite der menschlichen Erfahrung in praktisch anwendbare „Formeln" (Gleichungen) umgesetzt – und das höchst erfolgreich.

Sie können sich vielleicht vorstellen, daß Techniken, die in der Psychotherapie anerkanntermaßen sogenannte „Wunderheilungen" hervorgebracht haben (z.B. die schnelle „Phobie-Heilung"), auch in der Praxis der Kommunikation, wie dem Verkaufsgespräch, ähnlich wirksam sein können. Sie gehören daher in die Hände von Verkäufern, die sich selbst sorgfältig auf den Gebrauch solcher oft „mächtigen" Werkzeuge vorbereitet haben.

Der „geniale Verkäufer" weiß, wie und wo er NLP-Techniken einsetzt, weil er mit „wohlgeformten" Zielvorstellungen arbeitet, die auch die Zielvorstellungen seines Gesprächspartners, des Käufers, mit einbeziehen.

5. Körperlich-geistige „Meister-Zustände“ und „Aufteilen“

Zwei kleinere, nicht weniger bedeutende Kernstücke des NLP seien Ihnen am Ende dieses Abschnitts vorgestellt: Der Begriff des „Aufteilens“ bezieht sich darauf, daß das NLP praktisch von Grund auf mit der Absicht durchwoben ist, jeden Schritt, jede Technik etc. erklärbar und damit lernbar zu machen. Anders als in einer „Vogel friß oder stirb“-Methode, werden schon beim Lernen/Lehren alle Teilabschnitte, die sich als zu groß, zu unverdaulich erweisen, immer wieder in kleinere Einheiten „zerstückelt“, besser gesagt aufgeteilt – solange, bis sie den Möglichkeiten des Lernenden, Form und Größe aufzunehmen, gerecht werden.

In gleicher Weise äußert und verhält sich der „geniale Verkäufer“ gegenüber seinem Kunden. Er bietet seine Informationen (und sein Verhalten), wo immer es nötig wird, in „mundgerechter“ Form und Größe an; ... was seine „Akzeptanz“ erheblich steigert (er wird besser angenommen).

„Meister-Zustände“ bezieht sich auf den körperlich-geistigen Zustand, in dem sich der „geniale Verkäufer“ befindet, vor allem auch vor und während des Verkaufsgesprächs. Wer in NLP geschult ist, kann sich willentlich in eine Verfassung hineinversetzen, in der er über seine besten Möglichkeiten, sein höchstes Können verfügt. Da es ihm/ihr auch möglich ist, bei seinen Gesprächspartnern einen solchen Zustand herbeizulocken, kann der „geniale Verkäufer“ weitaus günstigere Rahmenbedingungen für die Kommunikation mit dem Käufer erzeugen, als ein NLP-Nichteingeweihter. Wenn Sie wissen wollen wie ... lesen Sie aufmerksam weiter ...!

Kasten 1

Kommunikation

Kommunikation ist eines der Schlüsselworte in diesem Buch. Sie sollten also unbedingt damit vertraut werden, was sich hinter diesem Ausdruck verbirgt.

Im Fremdwörterlexikon könnten Sie folgende Erklärungen vorfinden:

1. Verständigung, Mitteilung, Übermittlung von Information
2. Verbindung, Verkehr
3. Bildung „sozialer Einheiten" durch die *Verwendung von Zeichen und Sprache*

Alle drei Bedeutungen beschreiben Ihnen Teilbereiche, die das Wort Kommunikation abdecken sollen. Sie erkennen vielleicht die Verfeinerung im dritten Punkt (was zwar noch etwas abstrakt klingt): Bildung „sozialer Einheiten durch die Verwendung von Zeichen und Sprache" sagt uns weitaus genauer, wie und wo „Verständigung", „Mitteilung" und „Verbindung" zustandekommt.

Kurz gesagt: Nehmen Sie zumindest einmal für den Bereich dieses Buches und den Rahmen des „genialen Verkäufers" eine Definition an, die etwa so lautet:

Kommunikation: Käufer und Verkäufer bilden eine Einheit, indem Sie sich durch Sprache und Zeichen verbal (d.h. mit Worten) und nicht-verbal (d.h. u.a. mit Körpersprache) verbinden. Sie bilden diese Einheit immer, um ein Ziel zu erreichen (den Verkauf/Kauf von Waren, Dienstleistungen, einen Informationsaustausch, oft auch zur Befriedigung allgemein menschlicher Bedürfnisse, wie Erfolgserlebnisse etc.).

Kasten 2

Rapport

Das ganze nun folgende Hauptkapitel dreht sich um den Begriff des „Rapports" und wie man ihn herstellt. Daher hier eine allgemeine Worterklärung:

Rapport – darin stecken zwei lateinische Wortteile: „re" = zurück und „apportare" – herbeibringen, -tragen; wer „rapportiert", der trägt also zurück. „Was trägt er zurück?" mögen Sie fragen. Antwort: „Alles, was in der Kommunikation möglich ist."

„Zum Rapport" erschallt es seit Jahrhunderten im Militär und d.h. „*berichten* Sie Ihrem Vorgesetzten, was geschehen ist". Eine erste Bedeutung von Rapport liegt also im einfachen Berichten, Meldung machen. Auch die „Rückmeldung" über Erfolg und Mißerfolg steckt im Wort „Rapport". Denken Sie einmal später daran zurück, wenn Sie im Verlaufe dieses Buches auf die „kybernetische" (selbstgesteuerte) Kommunikation stoßen.

Damit jemand etwas berichten kann, muß eine Verbindung (siehe Kasten: Kommunikation) hergestellt sein. Und so steht das Wort heute immer mehr für diese Bedeutung: Rapport = Verbindung/Kontakt oder: Rapport = Beziehung/Zusammenhang.

Uns interessiert natürlich vor allem die Verbindung, der Kontakt zwischen dem „genialen Verkäufer" und seinen Kunden. Wie erschafft der „geniale Verkäufer" eine starke und „angenehme" Beziehung zum Käufer, wie hält er diesen Rapport auch in schwierigeren Situationen aufrecht? Darüber erhalten Sie im folgenden Kapitel genauere Informationen!

II

Über Rapport

Was bedeutet Rapport speziell für den „genialen Verkäufer“?

Neben der allgemeinen Bedeutung, nämlich „Verbindung mit dem Kunden“, enthält Rapport für den „genialen Verkäufer“ eine weitere hochinteressante Anforderung: Rapport bedeutet für den NLP-trainierten Verkäufer, daß er die Fähigkeit beherrscht,

auf eine systematische Weise Reaktionen vom Käufer zu erhalten.

Eine Betonung liegt hier auf dem Wort „systematisch"; der NLP-geschulte Verkäufer weiß grundsätzlich genau, was er macht, wenn er eine Verbindung zu seinem Kunden herstellt. (Mit Übung geht das später automatisch.)

Weiterhin weiß er auch genau, was er will; er hat ein Ziel für sein Verkaufsgespräch. Was nützt die harmonischste Beziehung zum Käuferkreis, wenn wesentliche Zielvorstellungen von beiden Seiten nicht verwirklicht werden? Wohlgemerkt hat der „geniale Verkäufer" seine eigenen Zielvorstellungen (Verkauf von...) mit denen des Kunden (Nutzen, Gewinn etc.) abgestimmt, wenn er daran geht Rapport (Verbindung) herzustellen.

Beachten Sie genauestens die gegenseitige Abhängigkeit von Rapport und Zielvorstellungen: Ohne Verbindung zum Kunden geht überhaupt nichts im Verkaufsgespräch, „Rien ne va plus", wie es im Französischen heißt – ohne Zielvorstellungen ist der Versuch Verbindungen herzustellen sinnlos, denn wozu sollte man sonst miteinander kommunizieren.

Das Verkaufsgespräch ist wie ein Tanz: Der Verkäufer ist der Herr, der die Dame auffordert, einen Tanz zu wagen (etwas zu kaufen). Schon wenn er sich der „wohlgewählten" Dame nähert, muß er sich überlegen, wie er's am besten anfängt, Rapport aufzunehmen. Welche Worte wird er wählen, welchen Zeitpunkt, von welcher Seite darf er sich nähern, und wie wird er sich körperlich verhalten? Tiefe oder leichte Verbeugung? Laute oder leise Stimme? All das und noch viel mehr muß er blitzschnell abschätzen können, um sich richtig entscheiden zu können.

Was tun, wenn sie ablehnt? Wie einen weiteren Versuch starten, wenn es nötig wird? Natürlich weiß der erfahrene Tänzer (Verkäufer), was zu tun ist, und gleichzeitig muß er sich hüten, das, was er an der gewünschten Tanzpartnerin sieht, hört und wahrnimmt, mit seinen Vorurteilen über Frauen zu verwechseln. Er weiß, daß er mit dummen Sprüchen oder alten Zöpfen nur abblitzen kann, weil er die „Einzigartigkeit" der Partnerin mit so etwas nicht genügend „ehrt". Also reagiert er nur auf das, was wirklich da ist, sichtbar, hörbar, vielleicht fühlbar (d.h. für den Verkäufer, daß er sich beim Rapport-herstellen nur auf seine Sinne verläßt, wie Sie später noch erfahren werden).

Folgt die Dame der Aufforderung, ist der Rapport – die Verbindung – hergestellt, damit ist vielleicht die halbe Miete schon erreicht – und schon heißt es, den gerade errungenen Rapport zu verteidigen. Schon beim gemeinsamen Gang zur Tanzfläche sorgt der Tänzer für einen „Gleichschritt" (behalten Sie einmal dieses Wort im Auge); am besten führt er sie an der Hand und geht im gleichen Tempo wie sie, in gleicher Länge der Schritte.

Unser Tänzer bereitet hier die Voraussetzungen für die nächste, höhere Stufe: diesen Gleichschritt will er nämlich übergehen lassen in den Gleichschritt beim eigentlichen Tanz. Würden beide jetzt anfangen, sich auf die Zehen zu treten, wäre der Rapport – die Verbindung – verloren. Also Vorsicht bei den ersten tastenden Schritten im gemeinsamen Rhythmus. Erst wenn beide feststellen, daß sie sich im gleichen Takt bewegen, kann der Tanz etwas gewagter werden. (Denken Sie zwischendurch einmal wieder daran, daß unser Tänzer den Verkäufer darstellt.)

Hält er den richtigen Abstand zu Anfang, darf er wohl bald einmal etwas näherrücken. Zeigt er, daß er den Tanz beherrscht, läßt sie sich wohl bald von ihm kreuz und quer über die Tanzfläche führen. So kann der Tänzer „prüfen", wie harmonisch die Verbindung (Rapport) zu seiner Partnerin schon klappt, indem er bald einmal eine unerwartete Richtungsänderung einstreut. Wird sie ihm zürnen oder folgen?

Unser Tänzer (Verkäufer) weiß wohl, daß er im Grunde das anbieten muß, was seiner Partnerin Spaß macht oder als sinnvoll erscheint, und da beide im Grunde das Gleiche wünschen, wird er im ständigen Rapport (die Rückmeldung über die Verbindung) mit ihr stets wissen, was er sinnvollerweise als nächstes tun darf und wird, um zum Ziel zu gelangen.

Wie stark der eben beschriebene Tanz dem Verkaufsgespräch ähnelt, wie wichtig sich also der Rapport zwischen Käufer und Verkäufer für Sie als erfolgreichen Verkäufer erweist, werden Sie im Kommenden noch eingehender erfahren. Außerdem lesen Sie von Abschnitt zu Abschnitt mehr darüber, wie man ihn tatsächlich herstellt und erhält. Was? – Na, den Rapport.

Kasten 3

Paradigma

Paradigma bedeutet soviel wie „ein Beispiel, das für alle steht". Sie können es also austauschen oder einsetzen, wo immer die gleichen Umstände und Bedingungen herrschen. Ein Paradigma der Verkaufssituation zeigt sich somit als ein Bild, das mehr oder weniger alle, die mit Verkauf zu tun haben, in ihrem Kopf haben – eine Art Vorstellung oder Idee von der „typischen" Verkaufssituation. Hinter einem „Paradigma", also einem stellvertretenden Beispiel, steht oft ein ganzes Weltbild, eine grundsätzliche Einstellung (mittlerweile wird das Wort Paradigma schon von vornherein im Sinne von „Weltbild" gebraucht).

Gerade weil ein typisches Beispiel der Verkaufssituation meist schon eine besondere Sicht der Dinge beinhaltet, rückt das Paradigma hier in den Vordergrund. Untersuchen wir einmal gemeinsam auch die Frage, welchen Einfluß das Weltbild des Verkäufers auf seinen Rapport (Verbindung) zum Kunden hat.

Das andere Paradigma – Verstehen Sie die Verkaufssituation neu:

Um von einem anderen Paradigma reden zu können, will erst einmal das altbekannte beschrieben sein. Schon im einleitenden Teil dieses Buches tauchen einige Hinweise auf, wie Sie sich erinnern.

Was gehört zu einem typischen Beispiel für eine Verkaufssituation dazu? Im Grunde braucht es nur zwei Beteiligte, um es einmal auf den kleinsten gemeinsamen Nenner zu bringen: Verkäufer und Käufer. Nehmen wir noch dazu die Ware oder die Dienstleistung, so ergibt sich schon der „Rohbau" einer Verkaufssituation:

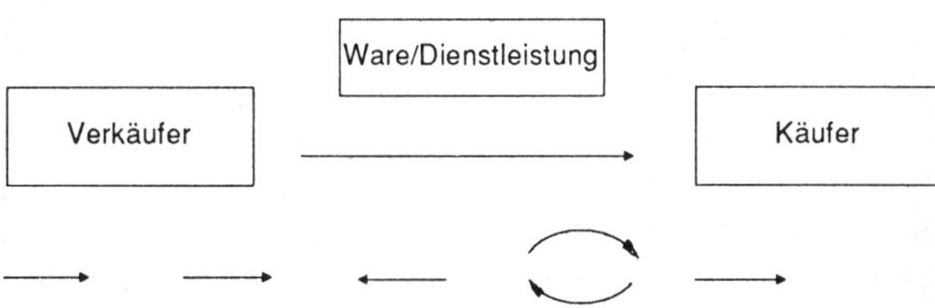

Wozu die Pfeile? Die Pfeile dienen in den nächsten Schritten dazu, die Beziehungen und Vorgänge zwischen den Einzelelementen (kurz: die Prozesse) zu beschreiben. Hier zunächst einmal die Darstellung des überlieferten Verkaufsparadigmas:

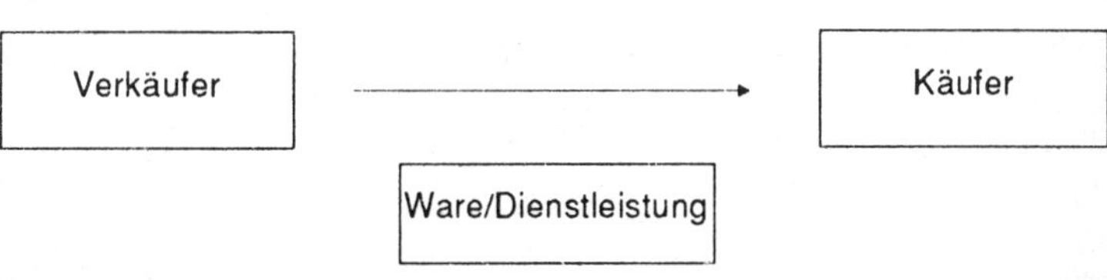

Es gibt im Grunde nur einen Pfeil, er ist auf den Käufer gerichtet, was folgendes sagen will: Der Verkäufer verkauft dem Käufer die Ware. Der Verkäufer ist also der aktiv handelnde (kommunizierende) Teil, der Käufer ist der passiv, empfänglich kommunizierende Teil. Nur der Verkäufer also ist es, der agiert (aktiv handelt), während sich der Kunde im wesentlichen aufs Reagieren beschränkt.

Kein Wunder also, daß der Verkäufer, der diese Art von Verkaufssituation für typisch hält (und das sind eher die meisten), ein „kriegerisches" Weltbild des Verkaufens in sich trägt. Der Verkäufer ist der Angreifer und beim Abschluß der Gewinner/Sieger, der Käufer hat die Rolle des „Sich-Verteidigens" übernommen und zählt am Schluß nicht automatisch gleichfalls zu den Gewinnern.

Die Waffen des Verkäufers sind seine Argumente und Verkaufsmethoden, mit denen er die Verteidigung des Käufers durchbrechen oder umgehen will. Diese Verteidigung besteht u.a. aus dem Wissen um die Verkaufsmethoden und -argumente. Dies als eine grobe Beschreibung des bekannten „Verkaufsparadigmas". Hier nun ein etwas fortgeschritteneres Modell eines möglichen anderen Paradigmas. Es orientiert sich bereits an den Lehren der Kybernetik; der Lehre von der Steuerung von Systemen:

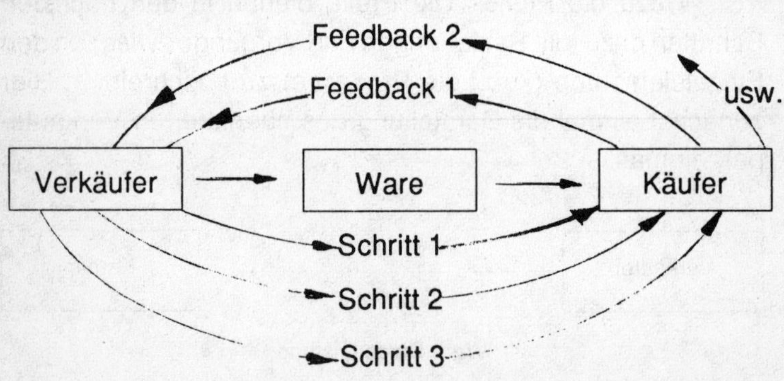

Die Ausgangssituation und oft auch das grundsätzliche Weltbild ist das gleiche wie das oben beschriebene, nur in einem Punkt weitaus durchdachter: Der Verkäufer handelt aufgrund des Feedbacks (Rückmeldung), das er von seinem Kunden erhält. Die Reaktion des Käufers sagt ihm, ob er auf dem richtigen Weg ist.

Sie sehen, auf Schritt 1 (Pfeil 1) des Verkäufers folgt die Reaktion des Kunden = Feedback 1. Nachdem er diese Rückmeldung erhalten hat, beschließt der Verkäufer Schritt 2 zu unternehmen und bekommt Feedback 2. So geht es weiter: Der Verkäufer geht Schritt für Schritt und Feedback für Feedback immer mehr auf den Kunden ein; er merkt so immer mehr, was ihn zum Ziel des Verkaufsabschlusses hinführt und was weg.

Im Falle eines Abschlusses ist zunächst einmal wieder der Verkäufer Gewinner. Die Chance, daß auch der Käufer zum Gewinner des Handels wird, ist hier bereits erheblich größer; vorausgesetzt wäre dabei natürlich, daß sich der Verkäufer mehr an den wirklichen Bedürfnissen und dem Nutzen seines Kunden orientiert hat, und zwar von Schritt 1 (Rückmeldung 1 bis Schritt x) bis Rückmeldung/Kaufabschluß. Immer noch bleibt der Haupt-Pfeil in der Mitte vom Verkäufer zum Kunden, was wiederum heißt: Verkäufer aktiv handelnd – Käufer reagierend.

Nun endlich zum „anderen Paradigma". So haben Sie bereits von den gerade dargestellten Modellen her eine leise Ahnung, wie sich dieses präsentieren wird: Das „andere Paradigma des Verkaufs" zeigt eine „win-win"-Situation (Gewinn – Gewinn) für beide Seiten.

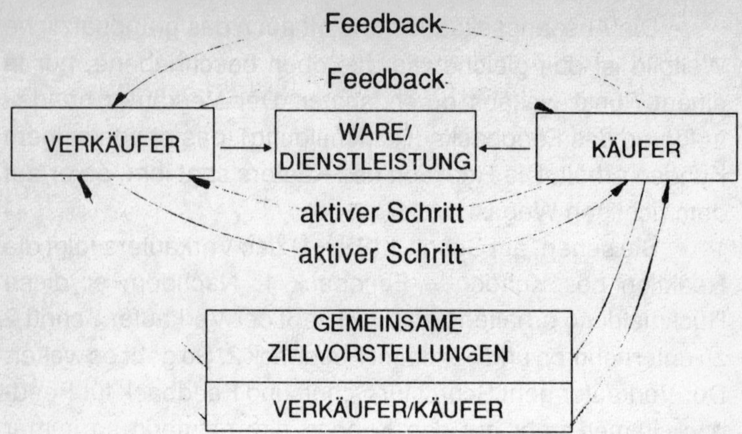

Sie erkennen gleich auf Anhieb, daß bei diesem „anderen Paradigma" die Pfeile von beiden Seiten aus zu beiden Seiten verlaufen. Es gibt im Gegensatz zu den bisherigen Modellen

zwei aktiv Handelnde und zwei Empfangende – ein Wechselspiel zwischen Käufer und Verkäufer.

Das ist echte Kommunikation, echter Rapport.

An der Vielzahl der verschiedenartigen Pfeile und der verschiedenen Richtungen können Sie noch einen weiteren wichtigen Punkt des „neuen" Paradigmas entnehmen. Im Mittelpunkt des „anderen Paradigmas" stehen weniger die Ware und verschiedene Standpunkte der Beteiligten;

vielmehr rücken die vielfältigen Beziehungen und Vorgänge (Prozesse) zwischen Verkäufer und Käufer in den Blickpunkt des Geschehens.

„Anders" am „anderen Paradigma" ist auch ein Element, das hier erstmals dazukommt:

Die Zielvorstellungen von Verkäufer und Kunde sind abgestimmt zu „gemeinsamen Zielvorstellungen". Dadurch wird das Gegeneinander der beiden Seiten im Verkaufsgespräch spätestens hier zum Miteinander.

Gerade in diesem Zusammenhang sei eine weitere bedeutende Eigenschaft des „anderen Paradigmas" genannt: Das Verkaufsgespräch wird im Miteinander um und zu den gemeinsamen Zielvorstellungen zu einer persönlichen Angelegenheit zwischen Käufer und Verkäufer. Ähnlich wie beim Tennisspielen spielen sich die Partner aufeinander ein, und genau wie beim Tennis bleibt jedes Spiel einzigartig. So einzigartig die Bewegungen der Spieler und der Flug des Balles in jedem einzelnen Spiel, so einzigartig werden die Prozesse, die Begegnungen zwischen Käufer und Verkäufer.

Was den Reiz des Tennis als Spiel (und nicht als Wettbewerb) ausmacht, das weiß der „geniale Verkäufer" und mit ihm auch der Käufer im Gespräch zu gewinnen. Sie werden es erfahren: Mit dem „anderen Paradigma", u.a. mit Rapport durch NLP, wird Verkaufen und Kaufen Spaß machen.

Zwischendurch: Ein Wort zum Produkt (Ware/Dienstleistung)

Wenn Sie die bisherige Beschreibung des „anderen Paradigmas" aufmerksam verfolgt haben, wird Ihnen aufgefallen sein, daß das Produkt, die Ware oder Dienstleistung in diesem anderen Modell eine eher untergeordnete Rolle spielen. Geschieht das mit Absicht, mögen Sie fragen.

Ja, die Autoren dieses Buches halten die Bedeutung des Produktes im Verkaufsgespräch von heute und morgen tatsächlich für weniger bedeutend (... als die Prozesse [Abläufe] zwischen Käufer und Verkäufer). Dies bildet eine der herausfordernd anderen Grundannahmen zum „anderen Paradigma". Wie kommt es dazu?

Eine der Ursachen liegt in der immer größeren Gleichheit oder Ähnlichkeit der Produkte: Abgesehen von einigen technischen „absoluten" Neuheiten, die meist für immer kürzer werdende Zeiträume noch neu und anders bleiben, gleichen sich die meisten Waren verschiedener Firmen mehr und mehr einander an, in jeder Hinsicht. Das Paradebeispiel hierfür: die Autos. Wenn heute ein Wagen auf der Autobahn an Ihnen etwas schneller vorbeibraust, müssen Sie schon genau hinschauen, um sagen zu können, ob es ein BMW oder Mercedes war, vielleicht war es sogar ein Audi. Allein schon der CW-Wert (Luftwiderstandsbeiwert) scheint „gleichmachende" Ähnlichkeit hin zur Tropfenform zu erzwingen.

Da nun die Waren sich einander immer mehr ähneln, wird es in gleichem Maße schwieriger „Marken" oder Namen zu verkaufen: Die persönlichen Neigungen oder Eigenschaften des Käufers rücken in den Vordergrund ... und der „geniale Verkäufer" muß lernen, auf die Persönlichkeit seines Kunden einzugehen, um den Nutzen, die Vorteile der Ware in die Sprache, das „Lebensgefühl" des Käufers zu übersetzen. Die Ware wird Mittel zum Zweck des Verkaufsgesprächs; im Mittelpunkt steht jetzt die „Kommunikation".

Aus dieser Sichtweite heraus wird Ihnen das „andere Paradigma" noch sinnvoller erscheinen und Sie werden verstehen, wie es kommt, daß der „geniale Verkäufer" sagt: „Vor dem Produktdenken kommt das Prozeßdenken".

An dieser Stelle gleich zwei weitere grundsätzliche Vorannahmen des „genialen Verkäufers". Die Autoren dieses Buches gehen selbstverständlich davon aus, daß ein Verkäufer:

- sein Produkt/Ware/Dienstleistung mit seinen allgemeinen Eigenschaften, „Vor- und Nachteilen“ für seine Kunden „im Schlafe“ kennt und beherrscht. Dies ist eine Grundbedingung für den „genialen Verkäufer“.
- sich an eine „Kundengruppe“ wendet, für die sein Produkt ein Mindestmaß an Nutzen oder möglicher „Bedürfniserfüllung“ darstellt.

Kühlschränke an Eskimos zu verkaufen oder Sand an Sahara-Bewohner, das kann nicht die Aufgabe eines „genialen Verkäufers“ sein. Zugegebenermaßen wäre beides mittels einiger NLP-Techniken möglich. Hier muß man sagen: Leider. Für den „genialen Verkäufer“ gilt „das andere Paradigma“, und das beinhaltet die Zielvorstellungen des Käufers genauso wie die des Verkäufers (was Ihnen ein schneller Blick auf das Modell Seite 48 schnell noch einmal verdeutlichen kann).

Produktkenntnisse, Marktanalyse und ähnliches sind notwendige und selbstverständliche, vorbereitende Schritte. Erst die „hohe Kunst der NLP-Kommunikation“ ebnet die Wege im Verkaufsgespräch.

Das andere Paradigma: Auch der Käufer „verkauft“ etwas dem Verkäufer!

Happy Selling – glückliches, lockeres Verkaufen, schon im Titel dieses Buches taucht da eine Sichtweise auf, die natürlich herausfordert und somit Teil des „anderen Paradigmas“ wird. Verkaufen soll also Spaß machen?

Natürlich, denn der „geniale Verkäufer“ ist Verkäufer aus innerer Überzeugung. Er sucht sein Glück, indem er etwas verkauft. Er ist glücklich (happy), weil er einige seiner Mitmenschen mit dem Nutzen und den Vorzügen seiner Ware/Dienstleistung beglücken kann. Genaugenommen ist er deshalb glücklich, weil seine Kunden ihm zu verstehen geben: „Du hast uns in diesem Verkaufsgespräch gut beraten und uns mit deinem Produkt geholfen. Dafür mögen wir dich als Mensch und Person, du bist bei uns gerne gesehen und sollst stets wiederkommen.“

Sie sehen, im „anderen Paradigma“ gibt nicht nur der Verkäufer (Ware und Beratung) etwas, auch der Kunde gibt dem Verkäufer: Zunächst einmal ermöglicht er mit seinem Kauf dem Verkäufer sein Ein- und Auskommen. Darüber hinaus – und das ist Teil des „Anderen am anderen Paradigma“ – gibt der Kunde dem Verkäufer die nötige Selbstbestätigung, auch eine Art Selbstwertgefühl; eines der grundlegenden Bedürfnisse des Menschen wird für den Verkäufer durch seinen Kunden erfüllt. Haben Sie schon einmal *so* darüber nachgedacht?

Gerade hier unterscheidet sich das „andere Paradigma“ sehr von der alten „den-Käufer-niederzwingen“-Mentalität (Einstellung). Wieder stehen die Vorgänge zwischen den „Parteien“ im Vordergrund (Prozeßdenken). Auf beiden Seiten ist Geben und Nehmen (und zwar mehr als Geld) – also eine „Gewinn-Gewinn“-Situation.

Schließlich sei hier noch erwähnt, daß sich im „anderen Paradigma" (dem anderen „Beispiel") Käufer und Verkäufer in gegenseitiger Achtung gegenüberstehen. Wer sich als Verkäufer der ungeteilten Anerkennung seines Kunden erfreuen will (Selbstwertgefühl), wird die persönlichen Eigenarten des Gegenüber als eine willkommene Gelegenheit betrachten, seinerseits Achtung und Anerkennung auszustrahlen. Der „geniale Verkäufer" ist in NLP-Kommunikation geschult und kennt dieses Gesetz des Rapports (im Volksmund: Wie man in den Wald hineinruft, so schallt es heraus).

Mit der Hilfe seines Kunden kann sich ein Verkäufer selbst von seinem möglichen „Hermes-Komplex" befreien (heilen). Wollen Sie wissen, was das ist? Lesen Sie den nächsten Abschnitt.

Der Hermes-Komplex: Wie stehen Sie als Verkäufer zu sich selbst?

Bevor wir gemeinsam den Rapport (die Verbindung) zum Kunden aufnehmen und auf das „Wie" des Rapports eingehen, sollen Sie erst einmal bei sich selbst einkehren, Kontakt mit sich selbst herstellen. Da Sie Ihrem Kunden wohl nicht z.B. das Bild eines unsteten oder ängstlichen Menschen bieten wollen, ist die Frage „Wer bin ich als Verkäufer?" ein erster Schritt zum „genialen Verkäufer".

Vorab ein typisches Beispiel: Bei – damals noch – Frank Elstners Samstagabend-Fernseh-Show „Wetten daß" kommt durch irgendeinen Umstand einer der Live-Zuschauer auf die Bühne. Beim Vorstellen des Mannes stellt Frank Elstner auch die Frage: „Was sind Sie von Beruf?" Der gute Mann druckst lange herum und erst nach dreimaligem Nachhaken von Elstner kommt schließlich mit etwas gepreßter Stimme die

Antwort: „Ich bin Verkäufer“ – gerade so, als müsse er sich dieses Berufes schämen.

Und so findet man es leider viel zu oft. Das Vorurteil, daß Verkaufen ein wenig ehrenhaftes Betätigungsfeld sei, sitzt seit Jahrhunderten sehr tief (z.B. Kaufleute = Pfeffersäkke). „Händler“ wurden im deutschen Sprachraum eher als „Parasiten“ betrachtet. Dementsprechend gibt es bei vielen Verkäufern eine große Angst, als solche in Erscheinung zu treten (wie in der beschriebenen TV-Show geschehen). Diese Angst, geradezu ein Komplex, wird demnach sehr treffend als „Hermes-Komplex“ bezeichnet (Komplex = mit starken Gefühlen besetzte Vorstellungen, die nach ihrer Verdrängung aus dem Bewußtsein oft Zwangshandlungen, -vorstellungen oder einfach Fehlleistungen und Versagen auslösen). Hermes war der Götterbote in den Sagen der alten Griechen. Besonders dann, wenn Zeus, der Chef der Götter, ihn auf eine geheime „Mission“ schickte, pflegte Hermes die geschicktesten *Verkleidungen* anzulegen, um nur ja nicht unangenehm aufzufallen.

Genau das Gleiche machen viele Leute, die im Verkauf tätig sind. Sie sagen nicht: „Hier stehe ich, der Verkäufer, stets zu Ihren Diensten.“ Dem Hermes gleich wählen sie Berufsbezeichnungen wie „technischer Berater“, „Kundenberater“, „Gebietsleiter“, „Verkaufsförderer“, „Vertriebsbeauftragter“ – bestimmt kennen Sie selbst noch einige solcher „Verkleidungen“ für Verkäufer. Dahinter steckt, wie schon gesagt, der Gedanke, daß Verkaufen eine unrühmliche Tätigkeit sei. Hand aufs Herz! Wie steht es mit Ihnen? Wie denken Sie über sich selbst als Verkäufer? Halten Sie das Verkaufen für ein Gewinnabschöpfen, ohne echten Wertzuwachs zu leisten; oder verstehen Sie Ihr Verkaufen und Handeln mit Waren oder Dienstleistungen als einen schöpferischen, interessanten und wertvollen Vorgang zwischen Ihnen, dem Verkäufer, und Ihrem Kunden, dessen echte Bedürfnisse Sie herausfinden und ihn mit dem entsprechenden Nutzen versorgen?

Letzteres gilt als die Sichtweise des „genialen Verkäufers“. Er steht voll hinter seiner Einstellung: „Ich verkaufe Nutzen und helfe Bedürfnisse erfüllen. Indem ich verkaufe, mache ich mich zum Freund meiner Kunden. Daher bin ich dort gerne gesehen und willkommen.“ Da gibt es kein Verstekken und Tarnen wie beim Verkäufer mit Hermes-Komplex. Urteilen Sie selbst: Der Verkäufer, der mit dem zuletzt genannten „Glaubensbekenntnis“ beim Kunden auftritt, strahlt Zuversicht und Selbstvertrauen aus, was sich in seiner Darstellung des Produkts widerspiegeln wird, in seiner Einstellung und seinem Verhalten zum Kunden und schließlich im Verhalten des Käufers selbst.

Kongruenz – Inkongruenz: NLP bündelt Ihre Energien

Wie schafft man es, seinem Kunden die Ausstrahlung des „genialen Verkäufers“ zu bieten? Im neurolinguistischen Denken und Handeln (NLP) nennt man jemand, der mit allen seinen „Output-Kanälen“ (= Sende-Kanäle) die gleiche Botschaft vermittelt oder ausdrückt, einen „kongruenten“ Menschen.

„Kongruent“ heißt „übereinstimmend, deckungsgleich“. Der „geniale Verkäufer“ ist somit kongruent, indem er z.B. mit seinen Worten, seiner Stimme, seiner Körperhaltung und seinem Aussehen – kurz: mit allen „Output-Kanälen“ dieselbe Botschaft ausstrahlt: „Ich bin ein guter Verkäufer. Ich bin von mir selbst, meiner Ware und meiner Fähigkeit zu kommunizieren, vollkommen überzeugt.“

Wenn nur ein „Sende-Kanal" eine andere Botschaft vermittelt, so spricht man im NLP von „Inkongruenz" (= Unstimmigkeit, fehlende Deckung). Ein typisches Beispiel für Inkongruenz bei Verkäufern findet man neben dem Hermes-Komplex auf der sprachlichen Ebene in der berühmt berüchtigten „Ja, aber..."-Formel. Beispiel: „Ich bin ein guter Verkäufer, aber meine Produkte haben fallende Nachfrage, sind zu teuer etc." Eine solche „Ja, aber"-Einstellung schlägt sich meist auch in der Körpersprache nieder. Die Worte sagen etwas Positives, die Schultern hängen dazu herab und die vorgebeugte Haltung verrät das „Aber...". Inkongruenz deutet immer auf innere Konflikte im Verkäufer hin: Der eine Teil will X, ein anderer Y. NLP bietet glücklicherweise einige Wege an, solche inneren Konflikte zu lösen und aufzuheben, damit aus einem inkongruenten Verkäufer der „kongruente" Verkäufer wird. Im wesentlichen handelt es sich hier darum, daß z.B. *zwei Teile einer Verkäuferpersönlichkeit* an den verschiedenen Enden eines Strickes ziehen, wie beim Tauziehen. Jeder dieser Teile hat letztendlich eine positive, gute Absicht für den ganzen Menschen im Sinn.

Beispiel:	Teil A:	Teil B:
Verkaufsgespräch	drückt Unsicherheit ← aus	→ lobt mit positiven Worten den Nutzen des Produktes
	Absicht: will Mißerfolgserlebnis für Verkäufer verhindern	Absicht: will Nutzen verkaufen für Verkäufer und Kunden, will Abschluß machen
Ergebnis:	In-Kongruenz	

Mit Hilfe von NLP kann man solche Inkongruenzen auf Anhieb ausfindig machen. Darüber hinaus gibt es nun eine leicht erlernbare Schritt für Schritt-Vorgehensweise, die zu folgendem Ergebnis führt:

Statt [← A][B →] ziehen [A → + B →] am gleichen Strang!

(Die Pfeile stehen für Richtung und Kraft.)

Die Energie des Verkäufers ist nun in die gleiche Richtung gebündelt und zwar, ohne daß einer der beiden Teile Abstriche an seinem Standpunkt machen müßte.

Besonders interessant wird dieses Streit- oder Konflikt-Modell im NLP durch eine naheliegende Tatsache: Auch der Käufer oder Kunde zeigt oft solch inkongruentes Verhalten (siehe z.B. „Ja, aber ..."). Der „geniale Verkäufer" weiß auch diese Energien zu nutzen und neu auszurichten. (Das NLP-Konflikt-Modell ist Teil der K-TRAIN-Seminare.)

Kybernetisch verkaufen: Durch Selbststeuerung zum Verkaufserfolg (die Vorwärtsschleife)

Schon bei der Beschreibung des „anderen Paradigmas" ist Ihnen der Begriff Kybernetik bereits einmal in diesem Buch begegnet. Kybernetik steht für die „Lehre von der Steuerung von Systemen" und stammt vom griechischen „Kybernetes" = Steuermann. Die kybernetischen Gesetze oder Regeln bilden die Grundlage für die Erfolge des „genialen Verkäufers"; aus diesem Grund sei diesen Regeln hier noch eine ausführliche Darlegung gewidmet.

Fangen wir an mit dem Kybernetes, dem Steuermann. Was macht er? Ein Steuermann richtet das Ruder seines Schiffes immer wieder neu so ein, daß es den vorher ausgewählten Hafen auf dem direktest möglichen Weg erreicht. Der wichtigste Begriff, um den sich fast alles in der Kybernetik dreht, heißt *Feedback* (deutsch: füttere zurück) oder *Rückmeldung*. Auch der Steuermann verschafft sich ständig Feedback über seinen momentanen Kurs. Bei den alten Griechen schaute er wohl noch zu den Sternen hoch, später peilte er die Sonne mit einem Sextanten an, um den Ort zu bestimmen, an dem sich das Schiff gerade befand. Diese „Rückmeldung" sagte ihm, ob er seinen Kurs beibehalten konnte, oder ob er am Ruder drehen mußte, um zum Ziel zu gelangen.

Ein Steuermann vergleicht einen Ist-Wert (Wo ist das Schiff im Moment?) mit einem Soll-Wert (Liegt dieser Ort möglichst nahe am vorbestimmten Kurs?). Nach dem Vergleich erfolgt gegebenenfalls die Kurskorrektur. Wenn der Ist-Wert dem Soll-Wert gleich ist, lehnt er sich erst einmal entspannt zurück, denn es ist ja „alles in Butter". So also funktioniert der kybernetische Regelkreis.

Schnell noch ein moderneres Beispiel für einen Regelkreis: die Heizung. Am Thermostat werden auch Ist-Werte und Soll-Werte gemessen und miteinander verglichen. Erweist sich der Ist-Wert als höher, als die vorher eingestellte Wunschtemperatur, schaltet der Brenner ab; ist die momentane Temperatur zu niedrig, wird weiter geheizt bzw. wieder gezündet.

Auch Verkäufer und Käufer bilden zusammen eine Art System, das bewußt gesteuert werden kann. Warum nun zwei Beispiele für Regelkreise? Ganz einfach, beim Heizkreislauf finden wir einen geschlossenen Regelkreis; der Soll-Wert wird für längere Zeit fest eingestellt. Ein Steuermann dagegen kann seinen Bestimmungsort (Soll-Wert) jederzeit ändern, falls z.B. der angesteuerte Hafen aus irgendeinem Grund geschlossen werden sollte.

Der „geniale Verkäufer" gleicht also mehr dem Steuermann in einem offenen Regelkreis. Ein Verkäufer hat wohl ein Ziel im Auge: den Verkauf von Waren, in einer Weise, die ihm Spaß macht. Unterwegs zu diesem Ziel muß er ständig andere Teilziele anpeilen oder Hindernisse überwinden, die sich zudem laufend ändern. Jeder Kunde ist ein lebendiger Mensch, der sich in seinem Verhalten von einer Sekunde auf die andere verändern kann. Darüber hinaus kommt es oft vor, daß der Verkäufer sich entschließt, selbst ein anders Ziel im Verkaufsgespräch zu verfolgen als ursprünglich geplant. Um so wichtiger wird die Rückmeldung, das Feedback, sozusagen die Vergewisserung: „Sind der Kunde und ich noch auf ‚Verkaufskurs'?" Und noch genauer: „Habe ich z.B. mit diesem Argument bei meinem Kunden das erreicht, was ich wollte? Hat er so reagiert, wie ich mir das vorgestellt hatte? Falls nicht, wie kann ich mich jetzt so verhalten, daß er anders reagiert?"

Das ist die Natur des Feedbacks für den „genialen Verkäufer". Seine Verbindung (Rapport) zum Käufer kreist ständig (mit fortschreitender Übung natürlich unbewußt) um diese Fragen.

Rapport heißt für den „genialen Verkäufer": *Ich orientiere mich im wechselnden Blick auf das Verhalten (die Kommunikation) des Käufers und meine eigenen Zielvorstellungen. Ich vergleiche beides immer wieder neu miteinander und entscheide dann auch immer wieder neu, was ich als nächstes unternehmen werde im Verkaufsgespräch.* Das ist kybernetisches Verkaufen.

Der Steuermann hat seine Seekarte und er blickt zur Sonne und den Sternen. Zum Ändern und Beibehalten des Kurses greift er ins Steuerrad. Was hat der „geniale Verkäufer"? Seine Seekarte findet er in seinen eigenen Zielvorstellungen. Eine schlechte Karte bietet wenig Hilfe. Daher ist es so „ungeheuer" wichtig, daß der „geniale Verkäufer" bereits im voraus seine eigenen Zielvorstellungen genauestens und allerschärfstens festlegt. Dafür bietet ihm NLP eine Reihe von Möglichkeiten, sogenannte „wohlgeformte Outcomes" (Ergebnisse, Zielvorstellungen) zu entwickeln, z.B. das Interview-Modell.

Gleichzeitig ist der „geniale Verkäufer" stets darauf vorbereitet, ein einmal festgelegtes Ziel wieder aufzugeben; und zwar zugunsten eines anderen Zieles,das sich erst im Verlaufe des Gespräches ergeben hat. Dieses wird er dann wiederum scharf umreißen, etwa im Sinne einer deutlichen inneren Wahrnehmung oder Vorstellung des „Zielzustands". Wichtig dabei ist, daß der „geniale Verkäufer" folgendes verinnerlicht hat: Anstatt sich enttäuscht zu fühlen, weil das vorher angepeilte Ziel nun sinnvollerweise nicht mehr als erstrebenswert erscheint, kommt vielmehr Freude auf: Freude über die jetzt neuentstandene Möglichkeit, ein noch interessanteres Ziel verfolgen zu können (und zwar unvorhergesehen aus dem Verlauf der Kommunikation heraus = HAPPY SELLING).

Wie dem Seemann der Stand der Sonne oder der Sterne hilft, die augenblickliche Lage zu bestimmen, so findet der „geniale Verkäufer" seine momentane Position zum Teil im Verhalten seines Kunden, und zwar nur im Verhalten seines Kunden. So ergibt sich die praktische Forderung, daß der „geniale Verkäufer" wissen muß, wie man Sprache und Verhalten eines Menschen ohne eigene persönliche Wertung aufnehmen kann. Erfolglose Verkäufer sind meist die, die die Reaktionen des Käufers nur wenig oder gar überhaupt nicht beachten. Solche Verkäufer handeln nur aufgrund der Vorstellungen, die sie im eigenen Kopf mit sich herumtragen. Sie finden keinen Kontakt (Rapport) zum Kunden, weil sie zu sehr mit sich selbst beschäftigt sind. Wer kennt nicht Geschichten vom Verkäufer, der seine „Litanei" an Argumenten herunterbetet und wieder von vorne anfängt, wenn der Käufer Einwände macht?

Die Kunst des scharfen Beobachtens stellt ein tragendes Element im NLP dar, insbesondere, wenn es um den Rapport, die Verbindung zum Partner, zum Käufer geht. (Näheres im Abschnitt „Rapport in der Praxis".)

Wie der Steuermann schließlich sein Steuerrad benutzt, so setzt der „geniale Verkäufer" sein „Verhalten" (in Wort und Gebaren) ein, kurz seine Kommunikation mit dem Kunden. Wo der Seemann am Ruder dreht, um den Kurs zu korrigieren, hat der Verkäufer unzählige Möglichkeiten, sein Verhalten zu ändern. Verhält sich der Verkäufer anders als bis zu diesem Punkt, verändert sich auch die Reaktion des Kunden. Das Verkaufsgespräch nimmt eine andere Richtung.

Somit sind wir nun nahtlos an der bereits in der Überschrift des Kapitels versprochenen „Vorwärtsschleife" angelangt. In der Kommunikation zwischen Kunde und Verkäufer entsteht für den kybernetischen Verkäufer ein „Regelkreis", anders gesagt, eine „Vorwärtsschleife", die man wie folgt darstellen kann:

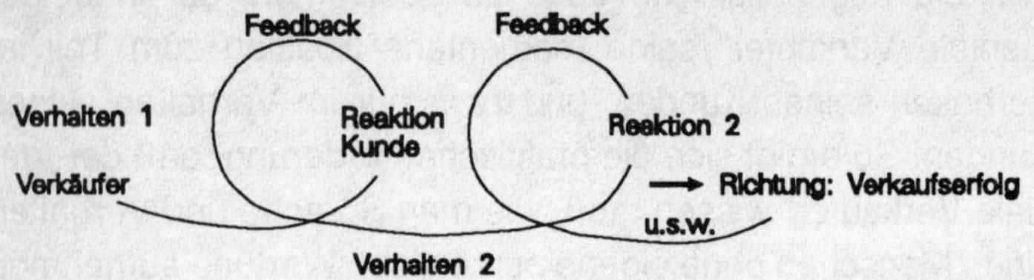

Eine andere Art der Darstellung wäre eine Art Trichter. Achten Sie dabei einmal auf folgenden Gedanken: Die Länge der Bahn soll die Zeit verdeutlichen, die im Wechselspiel Handlung - Reaktion - Feedback - nächste Handlung vergeht. Der kybernetische Verkäufer schafft dabei folgende Situation: Sie sehen, die Schleifen werden nach unten zum Erfolg hin immer enger. Die „Feedbackschleife" wird also kürzer. Der kybernetische Verkäufer hat gelernt, sich immer besser auf den Käufer einzustellen. Durch diese Verkleinerung gelangen Käufer und Verkäufer an einen Punkt, an dem die Kommunikation „umspringt": Es entsteht ein „synergetischer Sog" hin zum Ziel (synergetisch = zusammenwirkend, sich ergänzend).

Wird das Verkaufsgespräch anfangs noch von logischen Gesichtspunkten in einem „Frage- und Antwortspiel"

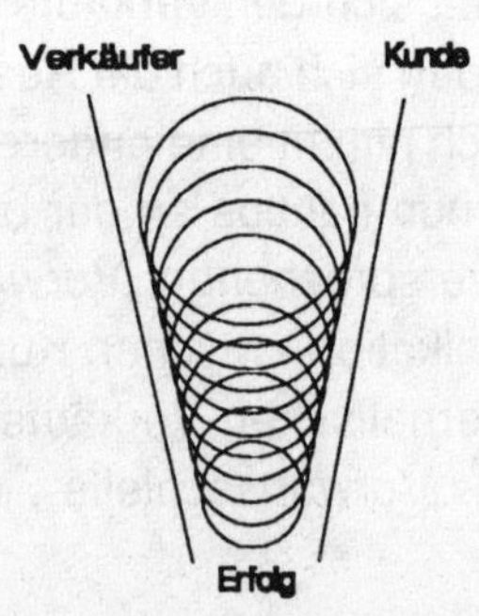

getragen, so ändert sich die Natur der Kommunikation an dem Punkt, wo die Schleifen so eng werden, daß man von „100% Rapport" reden könnte (also einer 100%igen Verbindung zwischen Kunde und Verkäufer). An dieser Stelle „kippt" das Gespräch in einer „gefühlsmäßigen Sogwirkung" hin zum Ziel, d.h. anstelle der Logik tritt die „Intuition der starken Anziehungskraft des Zieles".

Zur Verdeutlichung dieser Idee hier einmal ein politisch-historisches Beispiel aus unserer Zeit: Sobald die Wende in der DDR einmal vollzogen war, entstand wie von selbst ein ungeheuer starker Drang zur Wiedervereinigung der beiden deutschen Staaten; so mußten sich die „logisch-vernünftigen Kräfte", wie z.B. die Bundesbank, mit aller Kraft Gehör verschaffen, damit nichts überstürzt wurde zum Nachteil der Beteiligten.

Aus diesem Bild heraus erklärt sich auch der Begriff der Selbststeuerung. Sie erinnern sich: durch Selbststeuerung zum Verkaufserfolg.

Wer steuert sich selbst? Zunächst einmal steuert sich durch kybernetisches Verkaufen das ganze Verkaufsgespräch von selbst. Wie Sie dem Bild entnehmen können, bilden Verkäufer und Käufer ein System, das – nur am Feedback orientiert – nicht anders kann, als immer schneller zum Erfolg „hinzudrehen". Genauer gesagt ist es der Verkäufer, dessen Verhalten immer mehr selbstgesteuert wird. Wie beim Autopiloten im Flugzeug (von den Piloten „George" genannt) werden mit fortschreitender Übung die Verhaltensweisen des „genialen Verkäufers" im Verkaufsgespräch immer spontaner und kreativer (schöpferischer), der Rapport, die Verbindung zum Kunden wird durch „automatisches Feedback" so eng, daß der „geniale Verkäufer" fast die Gedanken des Käufers zu lesen scheint. (Hier wieder der Hinweis auf: „Rapport in der Praxis".) Diese Rückmeldung kann im Grunde als die Voraussetzung für einen echten Rapport zum Kunden betrachtet werden. Hier noch einmal einige der wichtigsten Feedback-Fragen im Verkaufsgespräch. Der „geniale Verkäufer" fragt sich ständig: „Wie hat mein Kunde jetzt auf das reagiert, was ich gerade gesagt (gemacht) habe? Hat er so reagiert, wie ich es beabsichtigt hatte? Ja/Nein?" Lautet die Antwort „Nein" – „Wie kann ich meine Worte/mein Verhalten ändern, damit nun der Kunde seine Reaktion ändert?"

Nach dem weiter oben beschriebenen „Umschwenkpunkt" nimmt das Verhalten des „genialen Verkäufers" automatisch eine „intuitive Natur" an. Das heißt, er braucht sich nun nicht mehr länger bewußt an den gerade beschriebenen „Feedback-Fragen" zu orientieren, da sich das Verkaufsgespräch nun wirklich von selbst hin zu einem gemeinsam von Kunde und Verkäufer festgelegten Ziel „hindreht"; von da an „machen" beide in jeder Situation des Gesprächs scheinbar „automatisch" das Richtige. Die Kommunikation geht leicht von der Hand, sobald der „kybernetische Sog" eingesetzt hat, und es entsteht das echte Gefühl von HAPPY SELLING, denn Verkaufen soll Spaß machen.

Das 10-Sinne-Modell oder wie können Sie Ihren Kunden und sich selbst wirklich erreichen?

Rapport zum Kunden herstellen, d.h. auch eine solche Verbindung zustandebringen, daß der Käufer denkt: „Dieser Verkäufer versteht mich. Er scheint zu wissen, was ich meine (wovon ich spreche)."

Im letzten Abschnitt lautete eine der „Losungen": „Rückmeldungen (Feedback) aufnehmen darüber, wie der Kunde tatsächlich reagiert", als ein erster Schritt zum gegenseitigen Verständnis. Hier geht es nun eine Stufe in die Tiefe.

Falls Sie den einleitenden Teil ausführlich gelesen haben, so sind Sie dort schon einmal etwa folgenden grundsätzlichen Voranahmen des neurolinguistischen Denkens und Handelns begegnet: „Wir Menschen reagieren nicht unmittelbar auf die Welt, in der wir leben. Wir handeln vielmehr als eine Antwort auf die ‚inneren Landkarten', die wir uns im Laufe unseres Lebens geschaffen haben." Diese inneren Landkarten entstehen u.a. aus unseren sinnlichen Wahrnehmungen, die praktisch zwischen der „realen" Welt und, sagen wir einmal, unserem Bewußtsein liegen. Einfacher gesagt: Wir reagieren weniger auf den wirklichen Stuhl dort vor uns, als vielmehr auf das, was uns unsere Nervenzellen unserem Gehirn von dem Stuhl vermitteln (z.B. Sehnerven oder Tastnervenzellen an den Fingern usw.). Derselbe Stuhl kann für zwei Leute zur selben Zeit etwas vollkommen Verschiedenes bedeuten. Der eine sieht vielleicht eine Sitzgelegenheit, während der andere den Stuhl sieht, auf dem immer ein geliebter Mensch zu sitzen „pflegte". Ihre inneren Landkarten vom Stuhl sind eben verschieden ... und daher werden die beiden sich wahrscheinlich auch in ihrem Verhalten unterscheiden, wenn es um diesen Stuhl geht (z.B. weniger achtsam – achtsamer).

Nun zum Verkaufen: Wenn Sie Ihren Kunden besser verstehen wollen, brauchen Sie gar nicht erst zu versuchen, seine Welt direkt zu verstehen. Achten Sie, wie der „geniale Verkäufer" darauf, wie der Kunde seine Welt darstellt, also auf seine Landkarte oder das Modell seiner Welt.

Verkäufer und Käufer, alle Menschen, können die Welt nur über ihre Sinne erfahren und speichern. Mittels unserer Sinne „bilden wir innere Landkarten" oder „bauen wir Modelle der Welt". Wenn Sie über ein Ding, z.B. ein Buch, nachdenken wollen, wenn Sie etwas dazu sagen wollen, immer brauchen Sie zuerst eine sinnliche Wahrnehmung. Vielleicht *sehen* Sie die Seiten des Buches selbst vor sich liegen, vielleicht flüstert

Ihnen Ihre innere Stimme einen Gedanken vor, oder Sie haben möglicherweise ein gutes Gefühl, während Sie etwas lesen. Ohne Ihre Sinne, Ihre sinnliche Wahrnehmung, sei sie innerlich oder von außen kommend, geht gar nichts.

Noch einmal zu den „inneren Landkarten"; Sie wissen jetzt:

Indem wir sinnliche Wahrnehmungen von der äußeren „realen" Welt und unserer inneren, persönlichen Welt speichern ... bilden wir uns im Gehirn „Landkarten der Wirklichkeit".

An diesen Landkarten *orientieren* wir uns ständig im Leben, um unsere Ziele zu erreichen.

Zu diesen inneren Landkarten gehören, nebenbei bemerkt, natürlich auch unsere persönlichen Erfahrungen im Leben, unsere Ausbildung und Erziehung, unsere Wertvorstellungen (gut – schlecht), unsere „gesellschaftliche Position" und vieles mehr. Dementsprechend hat jeder Mensch eine andere, höchst persönliche Landkarte der Wirklichkeit in seinem Gehirn gespeichert, an der er/sie sich orientiert. Zudem trägt jeder verschiedene „Modelle" zu verschiedenen Lebensgebieten mit sich herum (z.B. berufliche, private.)

Wenn Sie Ihren Kunden im Verkauf also verstehen wollen, so *müssen* Sie etwas über sein Modell, seine Landkarte zum Bereich „Kaufen" herausfinden. Dazu sollen Sie im folgenden wichtige Informationen zum 10-Sinne-Modell erfahren:

Das 10-Sinne-Modell

Es müßte eigentlich das 12-Sinne-Modell heißen. Da man noch kein „Zeit-Organ" im Menschen gefunden hat – der Zeit-Sinn wäre der sechste Sinn – beschränken wir uns hier zunächst auf die zur Zeit wissenschaftlich beschriebenen 5 Sinne; „innerlich und äußerlich" betrachtet, ergibt zusammen 10 Sinne.

„Sehen"	– visuell	Abkürzung	V
„Hören"	– auditiv	"	A
„Gefühls- und Tastsinn"	– kinästhetisch	"	K
„Geruchsinn"	– olfaktorisch	"	O
„Geschmackssinn"	– gustatorisch	"	G

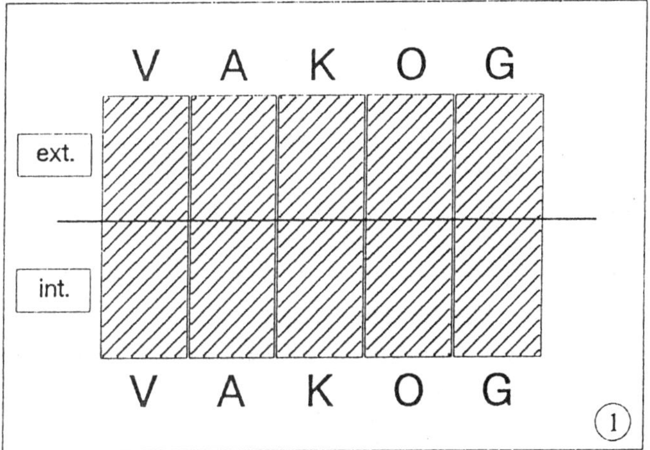

Mit dieser „Bandbreite" der Sinne können wir die Welt erfahren. Wir bauen uns innere Landkarten dieser unserer Sinneserfahrungen. Indem wir denken, planen, uns erinnern, reden und handeln, benutzen wir sie. (Wie diese Landkarten physiologisch im Gehirn aufgebaut werden, ist in den Gehirnwissenschaften noch immer heiß umstritten.)

Die schraffierten Stellen in der Abbildung oben stehen für die Gesamtbreite unserer Sinnesmöglichkeiten, also jeweils 100 % „pro Sinn". Im Grunde hat jeder Mensch die gleiche Sinnes-Ausstattung, von erblichen Unterschieden einmal abgesehen. Das gilt für den äußeren Bereich der

Sinne, also Augen, Ohren, etc. Im Laufe seines Lebens entwickelt jeder Mensch bestimmte Vorlieben für den Gebrauch seiner Sinne. Bei bestimmten beruflichen oder privaten Neigungen wird dies ganz offenkundig: Ein Musiker wird wohl auf die 100 % A (auditiv) möglichst in beide Richtungen (intern und extern, siehe Bild) streben; anders ein Architekt, der ein gutes visuelles Vorstellungsvermögen (vor allem ein gutes inneres Auge) haben sollte.

Zu diesem „Sinnesprofil" hier noch zwei „dramatische" Beispiele: Es gibt Blinde, die ein hervorragendes „inneres Auge" (innere Bilder) haben; ebenso hätte man bei Beethoven (der in zunehmendem Alter taub wurde und dabei weiterkomponierte, weil er in seiner Vorstellung hervorragend hörte) folgendes sagen können:

auditiv extern = 0 %
auditiv intern = 100 %

Aus derlei Beispielen mögen Sie erkennen, wie verschieden Menschen die Welt erleben können.

Abbildung 2 zeigt die Sinnesausprägung eines Mitteleuropäers ohne besondere Vorlieben.

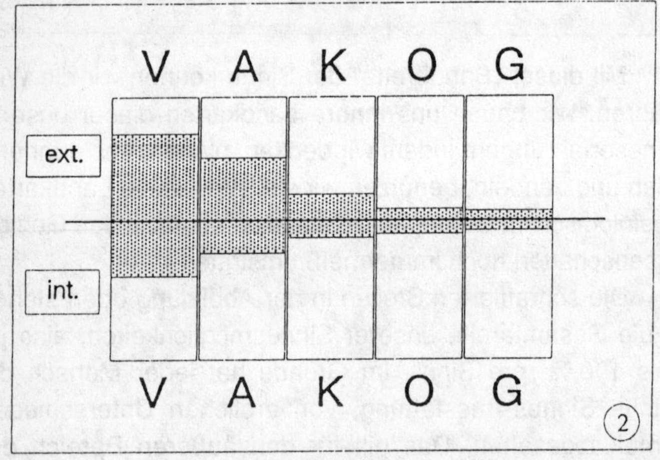

Dem Profil können Sie entnehmen, daß der Mitteleuropäer eher zur äußeren Welt hin neigt, was den Gebrauch seiner Sinne angeht. Die Graphiken 3 und 4 sollen die Sinnesausstattungen eines beliebigen Verkäufers (3) und eines seiner Kunden (4) darstellen.

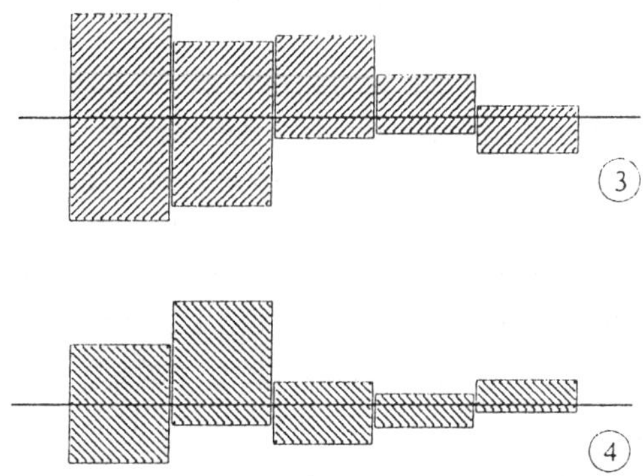

Beobachten Sie nun einmal selbst was geschieht, wenn man die beiden „Sinnesprofile“ übereinander schiebt: Das Übereinanderschieben soll deutlich machen, daß dieser Verkäufer und sein Kunde miteinander im Verkaufsgespräch „kommunizieren“.

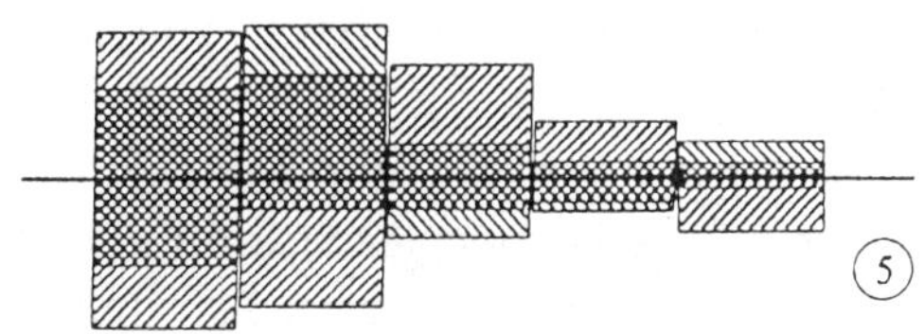

Nur der doppelt schraffierte Bereich ist wirksam. Hier können beide einander verstehen. In den einfach schraffierten Bereichen reden möglicherweise beide „aneinander vorbei". Und hier, an dieser Stelle setzt K-Train („kybernetisches Verkaufen") mit seiner Forderung an:

Prozeßdenken vor Produktdenken.

Gelingt es Ihnen als Verkäufer, einen bestimmten Vorgang oder Prozeß zwischen Ihnen selbst und Ihren Kunden in Gang zu bringen? Nämlich einerseits, sich dem „Wahrnehmungsprofil" Ihrer Kunden anzupassen? Das würde bedeuten: Sie „steigen in deren Welt ein" und reden deren Sprache. Gelingt es Ihnen, darüber hinaus die Bandbreite der sinnlichen Erfahrungen Ihrer Kunden dort, wo sie an wichtigen Punkten „eingeschränkt" ist, zu erweitern? D.h., schaffen Sie es, ihm/ihr über das bereits Vorhandene hinaus z.B. ein klareres oder schöneres Bild Ihres Produktes/Ihrer Dienstleistung zu vermitteln? Diese Prozesse ...

→ Erkennen Sie die Sinneskanäle, die Ihr Kunde benutzt.
→ Vermitteln Sie Ihre Informationen auf der „Schiene" dieser bevorzugten Sinneskanäle.
→ Erweitern Sie die Fähigkeiten Ihres Kunden (z.B. Produkt/Leistungen) sinnlich wahrzunehmen.

... verwirklicht der „geniale Verkäufer" in seinen Verkaufsgesprächen. Sie erkennen leicht, daß sein Argument (weitaus) mehr auf die Vorgänge zwischen ihm selbst und seinem Kunden gerichtet ist, als auf den Inhalt der Verkaufsargumente, wie z.B. die Vor- und Nachteile des Produktes. Damit Sie als zukünftiger „genialer Verkäufer" die oben beschriebenen drei Forderungen erfüllen können, müssen Sie bei sich selbst anfangen.

Der kybernetische Verkäufer prüft zu Anfang, welche Sinne er/sie selbst bevorzugt einsetzt, um die Welt zu erfahren und mit ihr zu kommunizieren. (Rapport-Verbindung zu sich selbst aufnehmen!) In den K-Train-Seminaren können Sie bestimmte NLP-Hilfestellungen dazu erfahren. Hier schnell einige beispielhafte Testfragen.

Wenn Ihnen etwas gefällt, würden Sie dann eher sagen:

a) Das sieht gut aus. – visuell;
b) Das klingt wie Musik in meinen Ohren. – auditiv;
c) Da habe ich ein gutes Gefühl. – kinästhetisch;
d) Das ist dufte. – olfaktorisch;
e) Das schmeckt mir. – gustatorisch?

Wie Sie an diesem Beispiel bemerken, „verrät" sich jeder gern und oft, was seine bevorzugten Sinneskanäle angeht, mit seinen Worten. Für Ihre Praxis als Verkäufer heißt das: Nehmen Sie derartige Äußerungen Ihrer Kunden ruhig wörtlich und passen Sie sich in Ihrer Sprache an (siehe Kapitel: Rapport in der Praxis bzw. Sprachmuster).

Damit es Ihnen leichter fällt, die hauptsächlich gebrauchten Sinne Ihrer Kunden zu erkennen, sollten Sie dann auch zunächst Ihre eigenen Fähigkeiten, Ihre Sinne zu gebrauchen, so weit wie irgend möglich erweitern. „Schulung der Sinne" – heißt hier ein Schlagwort. Wenn Sie als Verkäufer sozusagen auf allen 10 Sinneskanälen fit sind, können Sie sich dem „Sinnesprofil" jedes beliebigen Ihrer Kunden problemlos anpassen. So stellen Sie dann einen starken Rapport zu ihm/ihr her. Daraufhin wird er nicht nur eher mit Ihnen „im Gleichschritt tanzen", er wird Ihnen auch eher folgen, wenn Sie die Richtung des Verkaufsgesprächs ändern wollen. Genau das geschieht, wenn Sie z.B. das Produkt nun in einem anderen Licht erscheinen lassen. Das gelingt Ihnen, wenn Sie z.B. (die Wahrnehmung Ihres Kunden) von V extern (visuell-außen) auf V intern (visuell-innen) erweitern (Ihr Kunde benutzt gerade den visuellen [Augen-]Kanal). Sie sagen:

> „Schauen Sie sich das Bild einmal genau an (V extern), können Sie sich vorstellen, wie es aussehen würde, wenn es in Ihrem Wohnzimmer an der Wand hinge (V intern), und seine Wirkung dem ganzen Zimmer einen besonderen Reiz verschaffen würde (kinästhetisch intern und extern)?" (Dies ein Beispiel für Kunsthändler.)

So arbeitet der Grundsatz „Prozeßdenken statt Produktdenken" beim kybernetischen Verkaufen. Das 10-Sinne-Modell gilt als Orientierung, um eine Art Profil/Landkarte aufzustellen, das/die dem „genialen Verkäufer" hilft, die inneren und äußeren Prozesse z.B. des Kunden darzustellen und zu verstehen. Aus diesen Rückmeldungen über die Wahrnehmung des Kunden heraus, fällt es leichter, sich seiner Sprache und seiner Welt sozusagen zu „bedienen", um einen echten Rapport entstehen zu lassen - eine tragfähige Verbindung, die den Verkauf von Nutzen und Vorteilen eines Produktes bei weitem erleichtert und verkürzt.

Wie man sich antrainiertes Erfolgsverhalten auf Dauer bewahrt:

Die transversale Verschiebung

Kasten 4

 **transversale Verschiebung**

Transversal = querlaufend, senkrecht zur Ausbreitungsrichtung stehend;
Transversale = Gerade, die eine Figur (z.B. Dreieck) durchschneidet.
Wenn Sie die Bedeutung des Wortes transversal aufnehmen, so werden Sie auf Anhieb die im weiteren beschriebenen Gedanken verstehen können; insbesondere beim Betrachten der Abbildung des „Bewußtseinsdreiecks“. Bei der „transversalen Verschiebung“ geht es kurz gesagt um die Verschiebung der Grenze der bewußten Aufmerksamkeit. Dies erleichtert das Lernen und stärkt das Gedächtnis.

„Change your mind and Keep the change“ – (Verändere dich und behalte die Veränderung auch bei, so lautet – etwas grob übersetzt – der Titel eines NLP-Buches von Steve und Connirae Andreas (auf deutsch erschienen mit dem Titel „Gewußt wie“ bei Junfermann, Paderborn 1988). Mit diesem Wunsch nämlich, daß eine einmal erlernte Verhaltensänderung auch auf Dauer erhalten bleiben möge, stehen die Autoren nicht allein. Auch für Verkaufs-Wissen und -Können aus Büchern, Seminaren, Schulungen usw. gilt noch leider zu häufig die uralte Formel: „Wie gewonnen, so zerronnen.“

Um dem von vornherein entgegenzutreten, und damit die Leser dieses Buches und Teilnehmer der Seminare einen dauerhaften Gewinn mit sich nehmen, haben die Trainer von K-TRAIN eine Art „Tiefen-Lern-Modell" entwickelt – mit dem klangvollen Namen: Transversale Verschiebung.

Werfen Sie nun einmal einen Blick auf diese graphische Darstellung des menschlichen Bewußtseins und der möglichen Prozesse (Vorgänge/Programme) und Daten (Inhalt). Natürlich ist die Entscheidung, ein Dreieck dafür zu wählen, eine willkürliche. Das „Dreiecks-Modell" dient nur zur Verdeutlichung bestimmter Ideen.

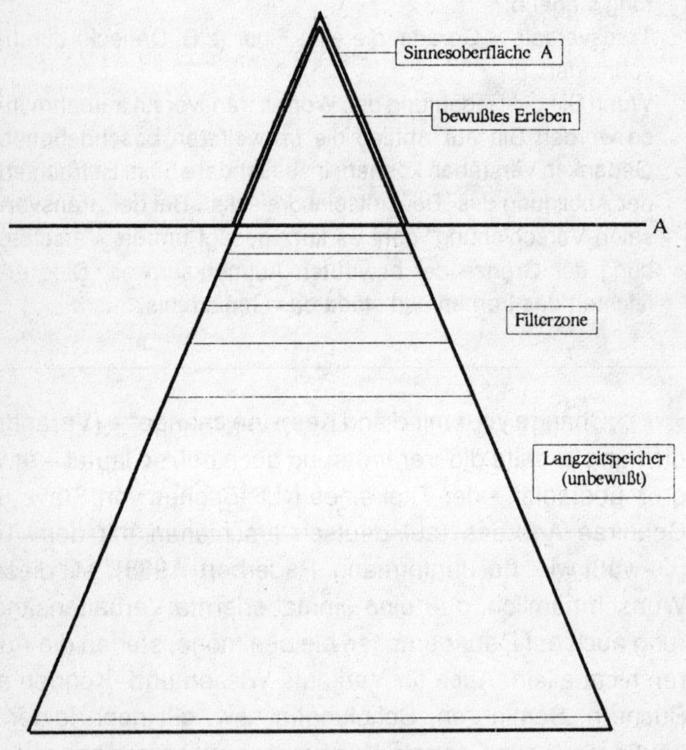

Sie sehen, das Dreieck steht für das ganze menschliche Bewußtsein. Die obere Linie trennt das Bewußtsein, man könnte auch sagen „Wachbewußtsein" vom Unbewußten. Das Wachbewußtsein umfaßt alle Daten und Programme (Wissen, Erfahrungen, Sinneswahrnehmungen, Gelerntes, Verhalten etc.), die wir direkt, also willentlich erreichen, verarbeiten und steuern können. Unterhalb der Trennungslinie beginnt der unbewußte Bereich. Hier sind Daten und „Programme" gespeichert, die wir nicht mehr so einfach direkt, sondern oft eher unbewußt ansteuern (können). Als Beispiele seien hier Kindheitserinnerungen, körperliche Vorgänge, unbewußte Gefühle als „Daten" genannt; unter unbewußte „Programme" fallen z.B. Bewegungsmuster wie das Gehen, Autofahren und auch unser Umgang mit Mitmenschen (z.B. das Verkaufen).

Unterhalb der Trennungslinie beginnt auch das Reich der Träume, der Phantasie, der Intuition (höhere Eingabe) usw. Je tiefer man geht, desto mehr stößt man in die unbekannteren Bereiche des Unbewußten, wo alle körperlichen Programme wie z.B. Blutdruck, Herzschlag, Verdauung etc. wirken, hin zu Instinkten, bis zu noch absolut unbekannt Menschlichem, das noch im Dunkel liegt.

Nun hinein ins Trainingsmodell. Sehen Sie sich dazu noch einmal die letzte Abbildung an.

Die Mehrzahl der wichtigeren Programme im menschlichen Geist liegen unterhalb der Trennungslinie Bewußt-Unbewußt. Programme heißt u.a. Verhaltensregeln. Wir erlernen ein Verhalten, z.B. Verkaufen, indem wir uns sozusagen neue Regeln Schritt für Schritt solange einüben, bis wir diese „Anleitungen" ins Unbewußte abgeben können. Wir merken, daß wir soweit sind, wenn wir ein gelerntes Verhalten automatisch, unbewußt, ohne Nachdenken durchführen können. (Denken Sie nur daran, wie Sie Autofahren gelernt haben.)

Verschiebt man nun diese Trennungslinie, die normalerweise bei allen Menschen ziemlich festliegt, für eine Zeitlang nach unten, so kann man sozusagen direkt auf der „Programmierebene“, also dort, wo automatisches Verhalten gesteuert wird, ansetzen. Dazu kommt, daß die Menge der Daten oder Einzelelemente nach unten hin zunimmt; auch die Menge der Energie und der Verbindungsmöglichkeiten, wie Sie aus dem Dreieck leicht ersehen können. D.h. eine Verhaltensänderung, z.B. ein Lernerfolg, der unterhalb der Linie ansetzt, wird dauerhafter, weil eindringlicher und stärker sein. (Danach verschiebt man die Linie wieder nach oben.) Das bedeutet Training nach Meinung der K-TRAIN-„Macher“:

> Erfolg trainieren und dauerhaft machen geschieht nur durch Verschieben der Trennungslinie zwischen Bewußt und Unbewußt (transversale Verschiebung) in einem bestimmten Grad und für eine gewisse Zeit.

Diese Erfahrung macht der Teilnehmer der K-TRAIN-Seminare in der Praxis. Und wie kann man diese Linie verschieben? Das ist nur mit Trance möglich (Trance = entspannter, halbschlafähnlicher Zustand, z.B. Alpha-Zustand). Viele Menschen, auch Verkäufer, scheuen ein wenig vor der Trance zurück; weil es dabei oft ins Unbekannte des eigenen Bewußtseins geht, entsteht eine mehr oder weniger große Angst. Solcherlei Angst verschwindet meist ohne weiteres, wenn ein erfahrener Trainer Rapport mit dem Seminarteilnehmer aufnimmt und ihn dann sanft z.B. über Entspannungsübungen mit dem eigentlich alltäglichen Erlebnis „Trance“ vertraut macht. (Siehe auch Kapitel Trance.) Jedenfalls gehört das Einüben und Anwenden der „transversalen Verschiebung“, also des Verschiebens der Bewußtseinsgrenze, in die praktische Umgebung des Seminars, mit direktem Kontakt von Teilnehmer und Trainer (... und damit weniger in dieses Buch).

Der „geniale Verkäufer" nutzt sein Wissen um dieses Lernmodell immer wieder auf die verschiedensten Weisen:

- um selbst z.B. in Seminaren erfolgreiches Verkaufsverhalten einzuüben (siehe Kapitel mentales Zieltraining);
- um aus dem Vollen seines Unbewußten (Phantasie, Vorstellungsvermögen etc.) zu schöpfen, also kreative Problemlösungen zu entwickeln;
- die Bandbreite seiner sinnlichen Erfahrungsmöglichkeiten zu erweitern (siehe 10-Sinne-Modell): inneres wie äußeres Erleben und vieles mehr.

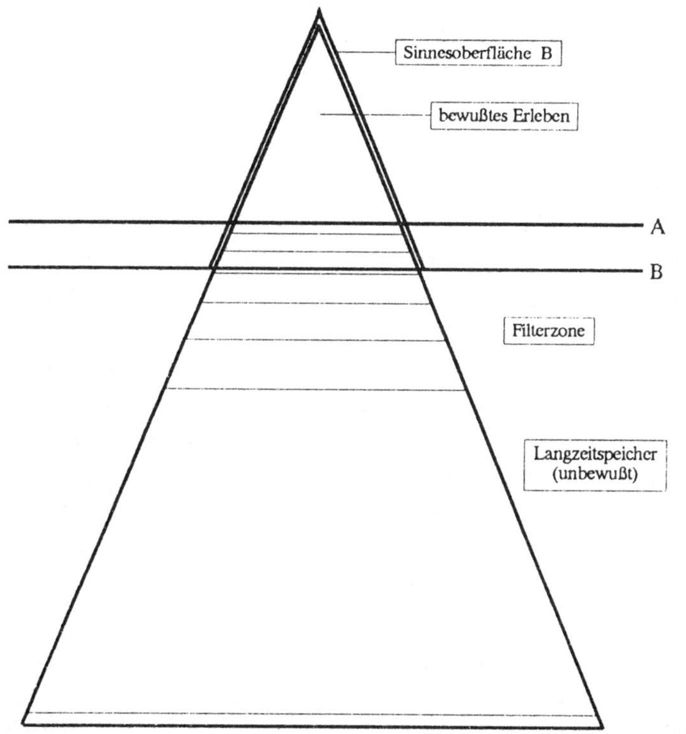

Und nun (endlich wieder) hin zum Verkaufsgespräch: Der wirklich „geniale Verkäufer“ kann die Trennungslinie auch während des Verkaufsgesprächs ständig rauf und runterschieben. Das bedeutet, daß der „geniale Verkäufer“ das, was ihm sein Kunde mitteilt, auf mehreren Ebenen verarbeiten und beurteilen kann. Die Tiefe seines Verständnisses für den Gesprächspartner nimmt damit dramatisch zu. Zur Verdeutlichung sei auf die Graphik auf der vorhergehenden Seite verwiesen.

Noch einmal anders gesagt: Diese Möglichkeit, die Trennlinie nach Bedarf verschieben zu können, eröffnet dem „genialen Verkäufer“ vielseitige Möglichkeiten des Verhaltens. Er kann leichter auf Gelerntes zurückgreifen. Er kann z.B. besser nachvollziehen, was der Kunde meint (gesteigertes Vorstellungsvermögen in Trance). Der Rapport zum Kunden wird entsprechend vertieft. Versuche mit Personen in Trance haben ergeben, daß die Schnelligkeit und Genauigkeit innerer Vorgänge auf diesen „tieferen“ Ebenen des Bewußtseins steigt. In der Praxis der Verkaufssituation würde das folgendes bedeuten: Der „geniale Verkäufer“ (der die Verschiebung beherrscht) entwickelt schneller und spontaner interessantere Lösungen und Antworten für seinen Partner im Verkaufsgespräch. Das verstehen die Autoren unter schöpferischem Verkaufen.

Sie haben nun das Modell „transversale Verschiebung“ eingehend kennengelernt und sind nun wohl mit dem, was dahinter steckt, vertraut. In mehreren anderen Kapiteln werden Sie dem „Bewußtseinsdreieck“ wiederbegegnen, denn dieses Modell eignet sich hervorragend zur Darstellung bestimmter Prozesse der Kommunikation, die für den „genialen Verkäufer“ von großer Bedeutung sind.

Persönliche Ressourcen: Quellen der Kraft und Energie in der Verkaufskommunikation

Kasten 5

Ressourcen

Unter Ressourcen versteht man im allgemeinen folgendes: Ressourcen = Rohstoffe, Energie, auch Hilfsquellen, Hilfsmittel. Im Verkaufsprozeß geht es dabei mehr um die persönlichen Fähigkeiten und Talente des Verkäufers, wie auch des Käufers, wie Sie noch erfahren werden.

Das Thema Ressourcen im Sinne von Energien, Fähigkeiten oder Hilfsmitteln spielt eine wichtige Rolle im Verkauf, vor allem auch dann, wenn das Gespräch an irgendeinem Punkt hängenzubleiben und zu scheitern droht. Schon in der Einleitung dieses Buches haben Sie gelesen, daß ein NLP-geschulter Verkäufer es stets anstrebt, sich oft schon unmittelbar vor und während des Verkaufsgesprächs in einem resourceful state (verzeihen Sie den Original-Fachausdruck), also in einem „ressourcevollen Zustand" zu befinden. Darunter können Sie verstehen, daß sich der Verkäufer in diesem Zustand befindet, in dem er über alle seine Fähigkeiten verfügt, die er zum Gelingen des Gesprächs benötigt. Zählen wir einmal ein paar solcher allgemeiner Fähigkeiten oder Ressourcen auf: z.B. die Fähigkeit

– Rapport aufzunehmen und zu halten;
– die bevorzugten Sinneskanäle des Kunden zu erkennen;
– dem Kunden neue Perspektiven vermitteln zu können;

sowie allgemeine Ressourcen wie:

– Geduld;
– Aufmerksamkeit;
– Vorstellungsvermögen;
– Wissen und Erfahrung;
– Selbstvertrauen;
– Glaube an sich selbst;
– Schnelligkeit des Denkens (Tempowechsel).

Um sich in einen „Zustand voller Ressourcen" zu versetzen, verfügt der „geniale Verkäufer" über einige NLP-Methoden, die ihm dabei helfen. So ist eine der ersten NLP-Übungen, mit denen ein Verkäufer in K-Train-Seminaren in Berührung kommt, der „Moment of Excellence". Hier lernt der Verkäufer, sich blitzschnell z.B. an eine Verkaufssituation zu erinnern, in der ihm wirklich alles gelungen ist. Das Gefühl des Erfolgs, diesen inneren Zustand, einen „hervorragenden Moment" zu erleben, kann er dann in jede beliebige Verkaufssituation hinübertragen (siehe Kapitel modales Zieltraining).

Zum einen kreisen also die Gedanken des „genialen Verkäufers" immer wieder um diese Frage: „Welche Ressourcen, welche Fähigkeit brauche ich in dieser oder jener Verkaufssituation am meisten?" Aufgrund der entsprechenden Antwort entwickelt er mit NLP gezielt die fehlenden Ressourcen in sich weiter, damit sie ihm in der Verkaufssituation zu Verfügung stehen.

Zum anderen steht im „anderen Paradigma" des kybernetischen Verkaufs der Kunde gleichberechtigt mit im Vordergrund. Es ergeben sich also für den „genialen Verkäufer“ die Fragen: Welche Ressource (Fähigkeit) fehlt dem Kunden in dieser Situation? Wie kann ich sie ihm vermitteln?

Beispiel: Der Kunde kann sich noch keinen rechten Reim auf eine Sache machen? Er braucht Ordnung in seinen Gedanken. Die notwendigen Ressourcen hierzu könnten sein:

- Zeit zum Nachdenken (also hört der Verkäufer eine Zeitlang auf zu reden);
- Gedanken anders ordnen (also hilft der Verkäufer umzuformulieren);
- Prioritäten (Vorrangiges) herausschälen (der Verkäufer stellt dementsprechend gezielte Fragen).

Kurz: Der „geniale Verkäufer“ unterstützt auch seine Kunden bei dem Vorgang, fehlende Ressourcen im Verkaufsgespräch zu entwickeln. Dadurch wird der Rapport zwischen beiden enger, woraus sich Lösungen für bestehende offene Fragen leichter und genauer finden lassen. (Außerdem wird der Kunde dem Verkäufer dankbar sein: „Der weiß, wo mich der Schuh drückt.“)

Um es hier einmal ganz deutlich zu sagen: Nach Meinung der Autoren finden Sie eine der wichtigsten Ressourcen in der Fähigkeit, über eine möglichst große Bandbreite sinnlicher Erfahrung verfügen zu können (innerlich wie äußerlich). Siehe: Das 10-Sinne-Modell.

Ganz bestimmt spielen oberflächlich betrachtet einige sogenannte „äußere Ressourcen“ wie Zeit, Geld, Macht oder gesellschaftliche Stellung eine große Rolle. Gerade solche „äußeren Ressourcen“ hängen sehr von den inneren Ressourcen – im Sinne von Fähigkeiten oder inneren Umständen – ab. Über je mehr innere Fähigkeiten man verfügt, z.B. Erfahrung oder Vorstellungsvermögen, um so leichter kann man Wege zu den äußeren Hilfsmitteln wie z.B. Geld oder verfügbare Zeit finden.

Nichts hilft einem dabei mehr als die Fähigkeit, sich frei in und mit seinen Sinnen zu bewegen. Kreativität (Schöpferkraft) beruht im wesentlichen auf dem Vermögen, willentlich in seiner „Sinnen-Welt" hin- und herreisen zu können. Beispiel: Stellen Sie sich vor Ihrem inneren Auge etwas Angenehmes vor, träumen Sie bildlich (visuell), entwickeln Sie dann ein Gefühl, als ob Sie es bereits tatsächlich erlebten (kinästhetisch), und geben Sie dann in Worten einen treffenden Kommentar dazu ab (auditiv). Das wäre ein wirksames Vorgehen, um eine Idee auf ihren Gehalt hin zu prüfen. Die Bedeutung der „äußeren Sinne" für die Fähigkeit zur wirksamen Kommunikation mit einem Kunden, erfährt jeder Verkäufer in der Verkaufssituation ständig aufs Neue. Beobachten können, zuhören können (die äußeren Sinne), legen die Grundlage zum Rapport mit dem Kunden.

Nachdem sich weiter oben der „geniale Verkäufer" die Frage stellte: „Welche Ressource braucht mein Kunde jetzt im Moment?", sei an dieser Stelle noch einmal zum Schluß des Themas „Ressourcen" an das „andere Paradigma" erinnert. So fordern die Autoren dieses Buches ihren „genialen Verkäufer" auf, auch immer folgende Frage zu stellen: „Welche Ressource (Fähigkeit, Energie) gibt der Kunde mir? (Gibt er mir überhaupt eine, wenn ja, welche genau?)" Denn im „anderen Paradigma" steht Verkaufen als ein zweigleisiger Vorgang. Nicht nur der Kunde, auch der Verkäufer selbst soll nach dem Verkauf zufriedener sein als vorher. In diesem Abschnitt daher der Hinweis: Der Kunde bezahlt den Verkäufer nicht nur mit seinem Geld. Die Währung des Käufers heißt auch: Ressourcen.

Also welche Ressourcen gibt denn ein Kunde dem Verkäufer? Antwort: Zumindest solche Ressourcen wie Erfahrung, Anerkennung, neue und andere Sichtweisen, Kritik, Verständnis, Ideen. Selbst wenn kein Abschluß gemacht wurde, geht der „geniale Verkäufer" nicht mit leeren Händen. Sie erkennen nun vielleicht noch klarer, was beim „anderen Paradigma" gemeint ist, wenn es heißt:

Der Verkäufer verkauft dem Kunden, und der Kunde verkauft dem Verkäufer.

Kreativität: Schöpferisch verkaufen

Nahtlos an das Kapitel über Ressourcen schließt sich hier der Abschnitt Kreativität an. Der „geniale Verkäufer" erkennt im Verkaufen einen schöpferischen Vorgang, der ihm Freude bereitet. „Schöpferisch verkaufen" heißt „etwas Neues, anderes erschaffen" beim Verkauf.

Gerade auf diesem Gebiet redet man ja sonst wenig in solchen Begriffen. Meist sind es künstlerisch tätige Menschen, wie Maler, Bildhauer oder Schriftsteller, an die man bei den Worten „schaffen, schöpferisch" denkt. Diese kreativen Menschen machen sich meist in ihrer Phantasie Vorstellungen von Ideen, die sie dann „handelnd" in unserer wirklichen Welt zu faßbaren Kunstwerken machen. Da sie aus der inneren Welt des Künstlers stammen, haben echte Kunstwerke immer etwas unverwechselbar Persönliches (was sie erst zur Kunst macht).

Schlagen wir nun einmal die Brücke hinüber zum Thema Verkauf. Glauben Sie, daß die gleichen Vorgänge, unter denen ein Kunstwerk geschaffen wird, auch auf die Verkaufssituation übertragbar sind? Der „geniale Verkäufer" weiß, daß dies nicht nur möglich ist: Er übt das schöpferische Verkaufen in seinem „Verkaufsalltag" ständig. Und er sieht eben darin einen wichtigen Grund, warum ihm das Verkaufen Spaß macht.

Denken Sie hier kurz einmal an „das andere Paradigma" des Verkaufs zurück. Dort hieß es „Produktdenken vor Prozeßdenken" – als Grundlage des kybernetischen Verkäufers. Also: Im Mittelpunkt des Verkaufsgesprächs steht weniger das Produkt, die Ware oder Dienstleistung, die man verkauft. Vielmehr geht es um die Prozesse, um das, was zwischen Verkäufer und Kunde geschieht. Der „geniale Verkäufer" weiß: „Ich verkaufe keine Ware, sondern steuere einen Prozeß" (von der Ermittlung der Bedürfnisse bis hin zur möglichen Finanzierung des Kaufs).

Nun weiß jeder: *Kein* (nicht ein) Prozeß auf dieser Welt gleicht genau einem weiteren. Ein schon genanntes Beispiel finden Sie im Tennis-Spielen: Jeder, der mal irgendwie mit Tennis zu tun gehabt hat, weiß, daß jedes Spiel sich vom vorhergehenden unterscheidet. Selbst wenn die Spieler dieselben sind, das Wetter oder welche Umstände und Bedingungen auch immer gleich sind: Jedes Spiel ist anders und unvorhersagbar. Das gilt für jede Sportart, und das macht ja auch einen großen Teil des Reizes aus, den der Sport bereitet (Sport ist nichts anderes als ein Prozeß, und Prozesse sind stets verschieden).

Der „geniale Verkäufer" richtet also sein Augenmerk auf die Prozesse im Verkaufsgespräch, denn er weiß: „Mein Produkt ist jeden Tag das gleiche; vielleicht habe ich auch häufig mit den gleichen oder ähnlichen Käufern zu tun. Was zwischen mir und meinen Kunden im einzelnen geschieht, ist immer ein wenig oder ganz anders als zuvor. An meinem Produkt kann ich wenig ändern, an dem, was zwischen uns beiden, Verkäufer und Käufer, vorgeht, kann ich ändern, so wirksam ich kommunizieren kann. Hier kann ich schöpferisch sein, andere Möglichkeiten ausprobieren und meine

Fähigkeiten (Ressourcen) mit Menschen umzugehen, voll entfalten."

Jetzt kommen auch die Ressourcen, also Fähigkeiten oder Energien, über die der Verkäufer verfügt, ins Spiel. Etwas schaffen, z.B. schöpferisch verkaufen, heißt ja auch: seine Ressourcen so einsetzen, daß etwas Neues oder Interessanteres erzeugt wird. Der „geniale Verkäufer" pflegt und entwickelt seine Fähigkeiten als „Kommunikator" (Vermittler), um sie stets anders, also schöpferisch, im Verkaufsgespräch einzusetzen. Er schafft sich damit mehr Möglichkeiten zu reagieren, was auch immer auf ihn zukommt. So erschafft er stets neue „Kombinationen von Verhalten und Prozessen im Verkauf", er verkauft eben schöpferisch. Wie „macht" man Kreativität? Dazu ein kurzer Rückgriff auf das Bewußtseinsdreieck:

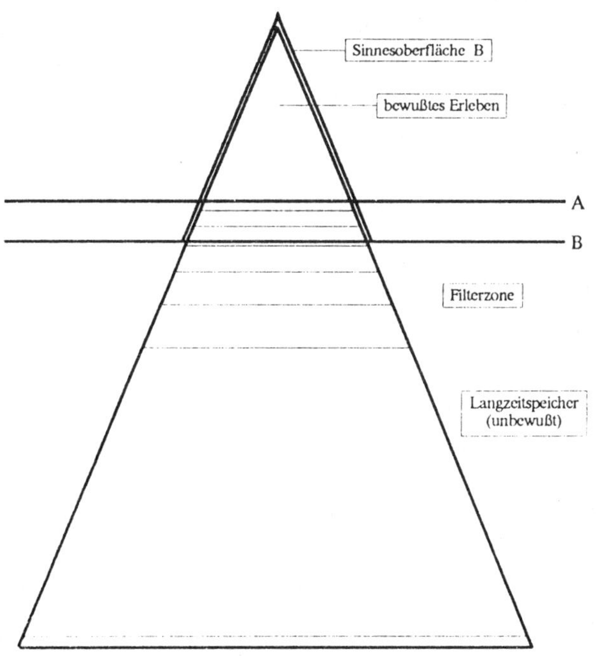

Nehmen Sie einmal an, der gesamte Bereich unterhalb der Trennlinie Wach-Bewußtsein - Unbewußtes sei der Bereich Ihrer Ressourcen, Ihrer Fähigkeiten, Möglichkeiten und inneren Kräfte.

Wenn die Trennlinie in der „normalen" oberen Position steht, haben Sie bei diesem Modell, sagen wir, 100 „Durchgriffs- oder Zugriffsmöglichkeiten" auf Ihren „Verhaltensschatz". (Sie wissen, unterhalb der Linie liegt auch das unbewußte Verhalten, wie antrainiertes Können.) Von der nach unten verschobenen Trennlinie aus haben Sie zum einen eine breitere Ausgangslage und dazu noch, sagen wir, 10 000 Durchgriffsmöglichkeiten in Ihre „inneren Schätze".

Mehr Möglichkeiten heißt auch ganz andere Kombinationen schaffen können. Genau das macht der „geniale Verkäufer" in der Praxis. Wie Sie im entsprechenden Abschnitt gelesen haben, hat der „geniale Verkäufer" trainiert, die Trennlinie zwischen Bewußtem und Unbewußtem willentlich zu verschieben.

Die Angst des Verkäufers als Antrieb

Situation des Verkäufers

Vorgaben:	Alltag:
Umsatzziel	Kundenprobleme
Ertragsziel	Mitbewerber
Neukundenanteil	Produktprobleme
Anzahl Kundenbesuche	Zeitprobleme

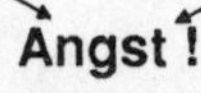

Was haben die Ängste eines Verkäufers – die Darstellung auf Seite 86 gibt einen deutlichen Hinweis darauf – im größeren Abschnitt „Rapport" zu suchen?

Ganz einfach, Angst wirkt als einer der Einflüsse, die den Rapport, die Verbindung zum Kunden, beeinträchtigen oder gar gänzlich verhindern. Wer Angst verspürt, richtet den größten Teil seiner Aufmerksamkeit auf seine eigenen Gefühle; man ist zu sehr mit sich selbst beschäftigt, als daß man

sehen, hören oder fühlen könnte, wie der Gesprächspartner im Verkauf sich mitteilt. Wie gesagt, Angst ist ein Hemmschuh für eine erfolgreiche Kommunikation im Verkauf. So sollte am Anfang eines jeden Verkaufstrainings eine Art „Anti-Angst-Training" stehen, wie das bei K-TRAIN-Seminaren der Fall ist.

Dieses Training nennt sich „Interview-Modell" und unterstützt den angehenden „genialen Verkäufer" dabei, eine Zielvorstellung zu entwickeln: Verkäufer, die Angst mit sich herumtragen, haben keine positive Vorstellung vom Ziel. Daher hilft Ihnen das „Interview-Modell", eine bildliche Vorstellung (vor dem inneren Auge) vom „Ziel zu schaffen". Gerade diese klare Bildvorstellung vom Ziel fehlt „ängstlichen" Verkäufern; während sie zu tief in ihren Angstgefühlen stecken oder „Mißerfolgsformeln" in ihrem inneren Ohr erklingen, haben sie keinen Zugang mehr zu einem „Erfolgsbild" ihres Zieles. Wo keine Vorstellung vom Ziel existiert, da fehlt die Orientierung, was wiederum die Angst verstärkt – ein Teufelskreis dreht sich.

Da manche Verkäufer gar von vornherein „Mißerfolgszielbilder" in sich hervorbringen, tritt noch deutlicher die Notwendigkeit einer Angstbewältigung am Anfang eines Verkaufstrainings in den Vordergrund: Angstbewältigung durch positive bildliche Zielvorstellungen (Interview-Modell). Eine Zielvorstellung führt dazu, daß die Angst sehr schnell verschwindet.

Natürlich sind die persönlichen Anlagen und Prozesse, die zur „Angst im Verkauf" führen, bei jedem Einzelnen verschieden. Von daher gesehen ist es natürlich vorteilhaft, wenn ein Verkaufstrainer fundierte Kenntnisse in Psychotherapie hat, um auf die Eigenheiten eines jeden eingehen zu können (was bei K-Train-Seminaren gewährleistet ist).

Gehen wir noch einen Schritt weiter. Man braucht sich nur zu fragen: Wie kommt es, daß ein gestandener Verkäufer, der seit 20 Jahren mit Erfolg unterwegs ist, nach wie vor Angst hat, bei einem „Chef" Telefonakquisition zu machen? Wie kommt es, daß ein Mensch, der ja ständig im Kontakt mit Kunden steht, plötzlich feuchte Hände und Achselschweiß hat, wenn er statt dem gewohnten Gesprächspartner plötzlich in zehn Minuten einem „hohen Tier" im Einkauf gegenüberstehen und ihm verkaufen soll? Da nützt alle „Verkaufstechnik" nichts.

Neben dem Wissen, daß es sich hier um einen höchst persönlichen, inneren Prozeß in diesem Verkäufer handelt, sei hier die Frage gestellt, ob diese Angst auch etwas Gutes mit sich bringt. Die Antwort: Ein unumwundenes „Ja“. Als erstes läßt sich sagen, daß die Angst ein Signal der Alarmanlage eines Verkäufers darstellt. Es geht sozusagen die Sirene los, die vor möglicherweise drohenden Gefahren warnt. Nun ist im Verkauf in den allerseltensten Fällen tatsächlich das Leben des Verkäufers bedroht.

Sobald der Verkäufer etwas über das kybernetische Verkaufen erfahren hat, kann er anfangen, sich folgende Gedanken zu machen: „Diese Angst ist eine Rückmeldung eines Teils von mir an mich selbst. Ich erhalte mittels meiner Angst die Nachricht: Hier muß ich etwas unternehmen.“

Rapport in der täglichen Praxis des Verkaufsgesprächs

Nachdem Sie sich im bisherigen ausführlich in die Rahmenbedingungen für einen echten Rapport zwischen Verkäufer und Käufer haben „einweihen“ lassen, machen Sie nun Ihre ersten Erfahrungen mit den eher praktischen Schritten:

Wie stellt man Rapport her, wie behält man oder unterbricht man eine Verbindung im Gespräch? Und auch: Wie nutzt man den Rapport? Dazu zunächst noch einmal einige Worterklärungen, so wie Sie aus einem NLP-Wörterbuch stammen könnten:

Kasten 6

Rapport

a) eine Verbindung (herstellen), die es ermöglicht, auf eine systematische Weise Reaktionen z.B. von einem Käufer zu erhalten;
b) in einem erfolgreichen Verkaufsgespräch stellt der „geniale Verkäufer" eine Verbindung zu seinem Kunden her, indem er „verbindende" Verhaltensweisen ausübt, die man „Pacing" – „im Gleichschritt gehen" (grobe Übersetzung) – nennt.

Zwei der wichtigsten Formen des Pacings sind:
1. angleichen (matching) an die Worte, die der Kunde benutzt;
2. „Spiegeln" (mirroring) der „Körpersprache" wie Haltung, Atem, Gesten etc.

Diese feinen Formen der Rückmeldung (Feedback) erzeugen in dem Kunden ein Gefühl von „Der denkt/fühlt so ähnlich wie ich" = Rapport oder Verbindung, was sich in einer Art von Vertrauen äußert.

matching: anpassen, angleichen (s. o.)
mismatching: sich nicht anpassen (bewußt oder unbewußt) oder gar „das Gegenteil tun"
mirroring: spiegeln (genauso tun)
cross-over mirroring: überkreuz spiegeln (Näheres im Text)
pacing: im Gleichschritt gehen, mitgehen; „pacen" lautet unsere „Verdeutschung" von pacing
Leading: Führen

Diese Worterklärungen deuten schon darauf hin, was man unter Rapport in der Praxis verstehen kann. Die „Zauberformel" des Rapports in NLP für ein erfolgreiches Verkaufsgespräch lautet: P.P.L. = Pace Pace Lead

PPL = Pace Pace Lead

„Gehe mit, gehe mit, führe!" steht von jetzt an in diesem Buch hinter der Kurzform PPL für Pace, Pace, Lead – Sie werden in den nächsten Zeilen mehr darüber erfahren, wie Sie diesen Grundsatz des Rapports in der Praxis für Ihre Verkaufsgespräche verwenden können.

PPL = Zweimal mitgehen und einmal führen läßt sich am leichtesten erneut mit dem guten alten „Ballroom-dancing" (im deutschen etwas nüchterner Gesellschaftstänze) vergleichen. Bei dieser Art zu tanzen fällt die Rolle des Führens immer noch dem Mann zu. Übertragen aufs Verkaufsgespräch – dort sind Sie es, „der Verkäufer", der führt. Wie beim Tanzen darf die Tatsache, daß Sie führen, überhaupt nicht spürbar sein; wenn beide führen wollen, artet es sichtbar und fühlbar zu einer Art Kampf aus.

Bei einem meisterhaften Tanzpaar erkennt man nicht, daß der Mann führt, ebenso erkennt nur ein geschulter Geist, wer im Verkaufsgespräch mit dem „genialen Verkäufer" die Führung inne hat. Tanzen „funktioniert" nur im Rapport, durch die Verbindung, in der sich Tänzer und Tänzerin auf einen gemeinsamen Schritt, ein gemeinsames Tempo einigen. Das ist eben „Pacing" – im Gleichschritt gehen, mitgehen.

Pace, Pace, Lead beim Tanzen – beide tanzen z.B. zwei Takte lang in eine bestimmte Richtung. Der Mann geht mit: Zählen Sie 1,2,3,4 – 1,2,3,4 und Richtungsänderung. Der Mann „führt" (Lead), indem er z.B. um 90 Grad nach rechts dreht ... 2,3,4. Jetzt tanzen sie gemeinsam in die neue Richtung; der Mann geht mit, um nach einigen Takten wieder etwas Neues zu machen usw.

Wenn auch ein Verkaufsgespräch bei weitem um einiges vielfältiger erscheint, so läßt sich das Pace Pace Lead-Prinzip doch leicht vom Tanzen her übertragen. „Nun, Sie haben das Auto gesehen und getestet (Pace). Zum Preis haben wir auch schon den Rahmen festgelegt (Pace). Sprechen wir nun über die Finanzierung (Lead)." Dies als ein erstes grobes Beispiel: Die ersten beiden Sätze enthalten Pacing, das Mitgehen. Sie beschreiben fast immer etwas, das gerade abläuft oder etwas, das schon geschehen ist, als feststellbar und überprüfbar. Der dritte Satz (Lead) führt dann hier zu einem neuen angrenzenden Thema „Finanzierung". Beachten Sie, wie weich sich der Übergang – ohne Bruch – gestaltet.

Pacing – Was heißt mitgehen? Wohin geht man mit?

Wo und wie Sie im Verkaufsgespräch „pacen", d.h. mitgehen oder sich angleichen können, darum geht es in diesem Abschnitt. Im Grunde bedeutet Pacing, daß Sie auf irgendeine

Weise das gleiche machen oder ausdrücken, was Ihr Kunde in dem Moment mitteilt. Und Ihr Kunde sagt Ihnen immer etwas, selbst wenn er nichts sagt. (Siehe einleitender Teil des Buches.)

„Sagt er/sie also nichts, wo kann ich mich da noch angleichen? Soll ich etwa auch nichts mehr sagen? Das wäre ein schönes Verkaufsgespräch", mögen Sie jetzt denken. Glücklicherweise und eben auch für den Fall, daß der Gesprächspartner einmal nichts mehr sagen will, können Sie zwei Arten des „Pacens" zur Herstellung eines Rapports zum Kunden anwenden.

1. verbales Pacing: Sie gleichen sich in Ihren Worten und Ihrer Sprache den Mitteilungen Ihres Kunden an.
2. non-verbales Pacing: Sie gehen in allen nichtsprachlichen „Kanälen" mit der Kommunikation Ihres Kunden mit: z.B. Körpersprache, wie Gestik, Mimik, Haltung und vieles mehr.

Mit beiden zusammen, verbalem und non-verbalem Pacing, verfügt der „geniale Verkäufer" über einen unendlichen Vorrat an Verhalten, um eine tragfähige Verbindung zum Käufer herzustellen und zu erhalten. Auch wenn der Faden in einem Verkaufsgespräch einmal gerissen ist, hilft die Technik des „Pacens", Kontakt zum Kunden wieder herzustellen.

1. Verbales Pacing: Pacing in Wort und Sprache

Auch hier hat der „geniale Verkäufer" eine große Auswahl, sich an die Sprache des Kunden anzupassen und sich so ihm „gleich zu machen". Dabei hat Pacing nichts mit sich anbiedern zu tun. Nehmen Sie einmal folgendes Beispiel, das man als „Rückführung“ von Sätzen bezeichnen könnte.

Bei dieser Form des Pacings verwenden Sie die Verben oder Prozeßworte, die der Kunde benutzt. Besonders die Verben der Wahrnehmung, wie sehen, hören, etc. spielen hier eine wichtige Rolle. Ausdrücke, wie „ich sehe ... das auch so“ weisen eindeutig daraufhin, welches Sinnessystem (VAKOG – siehe Kapitel 10-Sinne-Modell) der Kunde gerade in seinem Gehirn benutzt, um eine Nachricht/Information zu vermitteln.

Beispiel:
Kunde: „Ich *sehe* schon ganz klar, was mir dabei so vorschwebt.“
Verkäufer: „Sie haben also schon ein genaues Bild von Ihren Vorstellungen.“
(Sie erkennen, der Verkäufer gleicht sich mit seinen Worten im Sinnes-System an [Pacing].)
Kunde: „Ich sehe klar.“
Verkäufer: „Genaues Bild.“

Das Angleichen in den Ausdrücken der Wahrnehmung gilt schon als eine etwas fortgeschrittene Fertigkeit beim Pacing. Hier einmal ein ganz einfaches Beispiel einer ganz einfachen „Rückführung“ von Information:
Kunde: „Was diese Entscheidung angeht, so fühle ich mich noch etwas wackelig auf den Beinen.“
Verkäufer: „Sie meinen also, Sie fühlen sich noch unsicher, wenn Sie sich hierzu entscheiden sollten.“

Im Grunde macht der Verkäufer mehr als noch einmal das Gleiche zu sagen, was der Kunde gesagt hat. Er gewinnt Rapport zum Käufer, indem er folgendes ausdrückt:

- er läßt sein Gegenüber wissen, daß er aufmerksam zugehört hat;

- er läßt sein Gegenüber wissen, daß er ihn verstanden hat;
- er stärkt die zum Ziel führende innere Informationsverarbeitung.

Darüber hinaus erhält hier der Verkäufer die Gelegenheit, als nächstes noch genauere Beschreibungen des Gesagten folgen zu lassen. Sie werden spätestens hier bemerken, daß Rapport durch Pacing nichts mit Anbiedern zu tun hat. Es liegt in den obigen Beispielen ganz offen. Pacing durch Angleichen der Sprache sagt dem Käufer: „Ich spreche genau deine Sprache. Deine Worte sind mir vertraut. Ich bin dir ähnlich. Ich bin wie du." Pacing schafft Vertrauen und Rapport.

Lassen Sie hier gleich den Gedanken fallen, man schlage Ihnen hier vor, einfach das „nachzuplappern" – wie ein Kind –, was Ihnen Ihr Kunde vorsagt. Während Sie vielleicht noch einen Gedanken daran verwenden, wie leicht ein Kind Rapport zu Erwachsenen bekommt (z.B. mit Nachplappern), so sollen Sie wissen: Im NLP werden keine Pauschal-Techniken vermittelt. Wann Sie z.B. diese Technik der „Rückführung" von Informationen als Pacing mit Worten anwenden, werden Sie später allein aus der Situation heraus entscheiden. Und die ist stets eine andere.

Hier noch einige Hinweise darauf, was der „geniale Verkäufer" alles verbal „pacen" kann, d.h. wo er sich in seiner Sprache angleichen kann:

- Verben, Prädikate, insbesondere der Wahrnehmung
- Schlüsselworte (Worte, die der Gesprächspartner besonders häufig und gerne benutzt)
- Überzeugungen und Glaubensmuster

2. Nonverbales Pacing – Angleichen in allen nicht-reinsprachlichen Kanälen

An dieser Stelle weisen die Autoren darauf hin, daß das neurolinguistische Denken und Handeln nichts weiter darstellt, als eine systematische Beschreibung vom Verhalten der Menschen. Gerade wenn es um das nonverbale Pacing geht, wird das wieder deutlich: NLP ist nicht neu! Neu daran ist die Anwendung auf allen möglichen Gebieten der Kommunikation, wie z.B. beim Verkaufen, insbesondere das Happy Selling.

Nonverbales Pacing, hier geht es um das „Synchronisieren" – das „Gleichzeitigmachen" – vom Verhalten des Gesprächspartners. Dies geschieht tausendfach täglich überall auf der Welt ganz offensichtlich, wo? ... Bei Verliebten! Wahrscheinlich haben Sie es auch schon selbst erlebt, zu sehen ist es bei allen Paaren: Je stärker die Verbindung (Rapport), je stärker die Liebe, desto gleichartiger die Bewegungen, das ganze Aussehen, das Tempo der Sprache. Man möchte meinen, sie denken gar das Gleiche: denn oft machen Verliebte die Erfahrung, daß sie zum gleichen Zeitpunkt über das Gleiche etwas sagen wollen. Alle „Kanäle", z.B. der Körpersprache, wollen hier mitteilen und ausdrücken: „Ich bin wie du."

Gehen wir wieder hinüber zur Verkaufssituation. Auch hier gilt: Je stärker der Rapport, desto wahrscheinlicher entstehen beiderseitig zufriedenstellende Lösungen. Wie macht sich nun der „geniale Verkäufer" das Wissen um den „Synchron-Effekt" (synchron heißt übrigens gleichzeitig) zunutze? Er stellt den Rapport u.a. durch eine Technik des nonverbalen Pacings her: Mirroring – zu deutsch: Spiegeln. Dieses Spiegeln ist eine alltägliche Erscheinung. Welche Verhaltensweisen eines Kunden sich spiegeln lassen? Zunächst einmal alle

Verhaltensweisen, die die sogenannte Körpersprache ausmachen:

- Gestik;
- Haltung;
- Bewegungsspiel der Gesichtsmuskeln (Mimik);
- alles, was mit der Stimme zu tun hat: Lautstärke, Tempo, Betonung;
- Atmung;
- Bewegungen der Körperteile, z.B. der Arme, Hände, des Kopfes, Schultern etc.;
- Tempo dieser Bewegungen und vieles vieles mehr.

Und wie „spiegelt" nun der „geniale Verkäufer?" Wie es das Wort schon sagt, wählt er eines oder mehrere Elemente aus der obigen Liste aus, während er seinen Kunden beobachtet. Dann paßt er z.B. sein eigenes Sprechtempo dem seines Gesprächspartners an. Indem er sich genauso oder ähnlich verhält, gewinnt er einen beinahe authentischen (= ursprünglichen) Eindruck davon, wie der Kunde gerade die Welt erlebt. Gleichzeitig kann dieser sein eigenes Verhalten im Verhalten des Verkäufers wiedererkennen, eben gespiegelt. Ergebnis: „Wir sind gleich." – der Rapport ist hergestellt.

Stellen Sie sich im Gegensatz dazu ein Verkaufsgespräch vor, in dem der Verkäufer laufend das Gegenteil, z.B. der Körpersprache des Kunden darstellt. Der Kunde lehnt sich bequem zurück – in dem Moment richtet der Verkäufer sich auf und nimmt eine starre Haltung ein ... Kein Kommentar. Nonverbales Pacing fängt schon bei der Kleidung oder gar beim Auto an, in dem man vorfährt. Fragen Sie erfahrene Profi-Verkäufer. Wer im Seminar soweit kommt, sich z.B. die Fähigkeit des Pacings vom Atemmuster des Kunden anzueignen, der hält ein mächtiges Werkzeug zur Herstellung von Rapport selbst in den verfahrensten Situationen in den Händen.

Kann man / soll man alles pacen?

Man kann grundsätzlich jegliches Verhalten (sowie die Sprache und Worte des Kunden ohnehin) „pacen". Nur gibt es Elemente in der Verkaufskommunikation, die sich weniger von vornherein zum Pacen eignen. Beispiel: Rollenverhalten, das von beiden Seiten akzeptiert wird. Sie wollen wohl kaum das „herrische" Verhalten eines Chefs spiegeln. Er könnte sich sehr wahrscheinlich herausgefordert fühlen.

Lösung in diesem Fall: Sie nehmen einen anderen, nicht ausdrücklich dominanten Teil aus der „Verhaltenskette Chef", etwa die Stimmlage, und gleichen sich hier in Ihren Mitteilungen an. Ein ähnliches Vorgehen könnte man für bestimmte Situationen empfehlen, wo der Verkäufer mit einem verärgerten Kunden verhandeln will. Gerade hier ist die Kunst des wohldosierten „Pacens" das A und O zur Herstellung des Rapports (z.B. das Pacen der Augenbewegungsmuster).

Pacing erfordert Gewandtheit (Flexibilität) im eigenen Verhalten

So lautet eine Voraussetzung, wenn man das Pacen erlernen will. Erst einmal wollen die eigenen Sinne (siehe 10-Sinne-Modell) geschult sein. Wer sich in Sprache und Worten angleichen will, braucht helle Ohren, wer nicht-sprachliche Elemente pacen will, braucht ein scharfes und schnelles Auge. Für beides gilt das sprichwörtliche „Fingerspitzengefühl", damit Pacing als ein natürlicher Teil des ganz normalen Verhaltens des Verkäufers beim Kunden ankommt. Also hier das uralte Sprichwort: „Übung macht den Meister". Der „geniale Verkäufer" hat sich einem Training unterzogen, das ihn nun befähigt, jedes beliebige Verhalten eines Kunden selbst darzustellen. Dieser Vorrat an Verhaltensweisen, der sich über die ganze Breite des möglichen Verhaltens spannt – von Zorn bis Ruhe, von Begeisterung zu Trägheit oder was auch immer, ermöglicht es dem „genialen Verkäufer" zu pacen, was da kommt. (Ganz zu schweigen von der Freiheit in der Kommunikation.)

Leading = Führen. Wie führt man den Kunden und wohin?

Rapport bedeutet im NLP „eine Verbindung herstellen", die es ermöglicht, bestimmte Reaktionen zu erhalten, in unserem Fall z.B. von einem Kunden. Diese Beschreibung von „Rapport" ist Ihnen nun schon mehrere Male in diesem Buch begegnet. Wohin führen Sie Ihren Kunden mit Pace Pace Lead? Natürlich in die Richtung eines gemeinsam mit dem Kunden vereinbarten oder noch zu vereinbarenden Zieles (siehe: Das andere Paradigma); das kann z.B. ein Verkaufsabschluß mit dem höchsten erreichbaren Nutzen für Käufer und Verkäufer sein.

Was das Führen (Lead) in PPL angeht, so wird hier die übergreifende Bedeutung der Zielvorstellungen des „genialen Verkäufers" ganz offensichtlich: Die Reaktionen, die man vom Kunden systematisch erhalten will, sollen in ihrer Richtung auf das Ziel hinweisen. Der „geniale Verkäufer" hat dazu seinerseits eine äußerst klare und genaue Vorstellung von seinen eigenen Zielen in jedem Verkaufsgespräch. Um so einfacher wird es ihm fallen, bewußt wie unbewußt, die richtige Wahl zu treffen, wenn es darum geht:

Was soll ich hier pacen?
Wie kann ich nun in Richtung Ziel führen?

NLP bietet glücklicherweise einige Strategien an, um „wohlgeformte" Ziele herauszukristallisieren (siehe: Kapitel Outcomes). Nun hinüber zu der Frage: Wie führt man?

Denken Sie wieder ans Tanzen. Hier ist z.B. das Richtungsändern in dem Moment am einfachsten, wo der „Gleichschritt" am stärksten ist. Bevor also der „geniale Verkäufer" einen Schritt unternimmt, der „Führen" bedeutet, überzeugt er sich davon, ob er sich auch wirklich schon im Gleichschritt („Pace") mit seinem Kunden befindet (zumindest in der „Lernphase" noch bewußt). Dies sagen ihm seine Augen, Ohren und zum Teil auch sein Gefühl. Ist der Gleichschritt vorhanden, so ist es ganz einfach, ein zusätzliches Element (Argument, Wort, Bewegung etc.) anzuhängen. Natürlich wählt man eine passende Größe für dieses neue Element, je nach Lage der Dinge.

Einer der Gesichtspunkte, weshalb der „geniale Verkäufer" NLP im Verkaufsgespräch überhaupt einsetzt, ist ja der, seinen Kunden die Entscheidungen zu erleichtern. So kann er erkennen, daß ein Käufer z.B. ein zu eng begrenztes Bild von einer Sache hat; ein anderer verallgemeinert mit seiner Einstellung so stark, daß man vom „Schwarzmaler" reden kann. Hier kann der „geniale Verkäufer" in beiden Fällen eine besondere Art der Technik Pace Pace Lead anwenden. Diese läuft darauf hinaus, daß der Kunde es praktisch lernt, seine Sinne dem anstehenden Punkt gemäß einzusetzen.

Beispiel: Ein Käufer tritt noch unsicher auf der Stelle. Unser „genialer Verkäufer" beschließt ihn dort abzuholen, wo er sich gerade befindet – Pacen im „Gefühlssinn" (Kinästhetik) – und ihm mittels des visuellen Sinnes (Lead oder Führen nach V = visuell) ein genaueres Bild zu vermitteln. So kann er ihn pacen, indem er sich z.B. in seiner Körperhaltung (K) dem Kunden anpaßt (pace), und sagt: „Sie fühlen (K) sich wohl noch nicht so recht wohl bei der Sache (pace)?" Der Kunde wird zustimmen, da er durch Körperhaltung und Worte eine Rückmeldung über seinen Zustand erhalten hat; d.h. er folgt bereits der Kommunikation des Verkäufers. Dieser fügt nun hinzu: „Wie wäre es daher, wenn Sie die Sache einmal von dieser Seite betrachten ...?" (Lead = Führen ins Visuelle). Wahrscheinlich wird der „geniale Verkäufer" sich dabei auch noch bewegen, um sozusagen als zweites Lead den Kunden aus der „unsicheren" Körperhaltung herauszuführen.

Schon an diesem Beispiel können Sie leicht erkennen, daß der NLP-geschulte Verkäufer *immer die Wahl hat* bei dem, was er unternimmt. Sowohl beim Pacen, als auch beim Lead (Führen) kann er entscheiden: Von Pace $K_{negativ}$ (kinästhetisch) zu $V_{positiv}$ stellt einen anderen Schritt dar, als von $K_{negativ}$ zu $K_{positiv}$.

Die Entscheidung, ob er das eine oder das andere, oder gar beide Möglichkeiten einsetzt, trifft der „geniale Verkäufer" aus der Situation heraus. Sein Rapport zum Kunden sagt ihm, was als angemessen erscheint. Sie sehen, Happy Selling bedeutet auch schöpferisch verkaufen. Der „geniale Verkäufer" schöpft aus der Fülle seiner Möglichkeiten auch in den Einzelheiten wie Pace Pace Lead. Diese Art von „Freiheit, zu entscheiden", macht das „Kommunizieren", hier das Verkaufen mit NLP, so interessant.

Sie haben hier nur die ersten Schritte kennengelernt, mit denen der „geniale Verkäufer" durch Pace Pace Lead einen starken Rapport zum Käufer erzeugt. Dieser „Baustein" – PPL – taucht praktisch unausgesprochen in allen weiteren Techniken des NLP im Verkaufen immer wieder auf. Denn PPL beinhaltet die praktische Anwendung für das Wissen, wie man eine „Feedback-Schleife" mit seinem Kunden vorwärts-„laufen" läßt.

Kalibrieren

Kasten 7

 **Kalibration (= Kalibrierung)**

Das Wort „Kalibration" hat im Zusammenhang mit der Kunst der Kommunikation (NLP) recht wenig mit dem bekannteren „Kaliber", also dem Durchmesser von Patronen oder anderen Geschossen zu tun.

Eine Bedeutung von Kalibration im Fremdwörterbuch heißt: Kalibration = das *Eichen* von Meßinstrumenten oder das *Ausrichten* von Werkstücken auf ein genaues Maß. Hier finden wir schon eher eine Bedeutung für Vorgänge in der Kommunikation, wie dem Verkaufsgespräch, nämlich in dem Wort „*Eichen*", also genauestens einstellen (man eicht z.B. Waagen), sowie im Wort „*Ausrichten*".

Wer richtet sich auf wen aus, wer stellt sich auf wen wie genauestens ein? Und zu welchem Zweck?

Darum geht es im folgenden Abschnitt: Der „geniale Verkäufer" kalibriert sich auf seine Kunden, und zwar mit Hilfe seiner auf „sehr fein" eingestellten Wahrnehmung, also mit seinen (aufs höchste) geschärften Sinnen.

Eins vorweg: Durch die Kunst des Kalibrierens könnten Sie sich als Verkäufer so manche Stornierung von Aufträgen ersparen. Die K-TRAIN-Verkaufs-Trainer behaupten, daß sich fast jede Stornierung bereits im Verkaufsgespräch ankündigt. Lernen Sie also, wie man sich „auf einen Kunden kalibriert".

Beim Kalibrieren geht es für den „genialen Verkäufer" hauptsächlich um unbewußte nonverbale, also nicht-sprachliche Veränderungen bei seinem Kunden oder Käufer. Anders ausgedrückt: Er erhält ein unbewußt-nonverbales Feedback, während er mit dem Käufer spricht. Was verspricht sich der „geniale Verkäufer" von diesem Feedback? Welche Informationen möchte er damit empfangen?

Er findet mittels seiner Kalibrierung heraus, wie ein Kunde bestimmte „Zustände" körperlich (daher nonverbal) darstellt. Schnell ein Beispiel: Für einen Verkäufer ist es sehr wichtig, von Anfang an die meist sehr feinen, oft kaum erkennbaren Unterschiede auszumachen, mit denen der Käufer Zustimmung oder Ablehnung, also „Ja" oder „Nein" signalisiert. Wenn der Verkäufer z.B. folgendes erkannt hat: Ein bestimmter Kunde gibt seine Zustimmung zu einem Punkt, während gleichzeitig seine Augen etwas größer werden (d.h. also z.B, der Kunde öffnet seine Augenlider) – so wird er im weiteren Verlauf des Gespräches stets auf dieses Zeichen „Augenweite" achten. So kann er stets testen, ob er noch

Zustimmung findet oder nicht. Solche „Signale" sind dem Kunden nie bewußt. Da sie also im Unbewußten liegen, eignen sie sich sehr gut für eben das Unbewußte dieses Kunden, auf seine Weise Zustimmung oder Ablehnung zu „signalisieren".

Robert Ornstein, der bekannte amerikanische Gehirnforscher*, hat erst kürzlich in seinem Buch „Multimind" das Modell aufgestellt, daß wir Menschen alle aus schätzungsweise mindestens 100-200 „Teilen" oder „Teilpersönlichkeiten" bestehen. Jeder dieser Teile hat andere Möglichkeiten, seine Aufgaben zu vertreten und auch zu äußern. Der eine Teil mag vielleicht einen Gedanken oder ein Bild schicken, der andere einen Schmerz im dicken Zeh ...

Gerade beim Kaufen und Verkaufen spielt die Idee der verschiedenen „Teile" einer Person mit ihren verschiedenen Interessen eine große Rolle.

Ein Kauf kann im Grunde nur dann als gelungen bezeichnet werden, wenn alle Beteiligten ihren Nutzen gewahrt sehen. Stornierung oder Kauf-Reue entsteht immer, nachdem sich z.B. zu Hause ein „Teil" der Person meldet (der vorher wahrscheinlich im Verkaufsgespräch übergangen wurde) mit: „Aber eigentlich wollte ich doch ..." Die Fähigkeit des „Kalibrierens", sich genau auf unbewußte Äußerungen einzustellen, dient dem „genialen Verkäufer" zu folgendem Zweck: Er berücksichtigt die gesamte Persönlichkeit seines Kunden, bewußte wie unbewußte „Teile". (Den bewußten Teilen wird hier einmal unterstellt, daß sie sich durch Worte und Sprache äußern; also was der Kunde sagt, stammt von den bewußt denkenden Teilen seiner Persönlichkeit. Von den unbewußten Teilen stammt der nonverbale Anteil der Kommunikation.)

---

* Stanford University

So achtet der „geniale Verkäufer" sorgsam mit Hilfe des Kalibrierens darauf, daß er z.B. eine umfassende Zustimmung zu seinen Mitteilungen erhält. Erkennt er eine unbewußte Ablehnung (z.B. wenn der Gesichtsausdruck signalisiert: „Nein", während der Kunde in seinen Worten sagt: „Ja, o.k."), so nutzt der Verkäufer seine Chance: Er wendet sich sozusagen an jenen unbewußten Teil, um auch diesen in das „Nutzenangebot" seiner Ware/seiner Leistung miteinzubeziehen. Auch der unbewußte Teil soll seinen Vorteil im Kauf finden.

Haben Sie so etwas schon einmal gehört? Hier finden Sie die wahre Einstellung des „genialen Verkäufers": Nutzen und Vorteil für die *gesamte* Person (bewußte und unbewußte Teile) durch einen Verkauf – oder Neuanfertigung, bzw. Neuformulierung des Angebotes, bis alle Teile zufrieden sind. Deshalb sprechen K-TRAIN-Verkaufstrainer vom „Kreativen Verkaufen".

Wie richtet sich der „geniale Verkäufer" an unbewußte Teile, wie nimmt er Rapport mit ihnen auf? Antwort: Zum Beispiel durch direktes Hinterfragen: „Ist da noch was, ...?" „Was würde Sie noch zufriedener machen?" Vielleicht auch durch nichtsprachliches Pacing, das Ihnen mittlerweile bekannt sein wird. Genaueres und mehr erfahren Sie im K-TRAIN-Seminar.

Sensory Acuity (Schärfe der Sinne) und Kalibrieren

Sie können sich leicht vorstellen, daß die Fähigkeit des Kalibrierens wie auch des Pacings eine überdurchschnittliche Schärfe der Sinne erfordert. Besonders wenn man unbewußte – nichtsprachliche – Anteile in der Kommunikation seines Gesprächspartners erkennen will. Oftmals ist da nur ein Zucken oder eine geringe Veränderung in der Stimme oder Haltung erkennbar. So erscheint es naheliegend, daß im „anderen Verkäufer-Training" der Schulung der Sinne eine tragende Rolle für alle NLP-Techniken zukommt. Die Übungen zum Kalibrieren eröffnen dem Teilnehmer eine um vieles größere Bandbreite der Wahrnehmung. Dies kommt ihm auf allen Feldern der Kommunikation zugute. Darüber hinaus eignet sich der Teilnehmer durch diese Übungen die Fähigkeit an, sich nur noch auf seine sinnliche Wahrnehmung zu verlassen, anstatt auf seine Vermutungen und Vorurteile über einen Käufer.

Ein Beispiel dazu: Der Kunde zieht die Stirn „kraus". Vermutung: Er ist ärgerlich. Sinnliche Wahrnehmung: Er hat die Muskeln der Stirn zusammengezogen, die Augen erscheinen kleiner.

In dieser Unterscheidung *Vermutung* – vs. *sinnliche Wahrnehmung* liegt die Quelle für die Wirksamkeit der NLP-Rapport-Techniken: Der „geniale Verkäufer" macht sein Verhalten nur von tatsächlich sinnlich wahrnehmbaren Änderun-

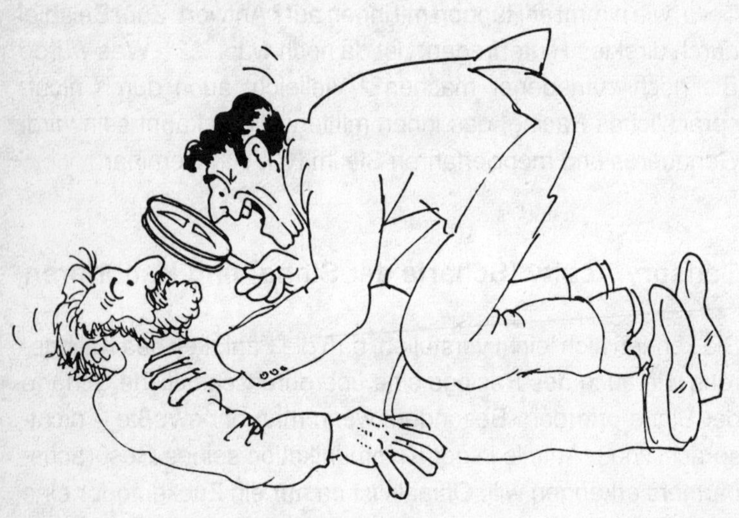

gen im Verhalten seines Kunden abhängig. Auf zusammengezogene Stirnmuskeln etwa kann er mit Angleichen (Pacing) oder Kalibrieren reagieren. „Ärgerlich sein“ ist eine sprachliche Bezeichnung für eine Kette von Verhaltensweisen, die weit über das äußerlich wahrnehmbare hinausgeht – also viel zu ungewiß, zu sehr in Richtung „Raten“, um sich zum Herstellen von Rapport zu eignen.

Der NLP-geschulte Verkäufer vermeidet eine ganze Reihe von möglichen Mißverständnissen, indem er seine Verbindung zum Käufer auf der Schärfe seiner sinnlichen Wahrnehmung aufbaut. (Zu „Schärfe der Sinne vs. Halluzination“ siehe auch den einleitenden Teil des Buches.)

Eine besondere Form des Rapports: Separator-state

Kasten 8

Separator-state

State (englisch) = Zustand
Separator = „Trenner“; stammt von dem Wort
to seperate = trennen, teilen.

Rapport zum Kunden, also die Verbindung, gilt als eine bedeutende Voraussetzung für ein erfolgreiches Verkaufsgespräch. Dazu sollte sich jeder über folgendes im Klaren sein: Wer pacing macht, also sich anpaßt in seinem Verhalten oder seiner Sprache, dem wird es gelegentlich genauso gehen, wie so manchem Mann beim Tanzen: „Wer führt hier eigentlich wen?“ – diese Frage taucht nicht nur beim Tanzen auf; besonders da ja Verkäufer und Käufer in einer Art Wechselspiel (Feedback-Schleife) miteinander stehen.

Oftmals wird ein Kunde dem „genialen Verkäufer“ in einem Zustand (state) gegenübersitzen, der einem erfolgreichen Verkaufsgespräch nur wenig dienlich ist. Das kann z.B. ein Gefühl wie schlechte Laune oder ähnliches sein.

Der „kreative Verkäufer“ hat die Möglichkeit, mit Pace Pace Lead den Kunden dort herauszuführen. Glücklicherweise kennt er auch noch andere Wege in seinem „Verhaltensvorrat“, wie z.B. die Separator-state-Technik.

Der „Separator-state“ („Trenner“) verfolgt das Ziel, unseren „blockierten“ Kunden mindestens abzulenken von seinem momentanen inneren Zustand; etwas stärker dosiert kann man auch vom „Stören“ der inneren Vorgänge (Prozesse) beim Kunden reden. Auch eine Art „Verwirrung“ zu erzeugen, gilt als „Separator state“. Wie bringt der „geniale Verkäufer“ das fertig?

Ganz einfach: Wenn der Verkäufer bemerkt, daß das Gespräch in eine Richtung läuft, die dem beiderseitigen Interesse nicht dient, kann er eingreifen: Er stellt z.B. eine Frage nach etwas Neutralem, Unbedeutendem wie: „Wann sind in diesem Jahr Betriebsferien?“ – oder was auch immer. Ganz gleich, wie der Kunde reagiert, ob verwirrt oder zornig oder lachend, er wird sich für eine kurze Zeit in einem anderen Zustand als vorher befinden. Zeit genug für den „genialen Verkäufer“, mit seinen schöpferischen Mitteln das Verkaufsgespräch aufs passende Gleis zu lenken.

„Genialitätsmuster“ – Welche Verhaltensweisen zeichnen den „genialen Verkäufer“ aus?

Kasten 9

Genie, genial

Um einen gemeinsamen Nenner zum Begriff des „Genius“ zu erstellen, hier vorab eine kleine Erläuterung, wie Sie das Wort Genie in diesem Abschitt vorrangig verstehen können:

Genial = hervorragend begabt
Genie = 1. überragende schöpferische Geisteskraft,
2. hervorragend begabter, schöpferischer Mensch

Ein „genialer Verkäufer“ zeigt sich also ganz einfach als ein hervorragend begabter schöpferischer Verkäufer.

Wenn die Autoren dieses Buches es wagen, ständig von einem „genialen Verkäufer“ zu schreiben, so hat das wenig damit zu tun, daß man einen hochbegabten Verkäufer mit einem Beethoven oder da Vinci vergleichen möchte. Ein Genie ist ein Mensch, der ganz außergewöhnliche, oft verblüffend einfache oder schöne Lösungen für menschliche Fragen oder Probleme „erschafft“. Einem Meisterwerk haftet die Eigenschaft an, daß es wie geschaffen, wie dahingegossen auf ganz einzigartige Weise seine Aufgabe erfüllt. Man möchte nichts hinzugeben, man kann nichts wegnehmen, ohne das Geniale zu zerstören. Warum sollte nicht auch ein Verkäufer in der Lage sein, seine Kommunikation mit seinen Kunden so schöpferisch zu gestalten, daß alles paßt oder fließt? Jedenfalls liegt der Vergleich eines Künstlers mit einem hervorragend begabten schöpferischen Verkäufer näher als man glauben möchte. Ein Blick auf die sogenannten „Genialitätsmuster" wird dies bestätigen.

Robert Dilts, einer der führenden Köpfe im NLP, fragte sich seinerzeit, was ein Genie, einen hervorragend begabten Menschen, und zwar ganz gleich auf welchem Gebiet, ausmacht. Durch die Beobachtung von „Ausnahmetalenten" kam u.a. eine Liste von Verhaltensweisen und Prozessen zustande, die ein „Genie" auszeichneten. Diese Prozesse beschreiben die Art und Weise, die Muster, in denen schöpferische Menschen denken und leben. Der „geniale Verkäufer" ist ebenfalls ein „schöpferischer Verkäufer" – ein kreativer Mensch. Was liegt da näher, als die „Genialitätsmuster" mit in die Darstellung seiner Fähigkeiten einzubeziehen?

Was zeichnet nun ein Genie im einzelnen aus? Viele der nun folgenden „Muster" sind Ihnen in diesem Buch bereits begegnet, andere werden noch ausführlicher beschrieben im weiteren Verlauf des Buches. Da wären zunächst einmal zwei wichtige Punkte, die dem Betrachter ins Auge fallen:

1. Ein bewegliches, anpassungsfähiges Modell der Welt
Die „inneren Landkarten" hochbegabter Menschen zeigen alles andere als „Einbahnstraßen", vielmehr werden hier Informationen auf „Tausendundeins" Wegen verarbeitet, empfangen und gesendet. Es fällt auf, daß die allgemeinen Genialitätsmuster und die Verhaltensmuster des „genialen Verkäufers" eines gemeinsam haben: Sie sind beide in höchstem Maße prozeßorientiert.

Während einem „Genie" die grundsätzlichen „Daten" zu einem Problem oder Projekt vertraut sind, geht es ihm im wesentlichen darum, wie man die einzelnen Elemente zueinander in Beziehung setzt, miteinander „spielen" lassen kann, ... so daß sich interessante, schöpferische Kombinationen ergeben.

Ein Genie ist nie mit sich allein. Was heißt das? Geniale Menschen scheinen sehr wohl zu wissen: „Ich bestehe aus vielen ‚Teilen' meiner Persönlichkeit" (siehe Robert Ornsteins „Multimind"). Dementsprechend bringen Hochbegabte stets mehrere „Teile" zu schöpferischen Vorgängen ein, mit genau bestimmter Rollenverteilung. Der Zahl 3 scheint dabei eine besondere Bedeutung zuzukommen. So findet man bei „Genies" z.B. die Fähigkeit: hin- und herzuschalten zwischen der

1. Position = Selbst,
2. Position = andere,
3. Position = Meta (= über den Dingen, neutrale Position).

Ein weiteres „Dreigestirn" sind die „Teile": Träumer, Realist und Kritiker. Insbesondere mit diesen drei Teilen läßt sich in den K-Train-Seminaren eine „Kreativitätsstrategie" erleben, die erstaunliche Antworten auch auf offene Fragen von Verkäufern erschafft.

2. Flexibel sein im Gebrauch der Sinne, gewandt, beweglich und anpassungsfähig – der zweite große Gesichtspunkt innerhalb der Genialitätsmuster.

Schon im Abschnitt zum 10-Sinne-Modell, sowie bei den „Ressourcen" haben Sie erfahren, wie enorm wichtig diese Fähigkeit für den „genialen Verkäufer" ist. Er kann sich sozusagen frei in seinen Sinnen bewegen, in den inneren, wie den äußeren. Besondere Bedeutung bei hochbegabten Menschen fällt dem „Seh-Sinn" zu (visuell). An erster Stelle auf der Skala der Genialitätsmuster finden Sie wohl mehr als beabsichtigt: *Eine hoch entwickelte Fähigkeit zu visualisieren.*

Hier geht es also um die innere bildliche Vorstellung; das innere Kino, in dem Ideen durchgespielt werden können. Auf der inneren Leinwand betrachtet auch der „geniale Verkäufer" Szenen, die aus der „Verkaufswelt" stammen oder stammen können. Eine „innere Kamera" erlaubt es ihm :

- die Lage aus den verschiedensten Blickwinkeln zu betrachten,
- näher heran oder weiter weg zu gehen,
- Szenen zu steuern oder ihnen freien Lauf zu lassen.

Können Sie sich vorstellen, wie sehr solche inneren Filme dem „genialen Verkäufer" die Fehlersuche, die Entwicklung und Bewertung seiner Ideen erleichtert?

Synästhesien: Darstellung aus einem Sinnesbereich taucht in einem anderen Sinnesbereich auf: Der „geniale Verkäufer" kann so z.B. aus einem guten Gefühl, das er bei einem Gedanken hat, ein Bild vor seinem Auge entstehen lassen. Er ist ein guter „Springer", der leicht hin- und herspringen kann zwischen

- dem Abstrakten (reine Ideen) und dem Konkreten (Faßbaren, Machbaren);
- zwischen größeren Einheiten und den Feinheiten in kleineren „Teilen" eines Projektes.

Der „Zufall" wird von genialen Menschen stets als Freund erkannt und ist so stets willkommen. (Wer so denkt, dem ist die Angst vor der Unsicherheit fremd.)

Sie haben es bereits im Abschnitt zur „transversalen Verschiebung" erfahren: Im Unbewußten stecken die Ressourcen, die Kraftquellen und „Rohstoffe" des „genialen Verkäufers". Geniale Menschen schaffen sich Zugänge zu dieser ihrer „inneren Quelle des Schaffens“, indem sie sich besonderer „körperlich-geistiger Zustände“, z.B. der Trance-Zustände, bedienen.

Jeder hat ihn schon gehört, den nur allzu wahren Satz: „Auf eine dumme Frage kriegt man 'ne dumme Antwort.“ Dementsprechend wissen hochbegabte Menschen, daß man nur die richtigen Fragen stellen muß. Auch Sie wissen, wie so eine „geniale“ Frage aussieht. Diese Art Fragen finden Sie über das ganze Buch verstreut.

Weitere „geniale“ Strategien:

- Mißerfolge gelten als Feedback, als Rückmeldung zur Kurskorrektur (was Ihnen bekannt vorkommen sollte).
- Neugierde und Unwissen dienen als „Motoren“ des Schöpferischen.
- Gebrauch einfacher, abstrakter (d.h. theoretisch rein begrifflicher) Modelle.

Wenn Sie von hier aus einmal zurückdenken, so wird Ihnen bestimmt auffallen, wie häufig das Wort „Modell“ innerhalb dieser Zeilen über die „Genialitätsmuster“ auftaucht. So ergibt sich folgende Erfahrung aus der Beobachtung hochbegabter Menschen als naheliegend: „Genies“ fassen ihre Überlegungen oder Versuche und Taten *stets* in einer Art Landkarte, Modell oder anderen Form zusammen, die sie selbst oder andere wieder überprüfen und zumindest nachvollziehen können. Dieses Modell ist das „genial-schöpferische Mindest-Ziel“. Im Klartext brauchen Sie darunter nichts anderes zu verstehen, als daß genial veranlagte Menschen, wie auch der „geniale Verkäufer“, die Ergebnisse seiner Arbeit festhält, um später darauf aufzubauen (waren sie nun erfolgreich oder nicht).

Ein letzter Punkt sei hier nur noch kurz erwähnt: Robert Dilts macht in seinen „Genialitätsmustern“ auch die Aussage, daß geniale Menschen eine „Mission“ haben, die „jenseits ihrer individuellen Identität“ liegt. Er spricht damit auf persönliche Überzeugungen an – wie religiöser oder „weltanschaulicher“ Art.

Glaubenshaltungen können bekanntermaßen eine große „Quelle der Kraft und Inspiration“ sein; es heißt „der Glaube versetzt Berge“. Persönliche Rückschlüsse mögen Ihnen hier selbst überlassen bleiben. Auch das neurolinguistische Denken und Handeln beschäftigt sich mit „Glaubens-Systemen“, wobei hier das Augenmerk mehr auf die inneren Prozesse und Folgen, das „Wie“ eines persönlichen Glaubens gerichtet ist.

Wenn die „Genialitätsmuster“ hier auch nur kurz gestreift worden sind, so gilt für alle von ihnen die folgende Aussage: „Alle diese Genialitätsmuster sind erlernbar.“

Der NLP-geschulte „geniale Verkäufer“ weiß genau, was er Schritt für Schritt zu unternehmen hat, wenn er insgeheim die hier beschriebenen (und einige unerwähnt gebliebene) Genialitätsstrategien für sich allein oder vielleicht bei seinen Kunden einsetzen will. Der Begriff „Genie“ wird so nicht länger in den Himmel der „Halbgötter“ gehoben; es bleibt vielmehr jedem selbst überlassen, wie weit er sich auf die „Straße der hervorragend Begabten und Schöpferischen“ begeben will.

III

Visualisieren

Outcomes: Wohlgeformte Ziele ziehen magisch an

Kasten 10

Outcomes

Outcomes: aus dem Englischen übersetzt: „Ergebnis, Resultat", stammt von dem Wort outcome (= herauskommen) ab. Was bei einer Sache, einem Vorgang herauskommt, ist das Ergebnis. Innerhalb des NLP hat das Wort outcome sehr viel gemeinsam mit dem Wort: Zielvorstellung oder „wohlgeformtes Ziel". Die Frage nach dem Outcome heißt immer: Ist das, was ich erhalten habe an Verhalten, an Ergebnissen, das, was ich wollte? Im folgenden benutzen die Autoren des Buches des öfteren direkt das Wort „Outcomes" im Text, und zwar in dieser letztgenannten Bedeutung.

Wissen, was man will, und wissen, daß es das wert ist, das zu wollen – der „geniale Verkäufer" weiß, wie wichtig es für seinen Erfolg im Verkauf ist, Outcomes für sich festzulegen. Denken Sie an den Kybernetes (Steuermann). Ohne Outcomes ein Verkaufsgespräch zu beginnen, ist wie Lossegeln ohne ein Ziel festgelegt zu haben. Heute treiben einen die Winde hierhin und morgen dorthin. Erst ein Ziel gibt einem Verkäufer die notwendige Information darüber, ob seine Rede und Tat bedeutsam ist, einen Wert hat (Feedback).

Sie kennen sicher die uralte Geschichte von dem Verkäufer, der seinem Chef erzählt: „Ich habe mich toll mit dem Kunden unterhalten, wir haben voll übereingestimmt." – „Haben Sie denn auch den Auftrag erhalten?" – „Nein, das nicht. Aber der Kunde sagte, er ruft nächste Woche an."

Kein Outcome, keine Zielvorstellung. Wie steht es in diesem Beispiel mit Outcomes? Der Chef hatte ein Ziel für seinen Verkäufer im Sinn: Er sollte den Auftrag unterschrieben mitbringen. Der Verkäufer selbst hatte dieses Outcome nicht, vielleicht nur ein bißchen. Möglicherweise wollte er nur „heil wieder rauskommen".

Sie erkennen sofort: Die Outcomes sind eine vielschichtige Angelegenheit. Da Outcomes, die wir in unseren Köpfen mit uns herumtragen, unserem Verhalten erst Wert und Sinn verleihen, haben die NLP-Praktiker hierauf ein scharfes Auge geworfen. Entstanden ist dabei ein Modell für „wohlgeformte Outcomes".

Wohlgeformt bedeutet ganz einfach: Outcomes sind so gebildet, daß sie sich als brauchbar erweisen, als Orientierung für unser Verhalten. Damit Outcomes, also Ergebnisse, auch wirklich wohlgeformt sind, müssen sie bestimmte Kriterien erfüllen. Mit Hilfe bestimmter Fragen lassen sich dann Zielvorstellungen soweit „zurechtfeilen", daß sie dem „genialen Verkäufer" helfen, sein Verhalten im Verkaufsgespräch zielgerichtet zu machen.

Denken Sie einmal hinüber in das Kapitel Rapport: Dort lernten Sie die Formel Pace Pace Lead kennen. Schon bevor der „geniale Verkäufer" entscheidet, wie er sich dem Verhalten seines Kunden angleichen will, hat er das Ziel, zu dem er ihn führen wird (lead), herauskristallisiert, z.B. mit Hilfe des Interview-Modells. Dieses Modell wird im K-TRAIN-Seminar den Teilnehmern als eine Möglichkeit angeboten, ein wohlgeformtes Outcome für ein Verkaufsgespräch herauszuschälen. In sieben Stufen geht es dabei vom Jetzt-Zustand (Problem-State) mit genauen Fragen (1. Frage: Wie bist du jetzt?) zum gewünschten Zielzustand, der auch gleich fest verankert wird (7. „Frage": Erlebe eine Situation, in der du das angestrebte Verhalten hast, also visuell, auditiv, kinästhetisch).

Das Faszinierende am Herausarbeiten von wohlgeformten Outcomes besteht in der höchst interessanten Wirkung dieser Vorgehensweise. Während man scheinbar nur ein paar ganz einfache Fragen beantwortet, wird innerlich eine so lebendige Darstellung einer Zielvorstellung geschaffen, daß sie gleichsam zur vorweggenommenen Wirklichkeit wird.

Hierbei wird wieder das Prozeßdenken im NLP, anstelle des Produktdenkens, deutlich. Der NLP-geschulte Verkäufer gibt sich per se also von selbst nicht mit der Frage: „Was will ich?" zufrieden. Unmittelbar danach folgen bei ihm die Fragen nach dem „Wie komme ich dahin?", „Was brauche ich dafür?" etc. Während er so den Prozeß, den Weg zum Ziel gleich mit der Beantwortung solcher Fragen durchläuft, erhält er auch eine weitere Erfahrung oder Rückmeldung: Nämlich die, ob das Ziel und der Weg dahin es so wert sind, wie er sich das vorgestellt hat.

Wohlgeformte Ziele ziehen magisch – wie von selbst – an, weil die Vorstellung des Zieles so lebendig wird, daß das Bedürfnis, dort hinzukommen, starke Gefühle freisetzt; diese verursachen den Drang, uns auf ein Ziel hinzubewegen (die sogenannte Motivation); und das alles nur durch einige wohlüberlegte Fragen.

Setzen Sie diese Erkenntnis gleich um auf die Verkaufssituation: Der „geniale Verkäufer" weiß mit den Outcome-Fragen sowohl sich selbst, als auch seine Kunden zu motivieren (bewegen, etwas zu tun). Indem er die Outcomes seiner Kunden herausschält, schlägt er mehrere Fliegen mit einer Klappe: Er findet die Bedürfnisse und Nicht-Bedürfnisse des Käufers heraus und gleichzeitig offenbart der Kunde, welchen Weg (Prozeß) er sich vorgestellt hatte, um sein Bedürfnis erfüllt zu sehen.

Mit Hilfe der Outcome-Fragen findet sich der „geniale Verkäufer" in der besonderen Lage, auf einfache Weise seinen Kunden zu helfen. Er hilft ihnen, ihre Zielvorstellungen (Outcomes) genauer darzustellen, wobei sich der Käufer dann auch noch selbst die nötige Antriebskraft verleiht, um sich seinen eigenen Wunsch zu erfüllen.

Auch die „Kauf-Reue" oder „Storno-Rate" wird deutlich geringer, wenn der Verkäufer von Anfang an die „wohlgeformten Outcomes" voll mit einbezieht ins Verkaufsgespräch. Wenn nämlich ein Käufer seine Zielvorstellung z.B. beim Kauf eines Hauses schon vor dem inneren Auge als „wahr" erlebt, wird ihm sofort klar, was er wirklich will und was nicht.

Meta-Outcomes (übergeordnete Ergebnisse, Zielvorstellungen) – das, was hinter allem steckt

Lesen Sie den nun folgenden Abschnitt besonders aufmerksam, denn er offenbart Ihnen eine „unbezahlbare" Strategie des „genialen Verkäufers".

Die Kenntnis der sogenannten „Meta-Outcomes" und wie man sie erhält, ist dem „genialen Verkäufer" ein Schlüssel zu sich selbst, seinen eigenen „wahren" Zielvorstellungen. Darüber hinaus können Sie nur mit Meta-Outcomes eine wirklich sinnvolle Beratung Ihrer Kunden im Verkaufsgespräch erreichen. Ein Beispiel: Wie Sie beim „anderen Paradigma" des „genialen Verkäufers" erfahren haben, liegt ein Teil seiner Zielvorstellung ... in der sinnvollen Beratung seiner Käufer. Also: *Outcome = Beratung zum Wohle des Kunden.*

Meta-Outcome, übergeordnete Zielvorstellung, ist hier der Zweck, die Aufgabe eines Outcomes, einer direkten Zielvorstellung. Sie erhalten ein Meta-Outcome, indem Sie die Frage stellen: „Was erreicht dieses Outcome für mich?“ Dementsprechend in unserem Beispiel die Frage des „genialen Verkäufers“: „Was erreicht eine Beratung zum Wohle des Kunden (Outcome) für mich?“

Antwort (= Meta-Outcome): Der Kunde empfiehlt mich weiter. Ein Meta-Outcome für den „genialen Verkäufer“ ist also: Gewinnung von Neukunden. Weitere Meta-Outcomes dazu: Keine Kaufreue, Stammkunden, etc.

Oftmals ergibt sich in Verkaufsgesprächen, daß ein Kunde durchaus genaue Vorstellungen von seinem Ziel hat, und er schon ein bestimmtes Produkt im Auge hat, z.B. eine Einbauküche. Nun entsteht durch die verschiedensten Bedingungen, meistens ist es der Preis, die Situation, daß die ach-so-klare Zielvorstellung für diesen Käufer einfach im Moment nicht zu verwirklichen ist. Das Outcome ist wohlgeformt und nicht erfüllbar.

Um so größer die Enttäuschung. Der Käufer hat das Ziel schon vor Augen und muß passen. Der „geniale Verkäufer“ ist auch hier nicht um eine Lösung verlegen. Eine seiner NLP-Strategien, die er hier einsetzen könnte, wäre: Pacing + Fragen nach Meta-Outcome. Beispiel: „Nun kommt diese Küche (1. Outcome) für Sie ja nun nicht in Frage (= Pacing des Ist-Zustandes). Was hätten Sie denn mit dieser Einbauküche für sich gewonnen?“ Die Antwort liefert nun in der Regel ein Meta-Outcome, eine übergeordnete Zielvorstellung. Hier z.B.: „Bei dieser Küche ist ja alles so praktisch angebracht.“ Meta-Outcome: *Bequemlichkeit.*

Der „geniale Verkäufer“ hat nun einen wichtigen, da übergeordneten Gesichtspunkt, mit dessen Hilfe er eine andere maßgeschneiderte Lösung anbieten kann. Gleichzeitig verhindert er damit, daß der „Frust“ beim Kunden sich breit macht; denn er erfüllt ja das eigentliche Bedürfnis (Meta-Outcome).

Die Kunst nach Meta-Outcomes zu fragen, ermöglicht so dem „genialen Verkäufer“, den Rapport zum Kunden auf einer eher höheren Ebene herzustellen. Genaugenommen drückt er aus: „Ich will dir geben, was du wirklich willst, verehrter Käufer.“

An dieser Stelle ist nun erneut „das andere Paradigma“ des „genialen Verkäufers“ aufgetaucht, wie Sie selbst bemerken konnten: Der „geniale Verkäufer“ hat es in der Hand, mittels NLP als Werkzeug durch bestimmte Fragen nach den Outcomes und Meta-Outcomes bei 1. sich selbst und 2. dem Käufer die Zielvorstellungen herauszukristallisieren. Die Outcomes beider stellt er nebeneinander; wenn die Ziele und Zwecke von Verkäufer und Käufer zueinander passen, wirken sie als starker „Magnet“ im Verkaufsgespräch.

Am Anfang dieses Kapitels stand zu lesen: „Wissen, was man will, und wissen, daß es das wert ist, das zu wollen.“ Nun wissen Sie mehr über das Wie und Was von Outcomes oder Zielvorstellungen.

Kasten 11

Trance / Hypnose / Suggestion

Das Fremdwörterbuch sagt uns zunächst einmal:

Trance: schlafähnlicher Zustand, z.B. durch Hypnose hervorgerufen, Dämmerzustand, Übergangszustand zum Schlaf;

Hypnose: Erzeugung von Trance, z.B. durch Suggestionen;

Suggestion: Hervorrufen von Gedanken, Gefühlen oder Verhaltensweisen durch gezielte geistig-seelische Einflußnahme (u.a. sprachlich)

Das Thema „Trance“ dürfte Ihnen nun mittlerweile vertraut sein. – Stichwort: Bewußtseinsdreieck. In den entsprechenden Kapiteln ging es darum, wie sich der „geniale Verkäufer“ seine Trainingserfolge bewahrt, an seine tieferen Ressourcen (Fähigkeiten) gelangt und schöpferische Lösungen für Offengebliebenes entwickelt:

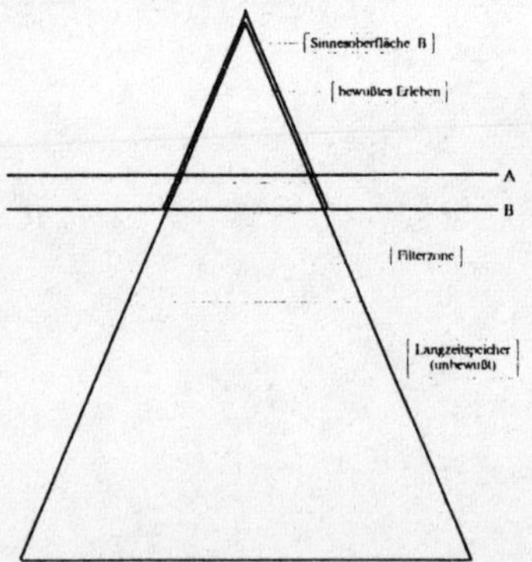

Das Verschieben der Bewußtseinslinie geschieht nur durch/mit Hilfe von Trance. Um die Beschreibung dieses Modells nicht unnötig ausufern zu lassen, verzichteten wir an dortiger Stelle auf eine genauere Darstellung des „wie" und „was" des Trance-Prozesses.

Wie Sie schon an der Worterklärung im Fremdwörterbuch erkennen können, verbinden viele Menschen den Begriff „Trance" mit dem Geheimnisvollen, dem Dunklen und Fremdartigen: Ein Hypnotiseur schlägt eine ganze Gruppe von Menschen in seinen Bann und sie fallen in Trance. Sie sind nicht mehr Herr ihres Willens. Eine junge Frau wird auf Befehl des „Meisters" steif und hart wie ein Brett, auf die Kanten zweier Stühle gelegt und der Hypnotiseur stellt sich auf die so entstandene „menschliche Brücke". So war es im ZDF für Millionen Zuschauer zu betrachten.

Nach ihren Eindrücken befragt, wußte die junge Frau sich danach an nichts Bestimmtes zu erinnern, sie hätte wohl „irgendwie" geschlafen. Kein Wunder also, daß die Trance bei vielen Menschen gespaltene Gefühle hervorruft. Gerade die Ausschaltung des Wachbewußtseins und die dann folgende Kontrolle durch einen anderen läßt bei Menschen, die nicht genug um Trance-Zustände wissen, Angst aufkeimen.

Um unter anderem dieses „Wissens-Loch" ein wenig zu stopfen, nun an dieser Stelle der Abschnitt mit der „wahren" Überschrift: *Trance ist alltäglich – auch im Verkauf.*

Eine gewagte Umschreibung von Trance wäre die folgende: Sie befinden sich immer dann in einem Trance-Zustand, wenn Ihre Wahrnehmung nicht mehr nur auf bewußt erkannten äußeren Sinnesreizen beruht.

Um dieses mit einem Beispiel zu belegen: Wie oft sind Sie schon auf der Autobahn an einer gleichförmigen Landschaft vorbeigefahren; während Sie gerade noch auf die vorbeihuschenden weißen Streifen schauten, merken Sie scheinbar nur eine kurze Weile später an der Aufschrift eines Ausfahrtschildes, daß Sie schon 30 km weiter gefahren sind, als Sie sich bewußt erinnern können.

In der Zwischenzeit befanden Sie sich in Trance. Ihr „Auto-Pilot", also Ihre Fähigkeit, ein Auto auch unbewußt zu führen, übernahm das Kommando. Währenddessen schweiften Ihre Gedanken innen mehr oder weniger bewußt auf anderen Gebieten umher. Was Sie von „draußen" hätten wahrnehmen können – das Fahrgeräusch, die fahrenden Autos, Schilder, das Gefühl des Autositzes – schien eine Zeitlang keine Rolle mehr zu spielen. Daher eine Beschreibung von „Trance" wie oben vorgestellt.

Es gibt tausende von weiteren Beispielen: Eine langweilige Rede, eintöniger Schulunterricht, beim „Joggen", Tanzen oder gar nach größerem Alkoholgenuß – überall gehen Menschen ganz selbstverständlich in Trance, und genauso selbstverständlich kommen sie wieder heraus: „Nanu, wie komme ich denn hierher?" oder „Ist es schon vorbei?"

Sie werden aus eigener Erfahrung wissen, daß solcherlei traumartige Zustände auch verschieden tief sein können: Es entstehen Übergänge; vom „Gerade-noch-wissen", daß man nur vor sich „hindöst" oder tagträumt bis zum „Nicht-mehr-wissen" was man tut. Daraus mögen Sie ersehen: Der Gebrauch, die Nutzung des Trance-Zustandes ist:

1. leicht erlernbar, und
2. leicht steuerbar.

Unter derartigen Gesichtspunkten steht in den K-Train-Seminaren vor der Einführung in die Nutzung der Trance-Zustände ein Anti-Angst-Training. Hier entwickeln die Teilnehmer u.a. Zielvorstellungen (Outcomes), die den gewünschten Trance-Zustand, seinen Nutzen etc. genau beschreiben, sowie den Weg dorthin. Solche Outcomes geben den Teilnehmern Selbst-Sicherheit im Umgang mit Trance.

Trance ist also wirklich alltäglich, auch im Verkauf?

Sie werden sich wundern, wie bedeutsam dieser „andere" Zustand in den Verkaufsgesprächen ist. Trance- oder man könnte auch sagen Hypnose-Zustände (oft auch Selbst-Hypnose) spielen für beide gleichermaßen eine große Rolle, für den Verkäufer, genauso wie den Käufer. Ein wichtiges Beispiel dafür ist Ihnen bereits im Abschnitt Kalibrieren begegnet, nämlich die „kalibrierte Kommunikation". Dabei geht es schlicht und einfach um eine typische, meist unbewußte „Verhaltenskette", die dem Verkaufsgespräch genauso zerstörerisch sein kann wie dienlich.

Bestimmte kleinste „Hinweise“ lösen bei der kalibrierten Kommunikation unbewußt eine ganz genau festgelegte, vorher geradezu „erlernte“ Reaktion aus, die mit dem „Hinweis“ nicht unbedingt etwas direkt zu tun hat. Beispiel „Feindbild“: Ein Verkäufer wagt es in einem Verkaufsgespräch, das Produkt eines „Wettbewerbers“ zu nennen, woraufhin der Kunde sein Verhalten drastisch ändert. Das mag für Sie noch wenig mit Trance zu tun haben. Ist es nicht so, daß dieser Kunde auf einen äußeren Hinweis hin, durch eine Reihe von inneren Vorgängen geht, und weiter nach innen, weg vom Verkäufer, ehe er reagiert? Er befindet sich jetzt also insofern in einem „anderen“ Zustand, als er mehr auf die eigene innere Wahrnehmung hin reagiert, als auf das, was der Verkäufer tatsächlich sagt und macht.

Zum Glück kann ein Verkäufer auch positive Trancezustände bei seinen Kunden erwecken. Beispiel: Ein Verkäufer entdeckt, daß er das gleiche Hobby mit einem Kunden teilt. Das Gespräch findet von da an auf einer „höheren“ Ebene statt, wahrscheinlich ist es von Erfolg gekrönt.

Noch zwei weitere Trance-Erzeuger seien hier genannt: Tief verwurzelte Gewohnheiten machen es leicht, in Trance zu fallen. Für viele Menschen lassen sich langweilige Arbeiten nur aushalten, weil ihnen die „automatische Selbststeuerung“ einen inneren Freiraum, z.B. zum Tagträumen ermöglicht.

Gerade im Verkauf hat das „Selbstbild“, das Käufer wie Verkäufer mit sich herumtragen, eine sehr stark „hypnotisierende“ Wirkung (im negativen Sinne des Wortes): Die sinnlich wahrnehmbare Wirklichkeit verblaßt geradezu gegenüber einem stark ausgeprägten Selbstbild. Ein Verkäufer, der sich laufend bewußt und auch unbewußt vorsagt: „Ich habe keine Chance. Die wollen mich nur kleinkriegen“, begibt sich genauso in eine dauernde Trance-Wolke, wie der unverbesserlich optimistische Verkäufer: „Ich mag alle und alle mögen mich.“

Wenn beide sich zur gleichen Zeit am selben Ort befänden, würden sie zwei verschiedene Welten erkennen, aufgrund ihres selbst erzeugten, jeweils verschiedenen Trance-Zustandes.

Der „geniale Verkäufer" findet im NLP die Mittel, solche Zustände z.B. bei seinen Kunden zu erkennen; falls nötig, kann er jemanden zurück „auf den Teppich" holen. In anderen Fällen mag es vorkommen, daß ein Käufer eine „Prise" Trance nötig hat; z.B. könnte ein Kunde Schwierigkeiten damit haben, sich bildlich vorzustellen, ob „dieser Fernseher farblich zu meiner Wohnzimmerausstattung paßt". Der „geniale Verkäufer" wird nun u.a. mit *Pace Pace Lead* diesen vielleicht eher sprachlich orientierten Kunden in einen inneren Zustand bringen; und zwar einen solchen inneren Zustand, der es ihm leichter macht, sich vor seinem inneren Auge ein Bild des Fernsehers in seinem Wohnzimmer zu erzeugen. Eine NLP-Strategie unter vielen möglichen:

$V_e\ K_r\ V_i\ K_{ir}\ V_i$

„Sie sehen hier den Fernseher vor sich (visuell$_{extern}$) und können hier einmal mit Ihrer Hand über die Oberfläche streichen (kinästh. Tastsinn). Nun könnten Sie sich auch vorstellen, wie es aussehen würde, wenn Sie zu Hause in Ihrem Wohnzimmer das gleiche tun würden (visuell$_{innerlich}$ kinästhetisch$_{innerlich}$); dann könnten Sie einen Schritt oder zwei zurück tun (kinästhetisch$_{innerlich}$) und sehen (visuell$_{innerlich}$), ob er gut ins Zimmer paßt."

In diesem spontanen kleinen Beispiel finden Sie mehrere wichtige Techniken zur Erzeugung von Trance:

- Pace Pace Lead;
- „Überlappen" der Sinne (z.B. vom Sehen zum Fühlen, vom Sehen außen zum Visualisieren (Sehen innen);

– hypnotische Sprachmuster (Sie könnten, sie würden ...).

Der „geniale Verkäufer" ist mit den verschiedensten Trance-Erscheinungen vertraut. Er hat im NLP-Training gelernt, Trance bei sich selbst, wie bei anderen zu erzeugen. So weiß er natürlich, daß Trance alltäglich ist und daher leicht erlernbar. Bei seinen Kunden benutzt er leichtere Trance-Zustände, nicht um sie „übers Ohr zu hauen". Vielmehr weiß er die entsprechenden Techniken und Sprachmuster so einzusetzen, daß er seine Kunden dabei unterstützt, ihre Grenzen der Wahrnehmung (z.B. Vorstellung) je nach Bedarf auszuweiten. Dabei weiß der „geniale Verkäufer" durch sein geschärftes Auge und Ohr zu erkennen, wie weit ein Käufer dabei „mitgeht", und er respektiert dessen Reaktionen.

Hier muß ganz deutlich gesagt werden, daß die NLP-Techniken zur Erzeugung von Trance in die Hände von „reifen" Verkäufern gehören, die die Zielvorstellungen ihrer Kunden achten. (NLP-geschulte Verkäufer erkennen auch unbewußte Zeichen von Ablehnung beim Kunden; siehe Kalibrierung.)

Zu einfach lassen sich nicht nur leicht beeinflußbare Menschen mit den Kräften dieser NLP-Techniken „über den Tisch ziehen". Daher werden die Trance-Einleitungs-Techniken in den K-TRAIN-Seminaren von den Trainern selbst an verantwortungsvolle Verkäufer weitergegeben. Eine weitere positive Vorgehensweise, wie sich der „geniale Verkäufer" den Trance-Zustand zunutze macht, finden Sie im nächsten Abschnitt.

Mentales Zieltraining: Die innere Generalprobe mit „Spezialauslöser“

Wie Sie mittlerweile bemerkt haben werden, dreht sich der Gebrauch des NLP für den „genialen Verkäufer“ immer wieder um einige wenige zentrale Punkte. Mittels gezielter Fragen, z.B. im Interview-Modell, schält der „geniale Verkäufer“ genau für sich heraus, welche Fähigkeiten und Ressourcen er für welchen Zweck oder besondere Zielvorstellung entwickeln und anwenden will. Gleichzeitig legt er einen Rahmen fest, der ihm sagt, wann und wo er genau diese Ressourcen einsetzt. Eine Art von „innerer Generalprobe“ sorgt nun dafür, daß das gewünschte/erlernte Verhalten auch tatsächlich, genau dann, wenn er es braucht, auftaucht. Future Pacing, so lautet der NLP-Fachausdruck dazu – und bedeutet etwa: einen „realen“ Schritt in die Zukunft tun.

Einen realen, also wirklichen Schritt. Was macht diesen Schritt so echt, mögen Sie einwerfen. Wahrscheinlich ahnen Sie bereits, daß es wieder einmal um die sinnliche Wahrnehmung geht, die einer gezielten Wahrnehmung eines gedachten, zukünftigen Verkaufsgespräches „Leben“ verleiht.

Schön der Reihe nach: Future Pacing – wie funktioniert das? Da es im Grunde zwei Aufgaben hat, besteht es zunächst einmal aus zwei Teilen, die dann miteinander in eine „arbeitende“, funktionierende Verbindung gebracht werden. Ein Trancezustand, der je nach den Umständen leichter oder tiefer sein kann, erleichtert und fördert die Wirksamkeit des Future Pacing (inneres Probehandeln). Eine „innere Generalprobe“ heißt ja, der Verkäufer benutzt seine innere Wahrnehmung (Vorstellungskraft), um eine bestimmte Szene aufzubauen. Diese Szene wird sich in der Zukunft abspielen, es kann das Verkaufsgespräch in fünf Minuten sein oder auch das von irgendwann im nächsten Monat.

Nehmen Sie einmal an, ein Verkäufer hat gerade etwas über das Pacing – sich angleichen um Rapport herzustellen – gelernt und im Seminar geprobt. Da er diese Fähigkeit mit zu seinen Kunden nehmen will, beschließt er, sich nun einmal eine Situation vor dem inneren Auge vorzustellen, in der er einem seiner Kunden wirklich gegenübersteht.

Eine kleine Entspannungsübung oder sanfte Musik unterstützen ihn dabei, ein Bild dieser Szene auftauchen zu lassen. Er sieht seinen Kunden, welche Kleidung er trägt; ob er sitzt oder steht, den Ort des Treffens, er hört sich selbst und den Kunden reden, und in seiner Vorstellung fühlt er sich ganz in dieses Gespräch hinein. Währenddessen beginnt er das Pacing einzuüben, indem er z.B. merkt, wie er seinen Gesichtsausdruck dem seines Kunden anpaßt. Das Bild vor dem inneren Auge dieses Verkäufers wird so lebendig, daß er fast glaubt, schon dort zu sein, die Szene wirklich zu erleben. Er fährt fort damit, Pacing in diesem gedachten Gespräch anzuwenden und zu testen, und erhält „Rückmeldung", wie gut er damit den Rapport zum Kunden schafft und wo er noch aufmerksamer werden will.

„Innere Generalprobe" – die Wirklichkeit erleben, ohne die Härte der Wirklichkeit. Man hat die Chance Fehler zu machen, ohne gleich bestraft zu werden, denn da ist alle Zeit und Möglichkeit, jegliches Verhalten zu verbessern oder gar einfach neu anzufangen. Beim Future Pacing können Sie üben, experimentieren, die Ergebnisse genauso gestalten, wie es Ihnen recht ist. Sie verschaffen sich damit „Erfahrung" aus der Zukunft. Erfahrung wappnet bekanntlich für alle „Eventualitäten"; das entspannt und garantiert so ein angenehmes „Happy Selling – Glücklich Verkaufen".

Wenn Sie das eben beschriebene Beispiel aufmerksam unter die Lupe nehmen, so werden Sie als ein wesentliches Merkmal darin die „V-A-K-Strategie" entdecken (O-G könnte auch noch dazugehören). Erinnern Sie sich noch an das 10-Sinne-Modell?

V-A-K (visuell-auditiv-kinästhetisch) bedeutet für den „genialen Verkäufer", daß er beim Future Pacing die zukünftige Erfahrung in allen wichtigen Sinneskanälen beschreibt und damit durchläuft und erfährt.

V-A-K erscheint in vielen wichtigen NLP-Techniken. V-A-K garantiert den „Wirklichkeitsgehalt" einer solchen Vorgehensweise. Und gerade beim „Future Pacing", dem mentalen Zieltraining, erweist sich „Wirklichkkeitsnähe" als besonders wertvoll. Nun ist das mentale Training mittlerweile schon fast ein alter Hut in „eingeweihten Kreisen". Sportler benutzen es genauso wie Manager und Verkäufer.

„Future Pacing" ist mehr als bloßes geistiges Training einer Situation. Wer erinnert nun unseren Verkäufer aus dem obigen Beispiel daran, daß er seine „Ressource" Pacing auch tatsächlich gerade bei diesem Kunden und allen anderen einsetzt? Zwischen Können und Tun ist oft ein weiter Weg. Vorsätze wie „Denke ans Pacing" verschwinden zu oft, da die Aufmerksamkeit im Gespräch oft zu sehr im Bann anderer Einflüsse steht.

Zum Glück erlernte unser Verkäufer das Future Pacing in vollständiger Form, und dazu gehört als zweites „großes" Element der „Schalter", der das gewünschte Verhalten im richtigen Moment auch auslöst.

„Woher wissen Sie, wann der Moment gekommen ist, das Pacing anzuwenden?" – so könnte der Trainer unseren Verkäufer fragen.

Daraufhin wird dieser mit Informationen kommen, die man durch genaues Hinterfragen auf einen sinnlich wahrnehmbaren „Auslöser" zurückführen kann.

Der Trainer kann dem Verkäufer auch dabei behilflich sein, einen solchen „Schalter" aus der vorgestellten Verkaufssituation heraus auszuwählen. Ja, man hat die Freiheit der Wahl: Auslöser für ein gewünschtes Verhalten kann alles sein, der Anblick des Kunden, die eigenen Worte der Begrüßung, das Gefühl des Stuhles beim Hinsetzen ... was auch immer. Der „geniale Verkäufer" übt beim Future Pacing ein Verhalten ein, wobei er genau festlegt, was dieses Verhalten auslösen wird. (Für die psychologisch bewanderten unter Ihnen: Hier geht es um eine einfache Konditionierung à la Pawlow.)

Das geht ganz einfach: Wenn unser Verkäufer sich für einen „Auslöser" entschieden hat, so stellt er auch diesen in allen drei Haupt-Sinneskanälen dar: V-A-K. Im Beispiel könnte die Person des Kunden der Auslöser sein:

V – Gesicht, Aussehen des Kunden
A – Stimme des Kunden
K – z.B. Bewegungsmuster

Unmittelbar beim Erkennen dieser Merkmale vor dem inneren Auge „probt" unser Verkäufer das Pacing in den entsprechenden Kanälen, wobei (eine anfangs auch bewußte) eine unbewußte Verbindung zwischen dem Auslöser und dem gewünschten Verhalten (hier: Pacing) entsteht. So steigt die Wahrscheinlichkeit stark an, daß z.B. eine trainierte Fähigkeit auch tatsächlich am gewünschten Ort und zur rechten Zeit auftaucht. In den Seminaren wird sehr genau eingeübt, wie der Verkäufer mit Leichtigkeit Zugang zu seinen Sinneskanälen erhält; also wie macht man V-A-K? Außerdem gilt es auch, den zukünftigen „genialen Verkäufer" bei der Auswahl eines wirklich geeigneten „Auslösers" für ein Verhalten zu beraten.

„Trance-Übungen" tun das ihrige, um die Wirkung und die Genauigkeit der „inneren Generalprobe mit eingebautem Auslöser" um ein Vielfaches zu verstärken. „Wohlgeformte

Ziele ziehen an" hieß eines der vorigen Kapitel. Bereits durchlebte, im Inneren erfahrene Zielvorstellungen geben darüber hinaus wertvolle Aufschlüsse zur Verbesserung des eigenen Verhaltens, z.B. im Verkaufsgespräch. Vor allem auch das Erleben des Erfolgsgefühls oder des „Hurra, ich kann's" erfüllen die wichtige Forderung von: *Wissen, was man will und auch wissen, daß es das wert ist.*

In der Praxis gebraucht der „geniale Verkäufer" das Future Pacing in den verschiedensten Bereichen: vom Einüben eines Vortrags vor Kollegen bis hin zur unmittelbaren Vorbereitung auf das nächste Verkaufsgespräch in 5 Minuten.

Das Mind-Mapping: Geistige Landkarten zu Ihrer Orientierung im Verkaufsgespräch führen sicher zum Ziel

Der „geniale Verkäufer" geht mit der Einstellung „Prozeßdenken vor Produktdenken" ans Verkaufen. Dies bedeutet nicht gleichzeitig, daß das Produkt, die Ware oder die Dienstleistung zweitrangig wären. Im Gegenteil könnte man sagen, daß beim Produkt der Prozeß erst richtig beginnt.

Im Verkaufsgespräch nimmt die Produktinformation je nachdem einen verschieden großen Raum ein. Manche Waren sind weniger erklärungsbedürftig wie z.B. Waschmittel, andere z.B. technische Produkte, wie Computer, erfordern hohe „Erklärungskünste" vom Verkäufer.

Nicht nur hier ergibt sich für einen Verkäufer die Frage: „Wie manage ich die Informationen, die ich mitteilen will? Wie bereite ich mein Wissen so auf, daß es mir leicht von der Zunge geht?"

Verkaufsgespräche wollen vorbereitet sein. Neuheiten, die frisch von der Messe kommen, bringen neuartige erklärungsbedürftige Techniken mit. Da man gleich verkaufen soll, will auch der neue „Stoff“, mit dem man seine Kunden „beehren“ soll, gelernt sein. Auch neue Ideen zur Steigerung des Umsatzes warten darauf, daß sie vom Verkäufer erdacht und festgehalten werden. Kurzum, ein „genialer Verkäufer“ braucht ein geniales Werkzeug zum „Informationsmanagement“, und das sind ... die Mind-Maps.

Das Mind-Map bedeutet „geistige Landkarte“. Das Mind-Mapping ist dementsprechend das Erstellen solcher „Landkarten“. Als der Engländer Tony Buzan vor ca. 15 Jahren das Mind-Mapping entwickelte, ergab sich eine überraschend wirksame Möglichkeit, gehirngerecht Lern- und Kreativitätsprozesse (schöpferische Prozesse) z.B. auf Papier festzuhalten bzw. zu entwickeln. „Gehirngerecht“ – dieser Ausdruck steht dafür, daß unser menschliches Gehirn ohne Zweifel mehrere Möglichkeiten benutzt, Informationen zu verarbeiten. Denken Sie nur an den Unterschied zwischen sprachlich-logischem Denken, wie etwa beim Rechnen mit Zahlen, und dem eher spontan zufälligen Phantasieren über Tagträumen.

Mit dem Mind-Mapping ermöglicht sich eine Synthese (Zusammensetzung) des sprachlichen und bildhaften Denkens. Genug der Worte; auf der folgenden Seite finden Sie ein Beispiel für ein Mind-Map für den „genialen Verkäufer“.

Sie erkennen sofort die wesentlichen Merkmale: Ein Mind-Map ist eine bildhafte Darstellung von Informationen. Man benutzt:

- Worte und Symbole als Einzelelemente,
- Linien und graphische „Tricks“ zur Darstellung von Sinnverbindungen und Zusammenhängen.

Die Mind-Maps gleichen in ihrem Aufbau lebendigen Wesen, wie etwa einem Baum oder einer Koralle mit all ihren

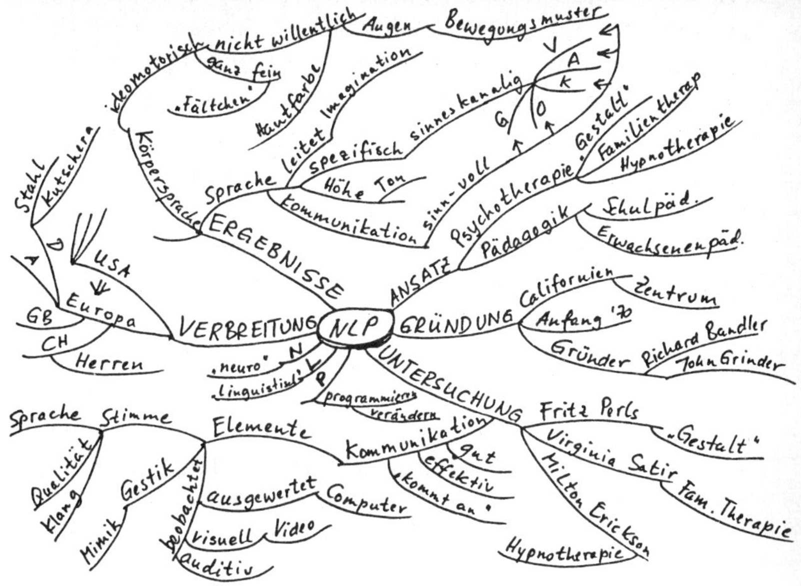

Verästelungen. „Ein Bild sagt mehr als tausend Worte" – dies gilt um so mehr für die Mind-Maps. Schätzen Sie einmal, wieviele Seiten geschriebener Text nötig wären, um das obige Mind-Map in Worte allein zu fassen. Damit haben Sie gleich den entscheidenden Vorteil des Mind-Maps, wenn es um das Speichern von Informationen geht (wie z.B. bei Produktbeschreibungen): Alles auf einen Blick, einschließlich der Zusammenhänge.

Der „geniale Verkäufer" braucht keine ellenlangen Listen mehr um sich Aufzeichnungen zu machen. Alles läßt sich auf vergleichsweise kleinstem Raum unterbringen ... und auch viel leichter merken, und zwar aus zwei wichtigen Gründen:

1. Wer „listenartig" Wissen darstellt und lernt, muß sich aufgrund der fast rein sprachlichen Aufbereitung des Stoffs mit langen Ketten von Worten beschäftigen. Mit Mind-Maps schaltet man den Seh-Sinn (visueller Kanal) dazu, der den schon erwähnten schnellen Zugriff bietet: Alles auf einen Blick – tausendmal schneller.

2. Das sogenannte menschliche Langzeitgedächtnis arbeitet hauptsächlich so, daß es „Sinnzusammenhänge" zwischen den Einzelelementen herstellt. Die Linien und anderen Verbindungen innerhalb eines Mind-Map stehen exakt für die Zusammenhänge der Einzelteile (rein sprachlich nur sehr umständlich machbar). So weiß der „geniale Verkäufer": „Wenn ich mit Mind-Mapping wichtige Informationen darstelle, arbeite und lerne ich gehirngerecht und insbesondere langzeitgedächtnisgerecht (was für ein langes Wort)."

Während die Mind-Maps zum einen eine große Stütze des Gedächtnisses darstellen, sind sie ebenfalls kaum zu schlagen, wenn es dem „genialen Verkäufer" um das Entwickeln von Ideen oder schöpferischen Problemlösungen geht.

Eine Idee, ein Gedanke, den man mit den Techniken des Mind-Map darzustellen beginnt, wächst wie ein Baum in alle Richtungen fort. Wenn man an einer Stelle im Moment nicht mehr weiter weiß, kann man bequem erst einmal einen anderen „Gedankenast" weiterverfolgen; der erste Einfall geht nicht verloren, noch bleibt er zwangsläufig unterbrochen, da man später diese Folge wieder aufnehmen und vervollständigen kann.

Da man stets den Ausgangspunkt wie auch das Ganze im Blick hat, schießen die Gedanken gleich Lichtstrahlen durch einen Kristall. Sie werden immer wieder anders zurückgeworfen, erleuchten immer weitere noch dunkle Räume und bilden im ganzen ein harmonisches Muster. So bringen Mind-Maps bei der schöpferischen Lösung von Problemen, wie beim Entwickeln von Ideen in kurzer Zeit erstaunliche und oft unerwartet einfache Ergebnisse hervor. Wer dies erst einmal in der Praxis erlebt hat, will meist nicht mehr auf Mind-Maps verzichten.

Eine Stufe höher geht es, wenn man die Fähigkeit erlernt hat, über das Arbeiten mit Mind-Maps auf Papier hinaus, ein weiteres „Spiel" zu beherrschen: Inneres Mind-Mapping.

Inneres Mind-Mapping

Das bedeutet, daß man Mind-Maps auf dem „inneren Fernsehschirm" benutzt. Stellen Sie sich nur einmal vor, wie ein Verkäufer alle wichtigen Informationen seiner gesamten Produktpalette von seinem im Gedächtnis gespeicherten Mind-Map zu diesem Bereich abruft. Er wird alle mit der Genauigkeit und Schnelligkeit seines Gedächtnisses beeindrucken. Da er auch die Zusammenhänge, die er vor seinem inneren Auge betrachten kann, nur mit Worten zu beschreiben braucht, wird seine Rede eine besondere Art von innerer Schlüssigkeit zeigen (= Rhetorik, Redekunst). Der „geniale Verkäufer" wird im Verkaufsgespräch, wie in allen anderen Bereichen, spontan die besten Entscheidungen fällen, da ihm seine inneren Mind-Maps auf einen Blick alle für die Entscheidung wichtigen Informationen liefern. Ganz zu schweigen von gesteigerter Urteilskraft.

Die hohe Kunst des Mind-Mapping wäre wohl dann erreicht, wenn man anfängt, verschiedene Mind-Maps miteinander zu verbinden oder zu vernetzen; wenn man vor dem inneren Auge Mind-Maps „hinauf- und hinabschalten“ könnte: Wenn man sich ein einzelnes Stichwort in einem Mind-Map vergrößert vorstellt, könnte automatisch ein neues Mind-Map mit Informationen zu diesem Punkt entstehen. Beim „Hinaufschalten“ könnten ganze Mind-Maps Einzelteile einer noch größeren „geistigen Landkarte“ sein. Dies vorerst als Gedankenspiel.

Eine genaue Anleitung dazu, wie man nun ein Mind-Map erstellt, würde ein weiteres Buch füllen. In der Seminar-Praxis läßt sich diese Technik in relativ kurzer Zeit vermitteln und erlernen. Der „geniale Verkäufer“ weiß das Mind-Mapping als ein unverzichtbares Werkzeug zum heute von Tag zu Tag wichtigeren „Informations-Management“ in allen Bereichen des Verkaufs erfolgreich einzusetzen.

Augenbewegungsmuster: Steigern Sie den Rapport zum Kunden

Der „geniale Verkäufer“ stellt den Rapport z.B. mit Pacing zum Kunden her, um u.a. eine möglichst ähnliche Erfahrung der Verkaufsgesprächssituation zu machen wie der Kunde selbst. Den Kunden verstehen, heißt für den NLP-geschulten Verkäufer: „Sich in die Welt des Kunden einklinken.“

Wie Sie schon im Abschnitt zum 10-Sinne-Modell erfahren haben, erleben wir Menschen die Welt, indem wir Information verarbeiten, die wir hauptsächlich aus unseren 10 Sinnen (äußerlich und innerlich) erhalten. Menschliches Denken und Handeln ergibt sich demnach aus bestimmten Folgen von „Sinnes-Prozessen“, bei jedem auf ureigenste Weise anders.

Ein Beispiel für das vereinfacht dargestellte Verhalten einer beliebigen Kaufentscheidung: V K A_d V_K A K_+ A_d. Das sagt Ihnen sicher noch nicht viel. Hier eine etwas vollständigere Beschreibung (Schlüsselworte sind unterstrichen):

V: Der Kunde *schaut* sich die Ware, z.B. ein Sofa an (V = visuell)

K: Er *setzt* sich darauf, macht es sich *bequem*: K = Körperempfinden (kinästhetisch)

A_d: Er macht eine *Feststellung*: „Das gefällt mir" (A = auditiv = zu hören; digital = mit Worten)

V_k: Er *stellt sich vor*, wie das Sofa in der geeigneten Stube *aussehen* würde (Visuell k = konstruiert, vorgestellt)

A_k: Seine innere Stimme *sagt*: „Paßt genau auf meine Wünsche"

K_+: Ein *gutes Gefühl* macht sich breit (K_+ = Körperempfindung positiv)

A_d: Er *sagt* zum Verkäufer: „Das nehme ich".

Jedes beliebige menschliche Verhalten läßt sich auf diese Weise darstellen. Im NLP nennt man eine solche Folge von „Sinnes-Prozessen" (= Verhalten) eine „Strategie".

Gerade für den Verkäufer ergibt sich eine besondere Bedeutung dieser Strategien. Das obige Beispiel lieferte da schon einen ersten Eindruck. Für das Verhalten eines Käufers spielen verschiedene Arten von Strategien eine stärkere Rolle:

Zum Beispiel Entscheidungsstrategien (wie kommt der Kunde zur Kaufentscheidung?).

Innerhalb dieser Entscheidungsstrategien die Motivationsstrategie (wie „bewegt" (bringt) sich der Käufer zum Handeln).

Grundsätzlich läßt sich sagen, daß ein Verkauf in dem Moment zum Kinderspiel wird, wo der Verkäufer die wesentlichen Strategien seines Kunden kennengelernt hat. Er braucht dann nur noch diese „Verhaltensfolgen“ mit seinen Worten (Argumenten) aufzufüllen und nachzuvollziehen. Dem Käufer kommt es dann so vor, als würde ihm jegliches Denken abgenommen. Da der Verkäufer sich in diesem Fall vollkommen in den „Bahnen“ des Denkens eines Kunden bewegt, wird er auf wenig Widerstand treffen.

So gehört das Wissen um dieses mächtige Werkzeug der Kommunikation in die Hände eines jener „genialen Verkäufer“, deren Ideal darin besteht „konstruktiv“ zu verkaufen (zum eigenen Nutzen *und* zu dem des Kunden).

Das Einüben des Erkennens von Kundenstrategien gehört ganz eindeutig in den Rahmen eines Trainings; um eine vielseitige Strategie auszumachen, wie die im obigen Beispiel, bedarf es der gezielten Anleitung und des Feedbacks eines Trainers. So viel sei hier schon vorab verraten:

Der NLP-geschulte Verkäufer kann allein aufgrund seiner scharfen sinnlichen Wahrnehmung herausfinden, in welchem Sinnes-System sein Kunde gerade Informationen verarbeitet.

Das hat wenig mit „Gedankenlesen“ zu tun; im Gegenteil: Aufgrund der sogenannten „Zugangshinweise“ (access cues) erkennt der „geniale Verkäufer“ erst einmal nur „wo“, nicht „was“ der Kunde denkt.

Bandler und Grinder (NLP-Begründer) fanden durch Beobachtung heraus, daß bei jedem Menschen praktisch alle inneren Denkprozesse eine äußerlich erkennbare „Entsprechung“ haben. Diese äußeren Anzeichen nannten sie accessing cues – Zugangshinweise für den Sinn (V-A-K-O-G), der gerade „in Aktion“ ist.

Die Zugangshinweise mögen wohl im Grunde bei den meisten Menschen eines Kulturkreises ziemlich gleich sein. Sie lassen sich in ihrer persönlichen Ausprägung bei jedem einzelnen Menschen allein durch scharfes Beobachten bzw.

Zuhören leicht entdecken: sie sind nämlich immer wieder dieselben.

Schnell ein Beispiel aus dem nun folgenden Modell der „Augenbewegungsmuster" als Zugangshinweis, um Ihnen das Gesagte verständlich zu machen.

Es ist ganz leicht festzustellen: Fragt man einen Menschen zuerst einmal, wie einer seiner früheren Lehrer ausgesehen hat, wird er normalerweise ganz kurz und schnell einmal nach links oben (von ihm aus gesehen) blicken, bevor die Antwort kommt. Fragt man anschließend, ob er auch noch wisse, welche Farben eine der Jacken hatte, die er vor drei Jahren getragen habe, wird der kurze Blick auf jeden Fall in die gleiche Richtung gehen wie zuvor, wahrscheinlich nach links oben. Wieso? Beide Male wurde nach Bildern aus der Vergangenheit gefragt. Dazu verschaffte er sich Zugang zu seinem „Sehgedächtnis", die Augenbewegungen waren die „Zugangshinweise" (access cues), die zweimal schon denselben „Weg" anzeigten. Solche access cues gibt es in jedem System, sei es nun V-Visuell (Sehen), A-Auditiv (Hören) oder K-Kinästhetisch (Fühlen), worüber Sie noch mehr erfahren werden. Hier stehen nun erst einmal die Augenbewegungs-

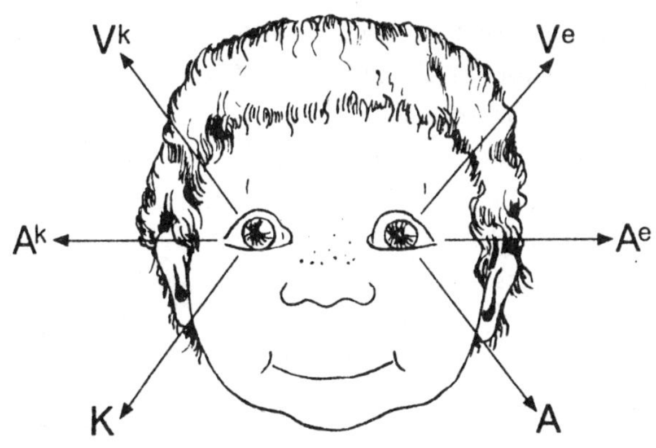

muster als die Zugangshinweise im Vordergrund, die mit am leichtesten erkennbar, eben offensichtlich sind.

Wie gesagt: Bandler und Grinder beobachteten, daß Menschen ihre Augen systematisch in verschiedene Richtungen bewegen, und zwar entsprechend der Art des „sinnlichen" Denkprozesses, der gerade vor sich geht. Diese Beobachtungen faßten sie im oben gezeigten Bild zusammen. Es gibt für den „genialen Verkäufer" im Grunde zwei Wege, um herauszufinden, wie das Augenbewegungsmuster eines jeden beliebigen Kunden Zugangshinweise offenbart: Fragen und Beobachten, während der Kunde spricht. Welche Art von Fragen er benutzen könnte, erfahren Sie in der folgenden „Einzelbeschreibung" der typischen Augenbewegungsmuster.

V_e: Ein Kunde schaut nach links oben, z.B. als erste Reaktion auf die Frage: „Welche Farbe hatte Ihr letztes Auto?" Die Informationen, die er nun abruft, drehen sich um eine bildhafte Erinnerung (Farbe), daher Ve = Visuelle Erinnerung.

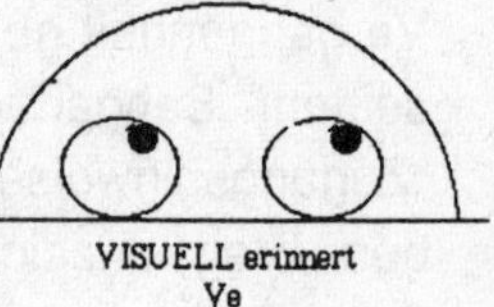
VISUELL erinnert
Ve

V_K: Der Blick nach rechts oben deutet auf visuelle (bildhafte) Vorstellungen von etwas, was man noch nicht gesehen oder so noch nicht gesehen hat. Mögliche Frage im Verkauf: „Wie würde diese Tapete in Ihrem Schlafzimmer aussehen?" Schlüsselworte für V_K = visuell-konstruiert (bildhafte Vorstellungen) ... sind „würde" und „aussehen".

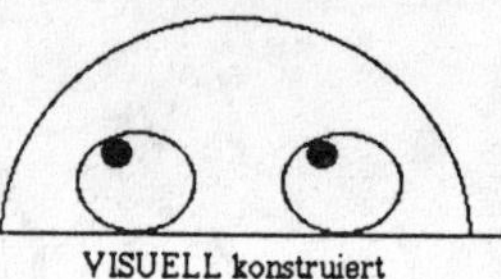
VISUELL konstruiert
Vk

A_e: Ruft man beim Kunden eine auditive, also hörbare Erinnerung ab, z.B. mit der Frage: „Wie war der Klang Ihrer alten Stereoanlage?", geht der Blick nach

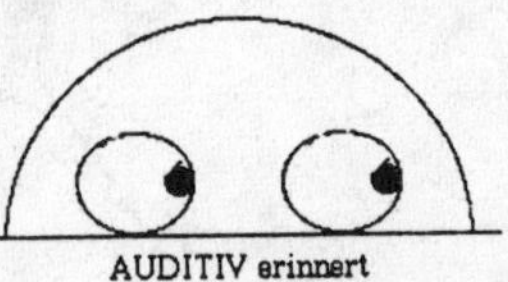
AUDITIV erinnert
Ae

links gerade zur Seite (natürlich aus der Warte des Kunden gesehen). A_e heißt auditive (hörbare)Erinnerung.

A_K: Wie beim visuellen Kanal bedeutet der Blick des Kunden nach rechts gerade zur Seite: „Ich suche den Zugang zu der Vorstellung, wie etwas klingen würde", also A_K = $\text{Auditiv}_{\text{konstruiert}}$ oder hörbar in der Vorstellung.

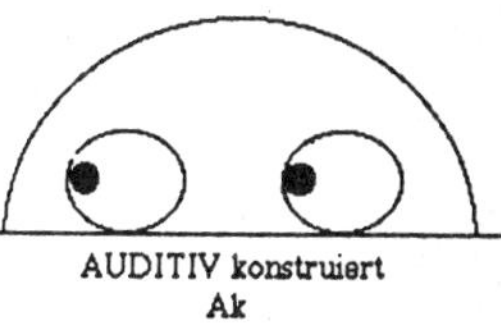

AUDITIV konstruiert
Ak

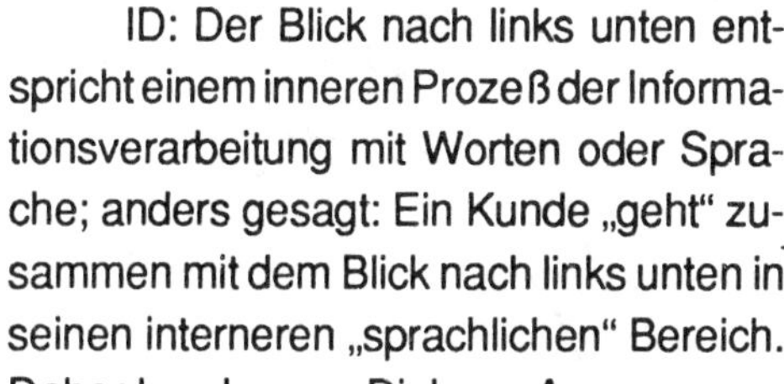

ID: Der Blick nach links unten entspricht einem inneren Prozeß der Informationsverarbeitung mit Worten oder Sprache; anders gesagt: Ein Kunde „geht" zusammen mit dem Blick nach links unten in seinen interneren „sprachlichen" Bereich. Daher I_D = Innerer Dialog = A_D.

INNERER DIALOG
ID

K: „Wie fühlt sich das an?" eine ganz allgemeine Frage an einen Kunden, der daraufhin Zugang zu seinem „kinästhetischen System" signalisieren wird, mit einem Blick nach rechts unten. Im kinästhetischen System geht es um Emotionen (Gefühle) auf der inneren „Seite" (Wie fühlt man sich, wenn man glücklich oder traurig ist?); um den Tastsinn und den „Bewegungssinn" auf der anderen Seite. „Fühlen Sie einmal, wie weich ...!" – „Spüren Sie, wie leicht Sie auf diesen Rollschuhen gleiten!"

KINÄSTHETISCH
K

Lidschlag: Marwitz und Beyer fanden heraus, daß der etwas lansamere Lidschlag – im Gegensatz zum blitzschnellen Befeuchtungslidschlag – in den inneren Dialog führt. Dies ist auch eine Verzögerungsstrategie zum „Herausschinden" von Denkzeit.

Rapport zum Kunden aufgrund der Augenbewegungen?

Indem Sie jetzt mehr über das „Wie" der Augenbewegungsmuster wissen, ahnen Sie womöglich schon, wie der „geniale Verkäufer" diese Art der „Zugangshinweise" (access cues) praktisch nutzt: Wenn er weiß, welches „Sinnes-System" ein Kunde bevorzugt einsetzt für eine bestimmte „Informationsverarbeitung", so gleicht er seine „Kommunikation" eben diesem inneren Prozeß des Kunden an. Rapport durch Pacing des „Sinnes-Prozesses".

Wieder gleich ein Beispiel: Ein Kunde sagt zu einem Argument des Verkäufers: „Da bin ich aber gar nicht Ihrer Meinung" und blickt nach links oben (wie Sie wissen, der Zugangshinweis für bildhafte Erinnerung – V_e). „Sie *blicken* da also bereits auf andere Erfahrungen *zurück*", sagt der Verkäufer. Er gleicht hier seine Worte dem Sinnessystem des

Kunden an; das Verb „zurückblicken" zielt nämlich seinerseits auf bildhafte Erinnerungen.

Der Kunde kann in diesem Moment das Gefühl haben, daß der Verkäufer seine Gedanken gelesen hat (was natürlich nicht der Fall ist). „Gelesen" hat er nur den „Sinnestyp" der inneren Erfahrung des Kunden. So wird der Kunde gleich mehr über seine vergangenen Erlebnisse zu diesem Fall erzählen. Auf diese neuen, genaueren Informationen hin kann der Verkäufer dann flexibel reagieren, z.B. mit einer der NLP-Methoden wie Pace Pace Lead.

Schon dieses Beispiel zeigt, wie anders ein Verkaufsgespräch durch Rapportherstellen mit Pacing des Sinnestyps verläuft. Der „geniale Verkäufer" folgt hier seinem Kunden bis in die Bereiche der inneren Wahrnehmung, wo gibt es eine schönere Beschreibung für echten Kontakt zum Kunden?

Der Zugangshinweis lag hier, um es noch einmal zu betonen, in der Augenbewegung des Kunden.

Wie der zukünftige Verkäufer die Zugangshinweise mit den Augenbewegungsmustern bei seinen Kunden im Verkaufsgespräch erkennt, ist eines der Themen der K-TRAIN-Seminare. Schließlich kann man sich nicht hinstellen und dem Käufer angestrengt in die Augen starren; der Kunde würde sich wohl seltsam vorkommen. Zumindest würde der Rapport zwischen Käufer und Verkäufer ungünstig beeinflußt. Zum Glück gibt es da einen Ausweg...

Ein weiterer Punkt fürs Seminar wäre die Frage: Wie erkenne ich die möglichen Abweichungen vom „Standard-Augenbewegungsmuster"?

Fortgeschrittene können soweit kommen, daß sie ganze Folgen von Augenbewegungsmustern, die oben beschriebenen „Strategien", bei ihren Kunden ausmachen. Ein Beispiel: Der Verkäufer stellt eine Schlüsselfrage, wie etwa: „Sie sind ja mit Ihrem Haus sehr zufrieden. Wie sind Sie bei diesem Kauf zu Ihrer Entscheidung gekommen?" Der Kunde macht ganz schnell und kurz hintereinander folgende Augenbewegungen:

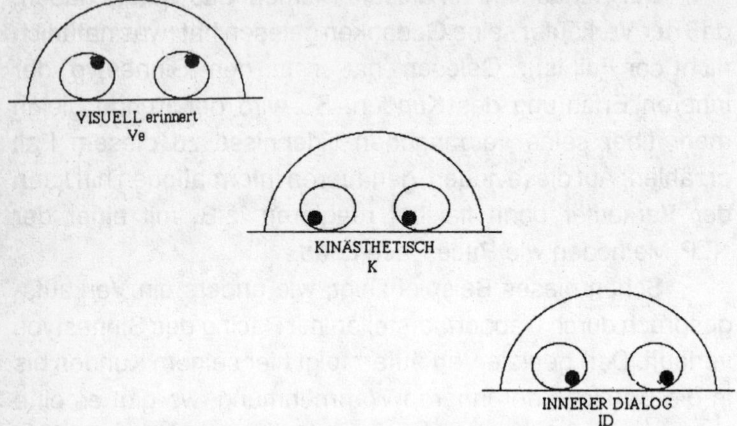

und gibt eine Antwort.

Unser Verkäufer weiß nun allein von der Abfolge der Augenbewegungen her, welchen Prozeß sein Kunde bei einer solch wichtigen Entscheidung durchläuft.

Das gibt ihm deutliche Hinweise darauf, in welcher Form er sein Angebot „verpacken" muß. Weiterhin wird er beim Abschluß des Kaufvertrages genau darauf achten, ob die „Entscheidungs-Strategie" des Kunden wieder vollständig vorhanden ist. Dies gelingt ihm, indem er eine Frage stellt wie: „Glauben Sie, daß dies eine gute Entscheidung ist?"

In der Antwort des Kunden sollten dann erinnerte Bilder (Wie sah er das besichtigte Haus?), positive Gefühle (Ja, da würde ich mich sicher fühlen), sowie eine sprachlich-eindeutige Bestätigung für die Kaufentscheidung vorhanden sein. Denken Sie an die erste „Strategie" zurück: V_e – $K_{Pos.}$ – I_D (bzw. A_d).*

---

* I_D = Innerer Dialog oder A_D – $Auditiv_{digital}$.

Unser NLP-geschulter Verkäufer verfügt glücklicherweise über die Fähigkeit, diese „Strategie“ seines Kunden aufgrund der „Zugangshinweise“ in den Augenbewegungen und auch in den anderen „Kanälen“ (A, K) zu erkennen. Wenn sich die Wege des Kunden zum früheren, zufriedenen Hauskauf und zum jetzigen Vertragsabschluß gleichen, wird es höchstwahrscheinlich ein gutes Geschäft für beide, Käufer und Verkäufer. (Wenn nicht, sollte der Verkäufer sein Angebot überprüfen, es in der Form ändern, oder vielleicht lieber ein anderes Haus anbieten.)

Sie bemerken: Indem der „geniale Verkäufer“ die Augenbewegungsmuster seines Kunden berücksichtigt, fällt es ihm leichter, seine Angebote maßzuschneidern. Er weiß damit auch genau, ob sein Abschluß ein Erfolg für beide Parteien ist. So verkauft er wahren Nutzen aus der Sicht des Kunden und vermindert für sich Stornierungen, Kauf-Reue oder kleinliche Reklamationen – statt dessen macht er „Schöpferisches Verkaufen mit eingebauter Kundenempfehlung“.

Noch mehr Zugangshinweise:

Dies ist die Frage nach den „Sinnes-Typen“ – Gibt es den „visuellen“, „auditiven“, „kinästhetischen“ Sinnestypen?

Neben den Augenbewegungsmustern gibt es noch eine ganze Reihe von Zugangshinweisen: Ähnlich wie bei den Augenbewegungen unterteilt man auch auditive (hörbare) und kinästhetische (ertastbare, bewegungsmäßige) Muster wieder entsprechend den drei Hauptsinnen (V, A, K) auf.

Beispiel: Atmung als kinästhetischer Zugangshinweis

Atmung mehr im oberen Brustkorb → visuelle Prozesse

Atmung im mittleren und unteren Brustkorb → auditive Prozesse
Bauchatmung → kinästhetische Prozesse

Solcherlei Unterteilungen ließen schnell die Vermutung aufkommen, es gäbe bestimmte „Sinnes-Typen" unter den Menschen; so nannte man entsprechend dem obigen Beispiel Leute, die größtenteils in den Bauch atmen: „Kinos" (von Kinästhet). Daraus entwickelte sich ein komplettes Schaubild, wie die einzelnen „Sinnestypen" zu erkennen sind. Das ging von den Augenbewegungen bis hin zur Größe der Lippen. Erstaunlich, nicht wahr? Dieses Schaubild werden Sie in diesem Buch vergeblich suchen. Die Autoren warnen vielmehr vor derlei Verallgemeinerungen: Wenn Sie als Verkäufer Ihre Kunden in eine Schablone, ein Korsett von „Typenklassen" pressen, laufen Sie große Gefahr, Ihren guten Rapport gegen eine Fehleinschätzung einzutauschen.

Was macht der Verkäufer, wenn der Kunde plötzlich von seinem „Sinnes-Typ-Verhalten" abweicht; wird der Verkäufer es überhaupt bemerken? Wahrscheinlich wird er seine sinnliche Wahrnehmung zugunsten seines Vorurteils vernachlässigen. Und gerade im „Sich-auf-seine-Sinne-verlassen können" besteht der Vorsprung des NLP-geschulten Verkäufers.

Zudem kommen selbst 100%ige „Kinis", „Audis" oder „Visis" in der „freien Wildbahn" höchst selten vor.

Wir alle bewegen uns ständig in allen drei Hauptsinnessystemen, in den internalen genauso wie in externen Anteilen (s. 10-Sinne-Modell). Wir gebrauchen ständig unsere Augen, Ohren sowie das „Körperbewußtsein", um uns in unserer Welt zurechtzufinden. Und das ist gut so, denn es gibt uns die Möglichkeit, die Arbeit der Sinne an die jeweilige Arbeit anzupassen. Wir können sinnvolle Kombinationen aus einzelnen „Sinnesbildern" zusammenstellen, wie etwa eine Entscheidungsstrategie, die Sie im letzten Abschnitt kennengelernt haben: V_k – K – A (bildliche Vorstellung + positives Gefühl + Worte: „Das nehme ich").

Sich in der Fülle der Möglichkeiten unserer „Sinnesarbeit" frei bewegen zu können, hier eine große Auswahl zu haben, ist, wie bereits gesagt, eine der wichtigsten „Ressourcen" (Kraftquelle, Energievorrat) des „genialen Verkäufers".

Natürlich findet man leicht bestimmte „Berufe", die einen bestimmten „Typ" von sinnlicher Verarbeitung von Informationen bevorzugen. So sollte z.B. ein Verkäufer „nicht auf den Mund gefallen sein", er sollte also im auditiven Kanal (Hör- und Sprechsystem) über besonders viel Gewandtheit verfügen. Und schon läßt sich leicht ergänzen: Was nützt dem Verkäufer alle sprachliche Geschicklichkeit und ein gutes Gehör, wenn er nicht zu weiteren „Künsten" fähig ist: Sich bildlich oder gefühlsmäßig die Wünsche seiner Kunden vorzustellen; oder sich in seiner Körpersprache an die Bewegungen des Kunden anzupassen (Rapport durch „Körper-Pacing").

Die Autoren dieses Buches halten die Idee von den „Sinnes-Menschen-Typen" für eine übermäßige Vereinfachung. Anstatt bei einem Kunden nach Anzeichen zu suchen, daß er sich bevorzugt in einem der drei Hauptsinnessysteme „aufhält", orientiert sich der „geniale Verkäufer" anders: Er benutzt seine eigenen Sinne, um dem Kunden dorthin zu folgen, wo er gerade ist; d.h. welchen der Sinne (V – A – K – O – G) er gerade benutzt, um zu denken oder sich mitzuteilen.

Viele Menschen haben im Verlaufe ihres Lebens gelernt, nur einen ihrer Sinne zu bevorzugen. Aus irgendeinem Grund, z.B. musikalische Eltern, entwickelt ein Kind seinen „Gehör-Sinn" besonders. Es lernt im „auditiven" System besonders feine Unterscheidungen zu machen. Durch diese Fähigkeit feiner zu unterscheiden, wird ihm sein „Gehörsinn" als besonders geeignet erscheinen, ihn auch in komplizierteren Situationen zu benutzen; solche Situationen gehören dann auch oft in die „Klasse" der „Streß-Situationen".

Eine kybernetische Grundregel besagt, daß der flexibelste Teil in einem System das Ganze am leichtesten lenkt oder kontrolliert. Beispiel: Ein Chef ist dann gut, wenn er flexibel genug ist zu wissen, was in jedem untergeordneten Teilbereich seines Betriebes vor sich geht. Er muß vom Denken her jeden Arbeitsgang genau genug kennen, um gute Entscheidungen zu treffen.

Flexibel sein heißt also in unserem Sinne, möglichst viele Unterscheidungen treffen zu können, möglichst genau wahrnehmen. Unser musikalisches Kind kann in seinem Gehörsinn die feinsten Unterscheidungen treffen. So wird sein „auditiver Sinn" sich um so mehr anbieten, je umfassender eine Situation im Leben, kurz je „stressiger" sie ist.

Genaue, feine und schnelle Wahrnehmungen sind vor allem gerade dann nötig, um diese Streßsituation zu überblicken und in den Griff zu bekommen. Also verläßt sich unser „musikalisches Kind" im Streß vor allem auf sein „äußeres und inneres Ohr". Aufgrund derartiger Beobachtungen kamen die NLP-Begründer auf die Bezeichnungen, wie die des auditiven, visuellen oder kinästhetischen „Streß-Typen". Dies entsprach dem genannten kybernetischen Grundsatz: „In Streß-Situationen (Streit, Trauer ...) übernimmt ein einzelnes Sinnessystem die Kontrolle; und zwar dasjenige, in dem dieser Mensch gelernt hat, am meisten zu unterscheiden (am flexibelsten ist)."

Für einen NLP-geschulten Verkäufer ist es dann auch recht einfach, das bevorzugte Sinnes-System bzw. auch „Streß-Sinnes-System" eines Kunden zu entdecken. Das hat besondere Bedeutung für das Verkaufsgespräch, wenn man z.B. Streß vermeiden möchte, was wohl meistens der Fall sein wird. (Die Vorgehensweise eines Gehirns im Streß, sich dorthin zu begeben, wo es sich am besten auskennt, nämlich ins am weitesten entwickelte Sinnes-System, gleicht leider oft dem Verhalten eines Betrunkenen, der seinen Haustürschlüssel im Dunkeln verloren hatte: Er suchte seinen Schlüssel im Schein der Lampe an der Straße: weil es dort „so hell war", anstatt dort im Dunkeln vor der Tür, wo er ihn verloren hatte.)

Wer nun zu sehr verallgemeinert und sagt: „Wie der Streß-Sinntestyp, so der ganze Mensch", geht „weit hinaus aufs dünne Eis und bricht ein".

Der „geniale Verkäufer" „kontrolliert" im Prinzip aufgrund seiner besonderen Fähigkeit seine Verkaufsgespräche: Er ist flexibel genug, sich auf seine in allen Sinnen (VAKOG) geschulte Wahrnehmung vom Verhalten seines Kunden zu verlassen. Er vermeidet es also, seine Kunden in „Typen-Formen" hineinzupressen. Solche vorgefaßte Erwartungen lassen einen Verkäufer stets suchen: Wo sind die Anzeichen dafür, daß er z.B. ein visueller Typ ist. Andere, ebenfalls vorhandene Signale fallen „unter den Tisch der Wahrnehmung", obwohl sie da sind. Also: „Typenklassen ade". Die Schärfe des Beobachtens in allen Sinnen ist Trumpf für den „genialen Verkäufer".

IV

A – Auditives

Die Stimme im Verkaufsgespräch

Ein schön und interessant aufgemachter Prospekt kann einen Verkauf in Gang setzen, die letztliche Kaufentscheidung fällt immer auch aufgrund von Gefühlen des Kunden, die eigentliche „Verkaufssituation“ findet als das „Verkaufsgespräch“ über die auditiven „Kanäle“ und Sinnessysteme statt, also über das „Hör-System“.

Der „geniale Verkäufer“ weiß, daß seinem „Hör-Sprech-System“ die wichtigste Rolle im Verkaufsgespräch zufällt. Denn als „Träger der Sprache“ übernimmt es zwei wichtige Aufgaben:

1. Das „Übermitteln“ von Inhalt (z.B. Verkaufsargumente, „Pacing-Aussagen“, einfache Informationen, Fragen).
2. Das „Ansprechen“ und „Öffnen“ von Ressourcen (Energien) in der Wahrnehmung des Kunden und bei sich selbst. (Beispiel: „Stellen Sie sich einmal vor, wie es aussähe ...“ öffnet den Zugang zur bildlichen Vorstellung).

Letztendlich wird die Stimme selbst zum „Übermittler“ all der mannigfaltigen Botschaften, die das Gehirn des Verkäufers sprachlich ankommen lassen will.

Wie wenig gewinnend sich eine Stimme ohne all ihre klanglichen Färbungen und anderen Unterscheidungen anhört, zeigt das Beispiel der künstlichen Stimme aus dem Lautsprecher eines Computer-Systems. Denken Sie sich einmal solch eine monotone Stimme für einen Verkäufer. Wer auch nur annähernd in der Art des Computers redet, sollte es wohl vermeiden, sich als Verkäufer seine Brötchen zu verdienen. Eine Verkäuferstimme ohne Flexibilität macht das Pacing (Angleichen an die Mitteilungen des Kunden) unmöglich; und Pacing steht, wie schon so oft gesagt, als Voraussetzung zu einem tragfähigen Rapport zum Kunden. Sich in seiner Stimme dem Käufer anpassen zu können, gehört also zur „Grundausrüstung“ an Fähigkeiten, die ein Verkäufer einüben sollte.

Hier nun eine kurze Auflistung von Unterscheidungen, die innerhalb einer einzigen Stimme möglich sind. Die wichtigsten „hörbaren“ (auditiven) Teile der Stimme:

Tonhöhe,
Lautstärke,
Timbre,
Ort der „Klangquelle“ (Nähe, Ferne).

Dazu kommen:

Tempo,
Kontrast,
Klarheit (= Deutlichkeit beim Sprechen),
Rhythmus.

Sie erkennen sofort, es gibt genug Elemente, die eine ganze Bandbreite von stimmlichen Kombinationen ermöglichen.

Wer stets mit der gleichen Stimme spricht, hat sich auf nur eine einzige Kombination dieser Elemente festgelegt, oder er/sie betont einen einzelnen Bestandteil der Stimme übermäßig: Als Beispiel wäre da der erfolglose Verkäufer zu nennen, der es schafft, seine Worte immer zu leise (Lautstärke), mit zu hoher und quäkender Stimme (Tonhöhe und Klangfarbe) auszudrücken. Solcherlei fehlende Flexibilität schafft fast zwangsläufig Antipathie, also Abneigung beim Kunden. Aus all den obengenannten Stimm-Elementen können Sie sogleich die positiven „Aspekte" ersehen:

Die Stimme eignet sich hervorragend zum „Pacen"

Der „geniale Verkäufer" hört aus der Stimme seines Kunden heraus, wie sie sich zusammensetzt. Ohne ein begnadeter „Stimmen-Imitierer" oder -nachmacher zu sein, kann er leicht auswählen, in welchem Teilbereich er sich mit seiner eigenen, ganz normalen Stimme anpassen will. (So ist es sehr einfach, sich in der Lautstärke anzupassen.)

Und das ist es, worauf Pacing hinausläuft: Pacing muß ein natürlicher Bestandteil der Mitteilungen des Verkäufers sein, ein ganz normales Verhalten.

Pacing der Stimme des Kunden ist eine wohlangepaßte Möglichkeit, sich zornigen oder aggressiven Kunden anzupassen in Situationen, wo das Angleichen an die Körpersprache des Kunden verheerend wirken könnte: Ein Kunde stampft z.B. mit dem Fuß auf und schreit: „Mit mir nicht, das könnte Ihnen so passen!“ Anstatt nun ebenfalls die vollständige „Kampfhaltung“ einzunehmen, sagt der Verkäufer mit bestimmter und etwas „lauterer“ Stimme: „Ich sehe, hier müssen wir noch einiges abklären!“ Natürlich muß das fein abgestimmt sein.

Aus diesem Beispiel soll Ihnen folgendes erkenntlich werden: Die Stimme bietet sich an, um den „körpersprachlichen“ Teil dieses Kunden zu „pacen“, während die Worte die man sagt, die Führung aus der in diesem Beispiel wenig fruchtbaren Situation übernehmen. Und das ist überhaupt die hochinteressante Möglichkeit der Stimme – diese doppelte Fähigkeit sich mitzuteilen. Diese besondere Eigenheit der menschlichen Stimme kann sich natürlich in verschiedene Richtungen auswirken. Denken Sie einmal an die Indianer bei Karl May: „Mein großer Bruder spricht mit gespaltener Zunge.“ – was nichts anderes heißt als: „Du sagst zwei Botschaften gleichzeitig, die sich widersprechen.“ Fehlende „Kongruenz“ (Deckungsgleichheit verschiedener „Kanäle“, in denen man sich äußert), so heißt hier der Fachausdruck im NLP.

Wenn ein Kunde mit weinerlicher Stimme sagt: „Ich bin begeistert“, denkt sich der „geniale Verkäufer“: „Aha, hier höre ich zwei Botschaften. Die Worte sagen ‚Ich bin begeistert‘ und die Stimme drückt irgend etwas ganz anderes aus. Was das ist, muß ich jetzt erst einmal herausfinden. Dann kann ich mein Angebot soweit verbessern, daß ich ungeteilte Begeisterung auch in der Stimme erhalte.“ So formt der „geniale Verkäufer“ inkongruente in kongruente Äußerungen um, und er „ist zufrieden“ wie sein Kunde.

Spricht demgegenüber ein Verkäufer mit einer genauso „weinerlichen" Stimme wie der Kunde im vorigen Beispiel, kann das „tödlich" sein im Verkauf.

Inkongruente Verkäufer, wie solche, die von ihrer Leistung (ihrem Produkt) nicht überzeugt sind, andererseits mit ihren Worten das Gegenteil ausdrücken wollen; so etwas durchschaut und hört jeder halbwegs ausgeschlafene Käufer sofort. Es wird doppelt schwierig, etwas zu verkaufen, wenn der Kunde schon denkt: „Der ist ja selbst nicht davon überzeugt."

Bevor man einen inkongruenten Verkäufer auf die Reise schickt, sollte man doch lieber erst einmal ausloten, was in dem Menschen vor sich geht. Fragen, wie er dazu komme, sich so „geteilt" zu verhalten. Zum Glück bietet das NLP genug Ansätze, um „streitende" Teile einer Persönlichkeit miteinander zu versöhnen, so daß sie wieder am gleichen Strang ziehen (z.B. Reframing, Verhandlungsmodell etc.).

„Inkongruenz", also „streitende Teile" einer Person treten übrigens oft auch nacheinander auf. Das finden Sie bei den Leuten, die „heute so, morgen so" reden und handeln. Für diese gilt das gleiche wie für „gleichzeitig inkongruente" Menschen (s.o.). Das sei hier am Rande bemerkt.

Zugangshinweise in der Stimme

Zugangshinweise (access cues) – darunter könnten Sie jene kleineren oder größeren „Bewegungsänderungen" in allen Sinnessystemen (V-A-K) verstehen, die dem „genialen Verkäufer" einen Hinweis auf innere Prozesse in seinen Kunden geben. Ein Beispiel haben Sie bereits kennengelernt: Die „Augenbewegungsmuster" im entsprechenden Kapitel machen sehr genaue Angaben darüber, in welchem Sinneskanal z.B. ein Käufer gerade Informationen verarbeitet.

Auch aus der Stimme eines Kunden (auditiver Kanal) kann der „geniale Verkäufer" eine Menge herausfiltern zu diesem Gesichtspunkt. Er braucht dazu ein „geschärftes Ohr" und einiges an NLP-Wissen über „auditive Zugangshinweise". Zunächst einmal ist ihm, wie schon gesagt, bekannt, daß die „Bewegung" innerhalb der Stimme die Information trägt, wo sich der Kunde gerade befindet, oder wo er „hingeht". Um dem aktiven Training nicht allzusehr vorzugreifen, sei hier nur ein Beispiel genannt, die Stimmlage (-Höhe) der Stimme: Geht die Stimme eines Käufers nach oben, so wendet er sich gerade seinem visuellen Bereich zu, also auf den Bereich des inneren oder äußeren Sehens. Ähnlich den Augenbewegungsmustern deuten mittlere Stimmhöhen auf den auditiven (Hör-)Kanal und tiefere Stimmlagen auf den kinästhetischen (Körper-)Bereich.

Diese „Zugangshinweise" dienen dem „genialen Verkäufer" als weitere Hinweise, die ihm sagen, wie und wo sich sein Kunde gerade befindet. Er kann sich nun leicht dort z.B. in seiner Sprache angleichen und auch die Führung in andere „Wahrnehmungs-Ebenen" übernehmen.

In jedem anderen Element der Stimme, z.B. auch in der Lautstärke, finden Sie weitere Zugangshinweise. Die andere Seite dieser Medaille arbeitet ebenfalls für den „genialen Verkäufer": Mittels der eigenen Stimmführung läßt sich die „Richtung" des Verkaufsgesprächs verändern. Erhöht der Verkäufer beispielsweise seine Stimme, steigt die Wahrscheinlichkeit, daß er im Käufer die visuellen Bereiche des Gehirns aktiv anspricht; das bietet sich eben dann an, wenn der Verkäufer seinem Kunden Informationen/Argumente anbietet, die dieser am besten mit den Augen erfassen sollte:

Der Verkäufer (hebt seine Stimme während des Sprechens an und) sagt: „Haben Sie das schon einmal so gesehen?..."

Stellen Sie sich nur einmal vor, wie wirksam und tiefgehend Sie als Verkäufer auf solche Weise mit Ihren Kunden Verkaufsgespräche führen können.

Die Unterscheidung „Schreibstimme – Sprechstimme"

Wer sich jemals die „Tele-Akademie" Sonntagmittags im 3. Programm des Südwestfunks angeschaut hat, dem wird es spätestens nach dem Lesen dieses Abschnitts wie „Schuppen von den Augen fallen": Wie schafft es ein Redner, seine Zuhörer trotz eines hochinteressanten Themas maßlos überzubeanspruchen? Wie gesagt, in dieser Sendung werden nur längere Vorträge gehalten, und es wird wirklich Zeit, daß man den Rednern lange genug vor ihrem Auftritt ein kleines „Papier" in die Hand drückt: „Wie man die Schreib- von der Sprechstimme unterscheidet."...

Das weiß natürlich auch der „geniale Verkäufer", wie wichtig dieser Punkt im Verkaufsgespräch ist: Eine Sprech-Stimme macht ein Gespräch lebendig, eine Schreib-Stimme eignet sich so oder so im Grunde nur für die schriftliche Kommunikation.

Folgen Sie den Autoren in die Feinheiten:

Wer mit einer Schreibstimme spricht, der fällt vor allem auch durch seine seltsame Betonung auf. Man scheint die Punkte und Kommatas förmlich zu hören, es ist als ob man etwas lese, während der andere spricht.

Vom Inhalt her erscheint demnach alles vorformuliert und daher eher „losgelöst" logisch; die Gedanken, die in einer Schreibstimme dargelegt werden, ähneln so einem inneren Selbstgespräch. Der Sprecher „kommuniziert" im Grunde stärker mit sich selbst als mit seinem Zuhörer. „Fehlender Rapport" – so würde ein NLP-geschulter Verkäufer erkennen. Genau das kann sich, nach allem, was Sie bereits wissen, der „geniale Verkäufer" in seinen Verkaufsgesprächen nicht erlauben. Er benutzt also eine Sprechstimme. Diese klingt eher spontan und ist auf eine bestimmte Weise an die Stimmungslage des Käufers angelehnt („Pacing-Stimme"). So werden Sie in dieser Sprech-Stimme viel mehr Klangfülle und Unterscheidungen heraushören, als in einer Schreib-Stimme.

Auch die Grammatik der Schreibstimme weicht deutlich von ihrem „Gegenüber" ab: In ihr werden Sie z.B. viele Bindewörter hören (Konjunktionen), wie z.B. und/oder/als etc., sowie andere Bestandteile dieser eher „hypnotischen" Sprache (s. an gegebener Stelle).

Auch in der Wortwahl finden Sie große Unterschiede. Eine Sprechstimme enthält z.B. stets eine Menge sogenannter Verben der Wahrnehmung, wie etwa sehen, hören, meinen, wissen. (Beispiel: „Hier sehen Sie ja, wie...")

Die Unterscheidung „Schreib- und Sprechstimme" gewinnt vor allem für jene Bedeutung, die sich gewohntermaßen schriftlich auf ihre Verkaufsgespräche vorbereiten und dabei sogar festlegen, was sie an welcher Stelle genau zu sagen gedenken. Wenngleich sich bis zu einem gewissen Grade auch Sprechstimmen schreiben lassen, so sind die wirklichen Verkaufssituationen viel zu umfassend und voll von Elementen, die über die „Kräfte der schriftlichen Sprache" weit hinausgehen.

In der Praxis des K-Train-Seminars läßt sich erleben, wie man die für den „genialen Verkäufer" so erwünschte

Sprechsprache auch in der Gesprächsvorbereitung einstudieren kann.

Die folgerichtige Fortsetzung der Überlegungen in diesem Kapitel finden Sie im übernächsten Abschnitt zum Thema: „Verkauf am Telefon". Machen Sie zuvor einen spannenden Ausflug mit in ein Verkaufsgespräch, das tatsächlich so stattgefunden hat.

Eine Erfolgsgeschichte mit Thies Stahl: „Verkaufen mit Pfiff"

*Lesen Sie zum Einstieg in dieses Kapitel den folgenden Artikel aus dem „manager magazin" Nr. 3/1989 (S. 249 ff.)**. Die darin beschriebene Anwendung einer NLP-Technik gibt Ihnen einen tiefen Einblick in die Möglichkeiten des „Herbeizauberns" von Ressourcen mit NLP. Sie erfahren also anhand einer wahren Geschichte, woher die „Energien" kommen können, die man auch als Verkäufer immer braucht:

Im Bann der fünf Sinne

Die Szene war filmreif. In einem Hotel bei Hamburg saßen drei Geschäftsleute bei einer schwierigen Verhandlung – ein Teppichgroßhändler, ein Softwarehaus-Inhaber und der Vertriebsmann einer Computerfirma. Für den Softwareunternehmer war es ein ermüdender Zweifrontenkampf: Er mußte den endlos zögernden Teppichgrossisten von der Leistungsfähigkeit seiner Programme überzeugen und zugleich den Computerverkäufer bei Laune halten.

---

* Abdruck mit freundlicher Genehmigung des manager magazins, Hamburg

Doch wann immer er aus der Rolle des souveränen, locker parlierenden Experten herauszufallen drohte und Anzeichen von Ermattungen und Unsicherheit zu erkennen gab, ertönte ein leiser Pfiff. Dann straffte sich jäh seine Haltung, er vertrat sein Angebot wieder offensiv und spritzig – und überzeugte am Ende beide Partner.
Der kaum hörbare Pfiff kam vom vierten Mann in der Runde, der gar nicht beteiligt zu sein schien, aber den Gesprächsverlauf und die Reaktionen der Teilnehmer scharf beobachtete. Fünfmal pfiff er, dann war die Verhandlung überstanden.
Das seltsame Spiel war kein Spiel, sondern geglückte Anwendung einer neuen Methodik, deren Fachbezeichnung so kompliziert wie unverständlich klingt und deren rasche Ausbreitung – jedenfalls nach Meinung ihrer Anhänger – unmittelbar bevorsteht: des Neurolinguistischen Programmierens ...
Was NLP tatsächlich ist, läßt sich besser als mit theoretischen Erläuterungen an der Hotelszene und ihrer Vorgeschichte demonstrieren – jedenfalls in einer ersten Annäherung: seltsam bleibt die Sache auch dann. Allerdings nicht für den Hamburger Diplompsychologen Thies Stahl. Er war der Mann mit dem Pfiff.
Als Klient war jener Softwareunternehmer zu ihm gekommen, um sich für die Verhandlungen mit dem Teppichgrossisten und dem Hardwareverkäufer Rat und Hilfe zu holen. Den EDV-Experten schreckte nicht die mehrfach bewiesene Entscheidungsunwilligkeit des Teppichhändlers, sondern die geschäftliche Kälte beider Partner, zu denen er keine Einstellung fand. „In ihrer Gegenwart fühle ich mich auf rätselhafte Weise gehemmt, ja wie gelähmt", gestand er dem Psychologen. Stahl unternahm zunächst nichts, auch an näheren

Einzelheiten war er nicht interessiert. Er bat den Ratsuchenden lediglich, an der entscheidenden Verhandlungsrunde teilnehmen zu dürfen.
Während der etwa 20minütigen Autofahrt zu dem Treffen forderte er seinen Klienten auf, sich in allen Einzelheiten vorzustellen, wie er sein letztes Verkaufsgespräch erfolgreich gemeistert habe. Dabei beobachtete er aufmerksam die Mimik und Gestik des Unternehmers. Als er den Eindruck hatte, daß der Firmenchef sich mit Wohlbehagen an das Ergebnis zurückerinnerte, stieß er einen leisen Pfiff aus („So ähnlich, als ob man einer Frau hinterherpfeift").

Griff in die Trickkiste

Dann bat er den Klienten, sich noch einmal eine frühere Situation als brillanter Verkäufer mit aller Intensität zu vergegenwärtigen. Und wieder, als die Erinnerung – deutlich erkennbar an der entspannten Körperhaltung – am intensivsten war, pfiff er leise.
Mehrmals konfrontierte Stahl so seinen Auftraggeber mit vergangenen Erfolgserlebnissen; jedesmal unterlegte er das innere Geschehen mit einem Pfiff.
Im Hotel stellte sich der Psychologe den anderen Geschäftsleuten als Trainer vor, der in der Softwarefirma Seminare durchführe und jetzt einmal „die Praxis" kennenlernen wolle. „Die etwas dümmliche Selbstdarstellung bot mir" so Stahl, „den Rahmen, den ich brauchte, um meinen Klienten zu beobachten."
Was der Psychologe dann tat, war merkwürdig, aber offensichtlich wirksam. Wann immer er sah, daß der Unternehmer in der Auseinandersetzung mit den beiden gefürchteten Verhandlungspartnern unsicher wurde, pfiff er leise – wie zuvor während der Autofahrt.

Stahl erinnert sich: „Diese Interventionen veränderten das Verhalten meines Klienten so sehr, daß auch die Gesprächspartner anders agierten; er war auf einmal ressourceful, spritzig, flexibel und beeindruckte schließlich jeden." Seine Pfiffe habe außer einer Mitarbeiterin des Softwareunternehmers, die aber ihr Erstaunen über das unpassende Geräusch unterdrückte, niemand bewußt wahrgenommen, nicht einmal der Klient selbst. Erst auf der Rückfahrt, als der Psychologe gut gelaunt vor sich hinpfiff, wurde dem Firmenchef klar, was geschehen war. Stahl: „Er krümmte sich vor Lachen." Die zuvor aktivierte Erinnerung, so klärte er seinen Patienten auf, habe die Energien mobilisiert, die ihm in der Konferenz über brenzlige Situationen hinweggeholfen hätten.

Nun, was denken Sie? Halten Sie so etwas für möglich und glaubhaft? Die Geschichte entspricht tatsächlich der Wahrheit. Achten Sie besonders noch einmal darauf, wie einfach und schnell dieses „Mobilisieren von Energien" hier vor sich ging, und bedenken Sie auch wo! Im Auto – während der 20minütigen Fahrt zum Kunden. Thies Stahl „vereinte" dort seinen Pfiff mit den Erinnerungen an Erfolgserlebnisse bei diesem Software-Unternehmer. Diese Vorgehensweise nennt man im NLP: „Ankern" (anchoring) – während der EDV-Fachmann seine Erlebnisse während erfolgreicher Verhandlung durch sein Erzählen innerlich nachvollzog, fügte Thies Stahl dem Ganzen ein neues Element hinzu: den Pfiff. Dieser Pfiff diente unserem „Software-Mann" in der folgenden wirklichen Verhandlung als Zugang, als „Schalter" für sein „Erfolgsverhalten im Verkauf", mit dem Ergebnis, daß er sich auch „erfolgreich" verhielt – „und überzeugte am Schluß beide Partner"... (Original-Text).

Das Ganze hat nichts mit Zaubern zu tun, auch NLP-geschulte Verkäufer benutzen hier nur eine Möglichkeit, die in unserem menschlichen Nervensystem eingebaut ist: Das Konditionieren (so nennen es die Psychologen).

Das klassische Experiment dazu führte Pawlow anfang des Jahrhunderts mit seinem deutschen Schäferhund durch: Jedesmal, wenn der Hund zu fressen begann, erklang ein Glockenton. Nach kurzer Zeit genügte dieser Ton, um eine Speichelabsonderung beim Hund auch ohne Fressen hervorzurufen. Diese Absonderung ist eine „unbewußte" Reaktion des Hundes auf die zu erwartende Nahrung, also nicht „willentlich" steuerbar, wie etwa Muskelbewegungen. Und siehe da: Pawlow hatte eine Tür nachweisbar aufgestoßen, bei anderen, ähnlich gelagerten Experimenten ließen sich auch bei Menschen „Konditionierungen" erzeugen.

Wenn man einmal von der Werbung absieht, wurde dieses Wissen seither kaum bewußt eingesetzt. Erst mit dem Neurolinguistischen Programmieren wurde ein gezielter Einsatz des Konditionierens in allen möglichen Bereichen der Kommunikation bekannt, eben durch „Ankern".

„Beim NLP geht man davon aus, daß eine Vorstellung, ein innerer Dialog oder ein Gefühl genau solche Reaktionen sind wie die Speichelabsonderung des Pawlowschen Hundes", erklärt ein führender deutscher Manager im bereits zitierten Artikel des *manager magazins*.

So ganz neu wird dem Leser/der Leserin von „Happy Selling" das Ankern wohl nicht mehr vorkommen, Stichworte: Future Pacing. So fragt sich der „geniale Verkäufer" beim Future Pacing (s. Kapitel) nach einem möglichen „Anker", der z.B. ein eintrainiertes Verhalten oder eine Fähigkeit im späteren wirklichen Verkaufsgespräch abruft.

Bei kaum einer anderen NLP-Technik ertönt der Ruf „Manipulation!" so laut wie beim Ankern. Dabei verstehen diese „Rufer" unter „Manipulation" eine Beeinflussung gegen den Willen des Beeinflußten. Nehmen Sie nur einmal an, die Gesprächspartner des EDV-Mannes aus unserem Beispiel hätten gewußt: „Mit diesem Pfiff hilft ihm der Berater, seine Kräfte erneut zu sammeln und einzusetzen." Sehen Sie einmal davon ab, daß die Methode des Pfiffes recht ungewöhnlich erscheint; glauben Sie, der Kunde, also der Teppichhändler, oder der Hardware-Verkäufer hätten gerufen: „He, das ist unfair, daß Sie hier mit außergewöhnlichen Methoden Ihr Bestes geben wollen"? Wohl kaum.

Es sei noch hinzu„gefügt": Sie können nicht *nicht* ankern. Anker sind überall. Nur ein Beispiel: „Unser Lied." Ist es nicht seltsam? Sobald ein bestimmtes Musikstück im Radio oder Fernsehen erklingt, fangen zwei Menschen an, einen tiefen Blick auszutauschen und befinden sich scheinbar in den gleichen „verliebten" Gefühlen wie „damals". Gerüche eignen sich ebenso hervorragend als „Gedächtnis-Anker" aufgrund einer Besonderheit im Aufbau des menschlichen Gehirns.

Fazit: Alles ist mit allem verankert in unserer Wahrnehmung. Sie können unterscheiden zwischen bewußtem und unbewußtem Ankern; oder zwischen „stärkerem" oder „schwächerem" Ankern. Sie können nicht *nicht* ankern. Das weiß auch der „geniale Verkäufer" und so sagt er sich: „Da kann ich ja auch genausogut gezielt ankern." Also geht er hin und ankert, was auch immer er für wichtig hält, „auf Wunsch zu erscheinen". Im allgemeinen sind das Ressourcen (Energien), Fähigkeiten oder einfach innere Zustände und Verhaltensweisen, wie im Beispiel des Software-Händlers. Aus allem bisherigen können Sie entnehmen, daß man selber ankern oder auch ankern lassen kann, wie es Thies Stahl vorzelebrierte.

Der NLP-geschulte Verkäufer geht demnach dazu über, Anker bei seinen Gesprächspartnern im Verkauf zu „setzen". In diesem Moment wird das Ankern zugegebenermaßen zu einem starken Werkzeug der Beeinflussung des Gegenübers; es sei auch hier ausdrücklich gesagt, daß es möglich ist, damit einen Käufer „über den Tisch zu ziehen", indem man im Verlauf des Verkaufsgesprächs solche inneren Zustände beim Gegenüber ankert, die einem Abschluß eines Verkaufes zuspielen würden. Wenn man den gleichen Anker, wie z.B. einen Pfiff, wieder „abfeuert", also „betätigt", geht dieser Kunde wieder in den „gewünschten" inneren Zustand hinein.

Ein Beispiel: Ein Verkäufer hört von seinem Kunden, wie sehr dieser sich beim letzten Kauf eines Autos darauf gefreut hat, endlich im ersehnten neuen Wagen zu sitzen. In dem Moment, wo dieser Kunde seine damalige Vorfreude am stärksten wiedererlebt (erkennbar durch Hinweise in allen drei

„Systemen" V-A-K), setzt der Verkäufer einen Anker – er könnte z.B. ein Wort als Anker benutzen, das er auf eine besondere Weise betont (hörbarer Anker).

Im weiteren Verlauf kann der Verkäufer immer wieder die Vorfreude, diese ganz persönliche Regung im Kunden „einsetzen", um den Käufer zum Kauf zu bewegen (motivieren). Er „feuert" immer dann den Anker ab, wenn ihm der Moment günstig erscheint.

Derlei Praktiken werden verschiedentlich durchaus als die wahren Zauberkräfte des NLP-geschulten Verkäufers gepriesen. Die Autoren von Happy Selling lehnen den einseitigen Einsatz von NLP-Techniken zum ausschließlichen Vorteil des Verkäufers konsequent ab. Gerade auch das „Ankern" zur zweifellos unbewußten Beeinflussung eines Käufers zum einseitigen Nutzen des Verkäufers betrachten die Autoren von Happy Selling und andere ethisch eingestellte NLPler (wie Thies Stahl) als Rückkehr zum alten Hard-Selling-Verkaufen um jeden Preis!

Der „geniale Verkäufer" setzt z.B. die Technik des Ankerns nur in vollkommener Übereinstimmung mit den vorher festgestellten Zielvorstellungen (outcomes) von Käufer und Verkäufer ein; also beispielsweise um Fähigkeiten (Ressourcen) beim Käufer zu entwickeln, falls dieser sie braucht.

Beispiel: Der Verkäufer ankert einen beliebigen bereits erlebten Prozeß einer Kaufentscheidung bei einem Kunden, der sich nicht recht entscheiden kann, obwohl er deutlich zum Ausdruck bringt, daß er sich gern entscheiden würde. Durch „Auslösen" dieses Ankers in der momentanen Kaufsituation hilft der Verkäufer seinem Kunden, eine Entscheidung zu fällen. Unser Verkäufer weiß anschließend, daß er gerade diese Kaufentscheidung auch unbedingt auf „Herz und Nieren" überprüfen muß (ob alle Interessen des Kunden gewahrt sind).

Wie Sie schon an anderer Stelle in diesem Buch mehrfach erfahren haben, ist Verkaufen mit NLP = Verkaufen zum Nutzen von Käufer und Verkäufer. Entsprechend der Forderung nach „wohlgeformten Outcomes“ ist „Hard Selling“ mit NLP, also z.B. Beeinflussung des Kunden gegen seinen Willen nicht machbar.

Erst das Herauslösen einzelner Techniken aus der Gesamtheit des NLP macht das „Über den Tisch ziehen“ des Kunden möglich.

Der Teilnehmer an K-TRAIN-Seminaren erlernt die NLP-Methoden ausdrücklich im Kontext des hohen ethisch-menschlichen Anspruches von NLP auf ein „Gewinn-Gewinn“-Verkaufsgespräch für beide Seiten, für Käufer wie Verkäufer.

Der „geniale Verkäufer" am Telefon

Im Grunde verkauft jeder, der eine Ware oder eine Dienstleistung an den richtigen Mann oder die richtige Frau bringen will, auch per Telefon, und sei es nur, um einen Termin zu erhalten. So werden die folgenden Zeilen für jeden Leser von Interesse sein, insbesondere für jene aus Bereichen, die „vom Telefon leben" wie z.B. im Telefon-Marketing.

Gerade in den „telefon-intensiven" Firmen kann man davon ausgehen, daß viel geschult und trainiert wird. Vor allem die Sprache und Redewendungen bestehen hier meist aus festgesetzten vorformulierten Sätzen, die die Mitteilungen des Kunden am Telefon in Klassen einteilen, nach dem Motto: „Was sage ich, wenn der Kunde X sagt."

Der Käufer von morgen, viele Käufer von heute, wollen einen echten Partner als Verkäufer. Er hat nicht die geringste Lust, sich und seine Interessen in kalte unpersönliche „Klassen von Kundenäußerungen" eingeteilt zu sehen. Ganz abgesehen davon, daß viele allgemein verbreitete Verkaufs-Formeln mittlerweile genauso allgemein bei Käufern bekannt sind.

Die „Käufer in den 90er Jahren" möchten als Verkäufer einen Partner, der seine Vorstellungen nachvollziehen kann, der ihre Sprache spricht, der das gleiche Gefühl für das Problem entwickeln kann und sich dem Geschmack des Kunden leicht angleichen kann. Kurz, der „geniale Verkäufer", wie er in diesem Buch genannt wird, befindet sich auf der gleichen Wellenlänge wie sein Kunde.

Dies alles gewinnt um so mehr an Bedeutung, wenn es sich um das Kundengespräch am Telefon dreht. Was unternimmt da der „geniale Verkäufer", um einen Kunden für seine Leistungen zu gewinnen? Er trifft seine Entscheidungen dazu, wie er sich seinem Kunden gegenüber verhalten wird, stets aufgrund seiner sinnlichen Wahrnehmung der Mitteilungen (Kommunikation) seines Gesprächspartners; soviel wissen Sie ja bereits.

Am Telefon befindet sich nun der Verkäufer in der besonderen Situation, daß er sich zunächst einmal mit einem einzigen Haupt-Input-Kanal (Eingang) von Informationen begnügen muß: dem auditiven (Hör-)Kanal. „Alles kommt durchs Ohr herein." Gleichwohl hat der „geniale Verkäufer", genau wie in jedem anderen Verkaufsgespräch, das Outcome (Zielvorstellung), einen guten Rapport (Verbindung) zum Käufer herzustellen.

Bevor er ans Pacing gehen kann, als einen Schritt zur Herstellung des Rapports, wird er also nun erst einmal hören, in welchem Zustand sich sein Kunde am anderen Ende der Telefonleitung befindet. In welchem Zustand – das betrifft nicht nur etwa die Stimmung, in der sich der Käufer gerade befindet, welche Laune er hat oder ähnliches. Sie werden es vielleicht erraten haben: Der NLP-geschulte Verkäufer sucht durch genaues Hinhören nach Zugangshinweisen (access cues), in welchem Sinnessystem der Kunde gerade seine Mitteilungen macht. Ein geübter „Hörer" kann am Telefon erkennen, ob der Gesprächspartner gerade sitzt, steht oder mit dem Telefon herumgeht. Aufgrund bereits beschriebener Hinweise kann er aus den Bewegungen innerhalb der Stimme Aufschluß darüber erhalten, welches Sinnessystem der Partner gerade benutzt; ganz zu schweigen von den sprachlich-inhaltlichen Anteilen am Telefongespräch ... (siehe entsprechendes Kapitel).

Sie können dem entnehmen, daß das „Hören-Lernen" einen wesentlichen Bestandteil der K-Train-Telefon-Trainings-Inhalte darstellt. Der Verkäufer, der hören kann, wo sich ein Kunde gerade befindet, der findet sich gleich in der Lage, seine Sprache und seine Stimme auf der seines Gesprächspartners anzupassen = Pacing am Telefon.

Hier einmal ein Beispiel aus dem visuellen (Seh-)Bereich: Wenn die Stimme eines Kunden sozusagen die Neigung zeigt, immer wieder nach oben in die höheren Stimmlagen zu gehen, und dazu das „Gesagte" etwas abgehackt oder unterbrochen über die Telefonleitung herüberkommt, so gilt das als Zugangshinweis: Der Kunde befindet sich gerade im visuellen Bereich, man kann fast „sehen" oder spüren, wie er vom Telefon aus während des Gesprächs auf dem Schreibtisch oder im Zimmer umherblickt.

Eine Möglichkeit unter vielen sich hier anzugleichen (Pacing), besteht für den (NLP-geschulten) Verkäufer darin, visuelle Worte zu gebrauchen, also z.B. etwas „bildhaft" zu sprechen; so gelingt es ihm, die gerade „aktuelle" „Seh-Aufmerksamkeit" des Kunden „einzufangen" und wieder auf das gemeinsame Telefongespräch auszurichten (Leading).

Das besondere an der „Telefon-Kommunikation": Man erhält auch im gleichen Sinneskanal (auditiv) über die Worte und Stimme eines Käufers Feedback (Rückmeldung) darüber, ob der gerade angewandte „Eingriff" von Erfolg gekrönt war. Selbst wenn der „geniale Verkäufer" hier bestimmte NLP-Techniken einsetzt, so bleibt das Kundengespräch am Telefon ein „Unikat", ein Einzelstück, gebildet im Wechselspiel von Käufer und Verkäufer. Der Verkäufer vermeidet es, dem Kunden vorformulierte Sprachmuster „aufzudrücken". Er ist vielmehr gewandt genug, die Sprache seines Kunden bis in die Feinheiten hinein zu sprechen – die wichtigste Voraussetzung, damit der Kunde am Telefon sich sagt: „Der versteht, worauf ich hinaus will."

„Verkaufen Sie an erster Stelle Ihr Telefongespräch als ein ‚Kunstwerk', dann kommt Ihr Produkt oder Ihre Ware doppelt gut bei Ihrem Kunden an. Sie wissen ja, im Happy

Selling geht Prozeßdenken vor Produktdenken", so wird es der Teilnehmer im K-TRAIN-Seminar erleben.

Zu den Trainingskassetten von „K-TRAIN-Seminaren"

Gegenwärtig erscheinen eine Menge Kassetten als Ratgeber für alle möglichen Bereiche auf dem „Markt der Informationen". Grundsätzlich begrüßen auch die Autoren von Happy Selling die Kassette als Vermittler von hörbar gemachtem Wissen; zumal durch die besondere Aufbereitung des Stoffes zum Hören ganz neue Hilfsmittel eingesetzt werden können, ergeben sich Chancen, die Absichten des Herausgebers (Sender) beim Empfänger noch wirksamer darzustellen; z.B. durch hörbares Betonen, Stimmführung, Musik etc.

Für den Verkäufer bieten sich zunächst einmal Hunderte „Ratgeberkassetten" an, die ihm bestimmte Fähigkeiten und Fertigkeiten vermitteln sollen, welche er seinerseits wiederum angeblich im Verkauf einsetzen könne. Das fängt an bei Kassetten mit „Selbstsicherheits-Training" und geht hinüber bis zum kompletten „Super-Verkäufer in 25 Tagen" ...

Wie überall ergeben sich von einem Kassettenprogramm zum andern Unterschiede in Güte und Inhalt. Die Autoren von Happy Selling machen Sie dabei darauf aufmerksam, daß bei den allermeisten Kassetten dieser Art die „persönliche Anbindung" des Verkäufers an die Herausgeber gänzlich fehlt. Der Hörer erhält kein Feedback, keine Rückmeldung dazu, ob er die Inhalte der Kassetten auch im Sinne der „Macher" verstanden hat, und ob er die Informationen sinnvoll in der Praxis einsetzt. Kurz, es findet nur ein ungenügender Lernprozeß statt; kein Austausch mit dem Trainer, Anwendung ungenau, weniger Erfolg, so könnte man die Konsequenz kurz zusammenfassen.

Um eben diesem Mangel von Kassetten als Trainingswerkzeug entgegenzuwirken, haben die Trainer der K-TRAIN-Seminare einige Kassetten entwickelt, die den Gesichtspunkt „persönliche Verbindung" zum Trainer über die Kassetten hinaus erfüllen. Diese Trainingskassetten gelten als fester Bestandteil der K-TRAIN-Seminar-Reihe und umfassen bestimmte NLP-Übungen. Als Beispiel sei hier das Interview-Modell genannt. Im weiteren Rahmen der Seminare erhält der Teilnehmer z.B. eine Kassette mit dieser Übung zum „Herausschälen" wohlgeformter Outcomes (Zielvorstellungen), in diesem Fall jeweils vor und nach dem Seminar; denn die Kassetten sind dementsprechend gestaltet, daß sie der Teilnehmer einmal zur Vorbereitung und einmal zur Nachbereitung (bzw. zur praktischen Anwendung mit den Inhalten des Seminars) anwendet. So finden die „Happy Sellers" – die „glücklichen Verkäufer" – eine umfassende Betreuung durch K-TRAIN mit den „eingebauten", zusätzlich entwickelten Trainingskassetten.

Kasten 12

analog – digital

analog = einem anderen, vergleichbaren entsprechend, ähnlich, gleichartig

Analogie = Entsprechung

So können Sie diese Worte im Fremdwörterbuch übersetzt finden. Im Rahmen des Neurolinguistischen Programmierens bezieht sich analog auf die Begriffe der Kommunikation und der menschlichen Erfahrung. Wie erklärt sich dort die folgende Übersetzung von analog?

analog = jede Form von Output (also Verhalten) außerhalb von Wortsymbolen (also Sprache) ... z.B. Körpersprache

Die Antwort erhalten Sie, wenn Sie „analog" die Bedeutung von „digital" gegenübergestellt sehen:
digital = Informationen in Ziffern bzw. in Worten dargestellt;
analog = alle Informationen, die nicht in Worten dargestellt sind.

Bestimmt kennen Sie das uralte Kinderspiel, bei dem die Kinder beschließen, alle Dinge „umzubenennen". Zum „Stall" sagen wir jetzt „Wand". Die „Wand" nennen wir „Hemd". Das „Hemd" nennen wir „..." etc. Natürlich haben die Kinder dabei viel Spaß und nebenbei lernen sie, daß „Worte" ziemlich willkürliche, im Grunde jederzeit austauschbare Bezeichnungen für die Dinge darstellen; mit dem Fremdwort „digital" gesagt: bei der Beschreibung von Informationen mit Worten gibt es nur einen geringen Zusammenhang zwischen dem „Namen" und dem so „getauften", also dem Ding selbst. Analog heißt „ähnlich", also können wir erwarten, daß analoge Kommunikation (Mitteilungen) viel näher an dem dran sein wird, was sie bezeichnet. Beispiel: Wenn jemand kein Französisch versteht, kann man so oft „la tete" zu ihm sagen, wie man will, er wird es nicht verstehen (la tete; Worte = digital). Zeigt man dann mit dem Finger auf den Kopf und berührt ihn (analoge Kommunikation), wird derjenige viel schneller verstehen. Das Zeigen und Berühren ist „dem Kopf einfach näher", als die Worte „la tete".

Während analoge Kommunikation zunächst einfacher und direkter erscheint, ist sie gleichzeitig beschränkter in der Anwendung und vieldeutiger. Denken Sie einmal an jemand, der gerade die Stirn runzelt. Das kann gleichermaßen heißen: „Das gefällt mir nicht" wie „Das habe ich noch nicht verstanden" (oder gar beides) und noch mehr. Nur mit der digitalen Kommunikation, also mit Sprache, lassen sich vielschichtige Gedanken wirksam und halbwegs genau darstellen.

Beide Arten der Kommunikation – analoge wie digitale – spielen ihre bedeutende Rolle im Verkaufsgespräch, wie Ihnen das folgende Kapitel zeigen wird.

Das Meta-Modell schärft Ihr Verständnis wie Ihren sprachlichen Ausdruck

Eine der ersten Überlegungen im NLP lautete: *Wenn wir Menschen miteinander reden, tauschen wir Beschreibungen unserer inneren Modelle miteinander aus*. Gerade beim Verkaufsgespräch zeigt sich, wieviel dem „genialen Verkäufer" dieser Grundsatz bringen kann. Denn im Verkauf wird es ganz offensichtlich, wie da zwei Welten, zwei Modelle oder allgemein gesagt, zwei verschiedene Vorstellungen aufeinander treffen.

Es handelt sich beispielsweise um das gleiche Auto – und wie verschieden sind die Vorstellungen und Ideen, die Käufer und Verkäufer damit verbinden: Sie sehen beide dieselbe Farbe des Wagens; wenn die Tür oder die Motorhaube zuschlägt, hören sie genau dasselbe Geräusch, und wenn sie über die Sitze streichen, fühlen sie das gleiche Material.

Da es nun darum geht, diese gleichen Informationen im eigenen Gehirn zu verarbeiten, um sich dann dazu zu äußern, Entscheidungen zu treffen zum Beispiel, klaffen die Welten (die „Modelle" im Gehirn) oft weit auseinander. Was bei diesem Auto für den Verkäufer als kleines Kreuz auf der Bestelliste des Zubehörs nicht großartig aufleuchtet, klingelt dem Käufer womöglich als Loch in seiner Urlaubskasse.

Und spätestens jetzt fängt echtes Verkaufen an: Es geht darum, die beiden verschiedenen Modelle, also die verschiedenen Vorstellungen von Käufer und Verkäufer unter einen Hut zu bringen. Dabei entsteht sozusagen ein neues vollständigeres Modell, das die Einzelinteressen so umfaßt, daß der Kunde kauft (und der Verkäufer bereit ist zu verkaufen). Der „geniale Verkäufer" weiß darum und übernimmt gerne die Verantwortung dafür, daß das neu zu erstellende Modell Käufer und Verkäufer gerecht wird. Im Verkaufsgespräch baut der NLP-geschulte Verkäufer Schritt für Schritt ein Modell, eine gemeinsame Vorstellung oder Idee auf, die z.B. zum Verkauf führt.

Bleiben wir beim Autokauf: Das „Modell" des Kunden hat „Löcher" oder leere Stellen, die der Verkäufer mit Informationen „auffüllt", z.B. Preis, Baujahr, Leistung, Extras. Von seiten des Kunden erfährt der Verkäufer seinerseits Informationen, die die „Löcher" in seinem Modell über den Kunden auffüllen, so daß er ein maßgeschneidertes Angebot machen kann.

Dieser Austausch von Informationen vollzieht sich zum größten Teil in sprachlicher Form, also mit Worten und Sätzen, zumindest wo es sich um die sogenannten „sachlichen" Inhalte dreht. Der Kunde beschreibt sein Modell, seine Vorstellungen, die er sich von diesem Kauf macht: „Also ich hatte an das und das gedacht ..." Der Verkäufer vergleicht die Vorstellungen des Kunden mit seinem Modell, er überprüft praktisch, wo man seiner Erfahrung nach bei diesem Kunden anknüpfen könnte und sagt dann z.B.: „Ja, also da gibt es etwas für Sie ..."

Dieser Vorgang, dieser Prozeß wiederholt sich in ähnlicher Weise ständig (kybernetisch). Das neue Modell, das so im Wechselspiel entsteht, ist das Verkaufsgespräch. Einen Abschluß zu machen bedeutet deshalb für den „genialen

Verkäufer": dem Kunden ein solches Modell bauen helfen, das dessen Vorstellungen (wie den eigenen) entspricht.

Das A und O hierbei ergibt sich aus dem „Verstehen" des Kunden und seinen Vorstellungen. Glücklicherweise äußert sich der Käufer in „digitaler", also wie Sie jetzt wissen – in sprachlicher Form. Glücklicherweise sind digitale Systeme, wie es die Sprache nun einmal ist, äußerst logisch und ihren Regeln entsprechend aufgebaut. Wenn jeder seine eigenen Regeln hätte wie er zu sprechen gedenkt, gäbe es ein großes Durcheinander. Denken Sie nur einmal an die Kinder mit ihrem Umbenennungsspiel aus dem Beispiel in der Worterklärung digital zurück.

Die NLP-Begründer Bandler und Grinder erkannten bei ihren Nachforschungen, wieviel ein Mensch über seine Erfahrung, sein Modell der Welt aussagt, wenn er bestimmte Worte benutzt und andere ganz wegläßt.

Neurolinguistisch, immerhin begann NLP mit dem linguistischen, also dem „sprachwissenschaftlichen Teil" etwa entsprechend der Frage: „Wie beschreiben wir Menschen mit unserer Sprache die Erfahrungen (sinnlich = neuro), die wir in unserer Welt machen? Wie kann Sprache unsere Erfahrungen darstellen, beeinflussen und verändern?"

Genau so begann es damals in den frühen 70ern mit dem Neurolinguistischen Programmieren. Was dabei entstand, war ein Modell – sie sehen, ein häufig vorkommender Begriff – des menschlichen Sprachgebrauchs, eine Landkarte, die zumindest für alle europäischen Sprachen als Orientierungshilfe gelten kann im Sprachgebrauch. Bandler und Grinder nannten sie: das Meta-Modell (Meta = über), denn es war ja ein Modell über die Sprache bzw. „von" der Sprache. Wie Ihnen als Verkäufer dieses Meta-Modell im Verkauf nützlich und dienlich sein kann – und zwar für den eigenen Einsatz der Sprache, wie zum Verständnis Ihrer Kunden – davon handelt das nun folgende Kapitel.

Das Meta-Modell: Worte beschreiben innere Erfahrungen

Sobald der NLP-geschulte Verkäufer das Meta-Modell kennt und beherrscht, hat er ein sehr wirksames Instrument in der Hand, um spontan und gleichzeitig, systematisch und gezielt – die Informationen zu erhalten, die er braucht, um die Vorstellungen und Wahrnehmungen seines Kunden zu verstehen. Mit dem Meta-Modell erlernt der Verkäufer z.B. im K-Train-Seminar die „Kunst des sinnvollen Fragens". Das Motto lautet hierbei: Wirksames Sammeln von Informationen über die „Welt des Käufers" (seine Ideen) sind der Schlüssel zum Verständnis des Kunden. Wenn der Verkäufer diese Informationen hat, hält er damit auch den Schlüssel in der Hand, sinnvoll einzugreifen oder zu reagieren, d.h. hier z.B. NLP-Techniken im Verkauf einzusetzen.

Wie oft erlebt man, daß Verkäufer und Käufer aneinander vorbeireden? Diese Gefahr vermindert der „geniale Verkäufer" mit Hilfe des Meta-Modells (und seiner Fragen).

Und nun zur Sache: Sie haben es bereits gelesen: Sprache beschreibt innere Erfahrungen. Sobald der Käufer die ersten Worte spricht, erzählt er unbewußt von seinen inneren Wahrnehmungen. Damit er nur die banale Frage: „Was kostet das?" stellen kann, muß er z.B. im Supermarkt die sinnliche Erfahrung gemacht haben, daß z.B. ein Preisschild nicht zu sehen war. Er hatte wahrscheinlich das Verlangen (meist ein Gefühl) den Preis zu wissen, und hat sich daraufhin zu der Frage entschlossen. Obwohl dies alles in weniger als einer Sekunde geschah, steckt doch schon eine gewisse „Menge" an sinnlicher Erfahrung hinter der Frage „Was kostet das?".

Sie erkennen, wofür man Worte sinnvollerweise benutzt: Man nimmt eine sehr umfassende Erfahrung mit vielen

Einzelheiten und faßt sie in Worten zusammen. Dabei geht natürlich ein großer Teil des ursprünglichen Vorgangs verloren. Was bleibt ist eine Art „kurzer Hinweis" auf das Geschehene, und das ist gut so. Der Sinn der Sprache liegt in ihrer Kürze. Gleichzeitig entsteht in dieser „gerafften Zusammenfassung von Erlebtem" in Worten die Gefahr, daß Wesentliches verlorengeht.

Beispiel: „Es muß etwas geschehen." – Wenn Sie diesen Satz lesen, haben Sie die Wahl. Sie versuchen vielleicht, diesen Worten einen Sinn zu verleihen, indem Sie sie mit eigener Erfahrung auffüllen aus Ihrem Erfahrungsschatz. Wenn Sie das nicht tun möchten, bleibt Ihnen nichts anderes übrig als eine Menge Fragen zu stellen, die die „leeren Stellen" in diesen Worten „Es muß etwas geschehen" schließen. Und schon befinden Sie sich mitten im Meta-Modell.

Wo muß etwas geschehen? Mit wem? Was muß geschehen? Was geschieht, wenn nichts geschieht? usw.

Sie können davon überzeugt sein: Die gleiche Situation findet jeder Verkäufer tausendfach (bestimmt) in jedem einzelnen Verkaufsgespräch vor: Der Käufer benutzt Worte, und der Verkäufer entscheidet, ob er stillschweigend selbst die Lücken schließt (wie in einer Art Gedankenlesen) oder ob er fragt. (Der „geniale Verkäufer" benutzt die Fragen des Meta-Modells, wenn er fragt.) „Sie können nicht *nicht* kommunizieren" war einer der NLP-Grundsätze, die Ihnen am Anfang von „Happy Selling" vorgestellt wurden. Ein weiterer Schritt in die Tiefe der Kommunikationskunst besagt nun: Sie können nicht *nicht* eine innere Darstellung von den Worten herstellen, die Sie hören. Worte beschreiben Erfahrungen, und wenn Ihnen ein Kunde mit Worten etwas sagt, so „hofft" er, daß Sie beim Hören/Verstehen dieser Worte die gleiche innere Erfahrung durchmachen wie er.

Hier liegt also die Gefahr wie die Chance für jeden Verkäufer, der seine Kunden verstehen und dementsprechend gut beraten will. Das Meta-Modell bietet dem „genialen Verkäufer“ – kurz gesagt – einen „Satz von Fragen“ (set of questions), die ihm ermöglichen, seinem Kunden wirklich zu folgen in dessen Welt, in dessen Vorstellungen und Erfahrungen.

Sie haben es eben gelesen: mit eigenem Auffüllen oder durch Nachfragen, das sind zwei Wahlmöglichkeiten des Verkäufers, wenn er ein Verkaufsgespräch führt. Wann macht er was?

Der „geniale Verkäufer“ verfügt über genaue Anhaltspunkte, wann es für ihn ratsam wird nachzufragen. Er kennt nämlich bestimmte „Klassen von Worten“, die sich geradezu dazu eignen, z.B. vieldeutig oder mehrdeutig zu sein. Die Darstellung dieser Sprachformen gehört im Grunde in die Praxis des K-Train-Seminars. Während Sie nun einige davon kennenlernen werden, seien Sie sich der interessanten Tatsache bewußt: Sprachmuster gelten im NLP als eine besondere Art von Zugangshinweisen (access cues), ähnlich den Augenbewegungsmustern und den Mustern in der Stimme.

Ein anderes Wort für Sprachmuster ist „Sprachstrukturen“; sie bieten sich als ein hervorragendes Mittel zum Pacing, also Angleichen an die Mitteilungen eines Kunden an (zur Bildung von Rapport). Wenn Sie erst einmal gelernt haben, bestimmte Sprachmuster bei Ihren Kunden auszumachen (zu identifizieren), so werden Sie im gleichen Moment eine Menge über das „innere Modell“ des Kunden wissen (seine Ideen, Erwartungen...); insbesondere sagen Ihnen die Sprachstrukturen Ihrer Kunden:

1. Wo und wie Ihr Kunde Informationen einfach löscht (wegläßt) in seinem Modell (Sie gewinnen also Informationen wieder).

2. Wo und wie er seine Grenzen setzt (Sie helfen also die Grenzen erweitern).
3. Wo und wie er seine Erfahrungen so „umbiegt" (verzerrt), daß er sozusagen „immer Recht hat" (Sie helfen also, die Dinge ins rechte Licht zu rücken).

Fangen wir also an.

Meta-Modell Teil 1

Wie Sie „gelöschte" oder „weggelassene" Informationen aus dem Modell Ihrer Kunden wiedergewinnen:

a) Personen, Dinge, Orte

Grundsätzlich geht der „geniale Verkäufer" nicht nur beim Wiedergewinnen von Informationen so vor, daß er sich selbst eine Frage stellt: Der Kunde sagt z.B. im Laufe des Gesprächs: „Genau das hat man mir schon vorher gesagt." Der „geniale Verkäufer" fragt sich nun innerlich selbst, *ob dieser Satz in ihm eine vollständige innere Erfahrung hervorruft oder erzeugt.* In unserem Beispiel lautet die Antwort ganz klar: „Nein." Wenn er sich vorstellen will, daß jemand etwas zum Kunden gesagt hat, so braucht der „geniale Verkäufer" einen oder mehrere Menschen, die etwas sagen oder er hat „ein Loch" im Bild. Hier lernen Sie also nun Ihre erste „Meta-Frage" kennen: „Wer genau?" – in unserem Beispiel: „Wer genau hat Ihnen genau das schon vorher gesagt?" Antwort (z.B.): „Meine Frau."

Hieran können Sie erkennen, daß dieser Käufer die Information: „Meine Frau hat gesagt ..." teilweise „gelöscht" oder verringert hat auf „*Man* hat mir gesagt ..." Der „geniale

Verkäufer" reagiert, wie gesagt, auf solche „ungenauen" Worte, wie „man, jemand, die da, etc.", im allgemeinen dann, wenn diese Worte „ein Loch" in seiner Wahrnehmung erzeugen, während er einen Satz innerlich nachvollzieht. „Jemand" kann er weder sehen, noch hören, noch fühlen. Die Ehefrau, den Kollegen Maier, den zweitältesten Sohn schon eher.

Sobald der „geniale Verkäufer" diese „getilgten" Informationen wiedergewonnen hat, sieht er sich in der Lage, mit seinem Kunden *tatsächlich über dieselben Personen, Menschen oder Dinge* zu reden. Und das macht den Unterschied aus zwischen „Ich *glaube*, ich habe Sie verstanden, Herr/Frau Käufer/in" und „Jetzt *weiß i*ch genau, daß wir über das Gleiche reden" im Verkaufsgespräch. Das bedeutet, die erste Art von Meta-Fragen zielt auf „gelöschte" oder „versteckte" Personen und Dinge, Umstände und Orte in der Sprache des Käufers.

Hier noch einige Kurzbeispiele:

„Ich habe viel gewonnen." – Meta Fragen:	Was genau? Wieviel genau? Wo genau? Wann genau?
„Man weiß ja nicht ..." – Meta-Frage:	*Was* genau wissen *Sie* nicht?
„Man hat mir gesagt ...?" – Meta-Fragen:	Wer genau? – Die von Firma Brundel. Wer genau bei dieser Firma? – Herr Maier.

Natürlich stellt der „geniale Verkäufer" nicht immer stets dieselben kurzen abgehackten Meta-Fragen. Es gibt einige

„Verpackungen", die diese äußerst wichtigen Kurzfragen „weicher" machen; genaueres erfahren Sie im K-TRAIN-Seminar. Dieses Buch reißt die Themen nur an und handelt mehr von den Grundsätzen des „Happy Selling".

Nebenbei sei an dieser Stelle noch bemerkt, daß der „geniale Verkäufer" mit dieser Art des „Erfragens von ‚gelöschten' Informationen" eine besondere Art des Rapports zum Käufer herstellt: Mit der Frage „Wer/was genau...?" drückt er dem Kunden gegenüber unausgesprochen aus: „Ich nehme mehr als oberflächlich Anteil an dem, was du sagst."

b) Prozeßworte: Verben

Bandler und Grinder, die Begründer des NLP, stellten mit ihrem Meta-Modell die Bedingungen vor, die ein Satz erfüllen sollte, um als wohlgeformt zu gelten: Wohlgeformt ist ein Satz immer dann, wenn er es dem Hörer ermöglicht, eine möglichst vollständige sinnliche Erfahrung vom Inhalt des Satzes zu machen.

Sie haben bereits erfahren, dazu braucht man zunächst einmal Menschen oder Dinge. Unter „man", „jemand", „die Leute" und ähnlichen Worten kann sich der Hörer nur wenig vorstellen („Löcher" im Modell). Die zweite „Zutat", die in einem Satz nicht fehlen darf, damit er „wohlgeformt" ist, folgt unmittelbar auf die Personen und Dinge im Satz: die Verben oder Prozeßworte.

Die Verben sagen aus, was die Personen machen, daher auch der Name „Tu-Worte" für Verben.

„Die Gewinne um 10 %." Was geschieht, wenn Sie sich von diesen Worten ein Bild machen wollen? Jeder erkennt auf Anhieb, daß dieser Satz „fehlgeformt" ist. „Die Gewinne *stiegen* um 10 %." – Hier erscheint das Verb, das dem ganzen Satz in Ihrer Vorstellung einen ersten Sinn verleiht.

Nun läßt niemand, der einen Satz spricht, das Verb einfach weg, es sei denn, er ist beispielsweise betrunken. Dabei bieten auch die Verben gute Gelegenheiten, um Vorgänge oder Handlungen genauer oder eher „unscharf" zu beschreiben.

Der Maßstab – auch für den „genialen Verkäufer" im Gespräch mit seinem Kunden – besteht wieder in der inneren Vorstellung, die man sich von einem *Satz aus Worten* macht; Beispiel: „Ich denke darüber nach" kann vieles bedeuten. Auf die Meta-Fragen: „Wie genau denkst du darüber nach? Was machst du dabei im einzelnen?" – eröffnet der Sprecher mehr über seine innere Erfahrung: „Nun, ich stellte mir genau vor, was kommen würde. Ich sah es vor meinem inneren Auge."

Und hier haben Sie als Verkäufer schon den Punkt erreicht, wo Sie merken können, wie wichtig diese zweite Art von Meta-Fragen „*Wie* genau?" für einen Verkäufer ist. In der Antwort auf die Meta-Frage: „Wie genau?" erhält der „geniale Verkäufer" in der Regel gleich einen ersten Zugangshinweis (access cue) von seinem Kunden. Erinnern Sie sich? Zugangshinweise weisen auf das „Sinnes-System" hin, in dem z.B. ein Käufer die gesagte Information verarbeitet hat. Im obigen Beispiel lautete die Antwort auf die Meta-Frage u.a.: „Ich sah es vor meinem inneren Auge." – Zugangshinweis auf das visuelle (Seh-)System.

Verben der Wahrnehmung

Da wir nun schon einmal bei den Zugangshinweisen durch Verben der Wahrnehmung gelandet sind: Der „geniale Verkäufer" achtet in seinen Verkaufsgesprächen besonders darauf, welche Verben der Wahrnehmung sein Gegenüber benutzt. In diesen findet er eine besonders günstige Gelegenheit, sich in seinen Mitteilungen an den Kunden anzupassen (Pacing).

Beispiele von Kunden-Kommunikation mit Verben der Wahrnehmung und entsprechendes Pacing und Leading in der Sprache des „genialen Verkäufers“:

a) spezifische, also genaue Verben:

Kunde: „Ich *sehe* das nicht so.“
Verkäufer: „Dann lassen Sie uns einmal einen genauen *Blick* auf die Punkte werfen, die Ihnen dabei noch nicht recht *ins Bild* passen.“

Zugangshinweis: „ich sehe“ = visuelles (Seh-)System
Pacing/Leading: „Blick werfen“, „ins Bild passen“ – „visuelle“ Prozeßworte

b) unspezifische (ungenauere) Verben und Meta-Fragen:

Kunde: „Ich *glaube*, so geht es nicht.“

Verkäufer: „Was meinen Sie damit, daß Sie *glauben*, so ginge es nicht?“ (Beachten Sie die Meta-Frage und weiteres Pacing, hier durch Wiederholen der Worte des Kunden.)

Kunde: „Nun, ich habe es mir durch den Kopf gehen lassen.“ (Wieder unspezifisch)

Verkäufer: „Heißt das, Sie haben es sich vorgestellt?“ (Verkäufer gleicht sich ebenfalls unspezifisch im Verb an – Pacing und verdeckte Meta-Frage.)

Kunde: „Ja, ich habe genau erkannt, wie das *aussehen* würde, und mein *Gefühl sagte* mir dann, so geht es nicht.“

In diesem Beispiel haben Sie den fortgeschrittenen „genialen Verkäufer“ erkannt, wie er geschickt die Techniken der

Meta-Fragen mit Pacing verbindet und dadurch ein erstaunliches Ergebnis erhält: Der Kunde hat ihm ganz eindeutig offenbart, wie er mit diesem Problem in seinem Geist oder Gehirn umgeht; untersuchen Sie noch einmal den letzten Satz des Kunden und Sie finden:

> Visuell (Bild vorgestellt) + K (Gefühl) + A (gedachte und gesprochene Worte).

Nun weiß unser „genialer Verkäufer", daß er seinem Kunden die notwendigen Informationen zu diesem „Verkaufs-Projekt" in der gleichen Form und Folge anbieten sollte, um zum Verkaufs-Erfolg zu kommen. Zumindest wird er diese Wahrscheinlichkeit sehr stark erhöhen ... wenn er es schafft, dem Kunden ein positives Bild zu vermitteln, bis dieser ein positives Gefühl hat und sich dann selbst sagen kann: „So geht es."

Zum Glück hat der „geniale Verkäufer" die Meta-Fragen des Meta-Modells, die ihm dabei helfen werden herauszufinden, was im Bild seines Kunden noch der „näheren Erleuchtung" bedarf; z.B. fragt er nach ungenauen Verben: „*Wie* genau?", „Wie im einzelnen?"

„Prozeßdenken vor Produktdenken" so lautet eine der grundlegenden Forderungen des „anderen Paradigmas" an den „genialen Verkäufer". Nun sind wir genau an dem Punkt angekommen, wo es gilt, die praktischen Forderungen aus diesem Grundsatz im einzelnen in die „verkäuferische" Tat umzusetzen: Prozesse, das sind die Handlungen im Verkaufsgespräch, die Bewegungen und Entwicklungen. So erkennt der „geniale Verkäufer" die Prozesse im Verkaufsgespräch an den Verben. Verben oder „Tu-Worte" sagen an: Hier ist die „Action", hier ist das was geschieht.

Die Frage „Wer oder was genau?" liefert in der Antwort die Personen und Dinge. Auf die Frage „Wie genau?" folgt die Beschreibung dessen, was zwischen den Personen und – im Verkaufsgespräch – den Produkten vor sich geht, eben die Prozesse.

Bei „Prozeßdenken vor Produktdenken" achtet der „geniale Verkäufer" besonders auf die Verben in der Sprache seiner Kunden. Und dies macht er im einzelnen , indem er sich folgende Frage stellt: „Vermittelt mir der Käufer eine klare Vorstellung darüber, was hier an Aktion oder Handlung zwischen/mit den beteiligten Personen und Dingen abläuft?"

Kunde: „Was Sie mir bisher angeboten haben, ist für mich noch nicht das Richtige."

Welcher Verkäufer könnte sich davon ein Bild machen, was das heißt: „Nicht das Richtige"?

Eine mögliche „Meta-Frage" würde diesen überaus wichtigen Prozeß im Verkaufsgespräch deutlicher herausschälen: „Wie genau wissen Sie, wann etwas richtig für Sie ist?"

Diese Frage könnte in der Antwort des Kunden sogar dazu führen, daß er seinen persönlichen Weg zum „Glück" in den Einzelheiten offen darlegt (Strategie).

Jedes Verb läßt sich genauer darstellen; Beispiel: „Sie kaufte ein Kleid", „Wie genau?", „Sie probierte fünf verschiedene an und entschied sich dann."

Wenn der „geniale Verkäufer" mehr wissen will (entsprechend der Zielvorstellungen oder outcomes), kann er hier leicht weiterfragen: „Wie genau?" Antwort: „Zunächst ging sie nach den Farben und Mustern, schließlich verglich sie bei den letzten beiden übrigbleibenden Kleidern den Preis."

Anhand dieses kleinen Beispiels wird ganz offensichtlich, wie die Meta-Frage nach Verben „Wie genau?" eine ganze Reihe von Beschreibungen der „Action", der Handlungen, eben der *Prozesse* im Verkaufsgespräch liefert.

Noch einmal: „Wer genau?" stellt die Personen und Dinge auf den Schauplatz; mit den Verben (Wie genau?) kommt die Bewegung und das Leben in die Szene. Oft reichen schon diese beiden Bestandteile (Wer? und Wie?), um ein erfolgreiches Verkaufsgespräch führen zu können.

Welchen Vorteil können Sie als Verkäufer durch das Wiedergewinnen „gelöschter" Informationen erwarten?

Ziel der meisten Verkaufsgespräche ist es wohl, dem Käufer dabei zu helfen, sein Modell (Vorstellungen) so zu verändern, daß er sich z.B. zum Kauf entschließt, weil sein neues Modell ihm nun Nutzen und Vorteile verspricht.

Es geht also darum: Der „geniale Verkäufer" hat praktisch den Beruf eines „Modellbauers". Aufgrund seines Wissens kann er schnell erkennen, wo und wie er dem Käufer behilflich sein kann. Die Ausdrucksweise eines Kunden verrät dem „genialen Verkäufer" unmittelbar, wo und wie er eingreifen kann.

„Gelöschte" Informationen im Modell des Käufers sind, wie Sie jetzt wissen, sehr leicht auszumachen. Wenn ein Kunde die Meta-Fragen „Wer genau? Was genau? Wie genau?" etc. beantwortet, so füllt er die Lücken. Wessen Lücken genau? Zunächst einmal die im Modell des Verkäufers. Dieser weiß nun, „worum es sich tatsächlich dreht". Er kann nun z.B. mit Pacing und Leading ein erfolgreiches Verkaufsgespräch weiterentwickeln. Oftmals schließt der Kunde auch Lücken bei sich selbst, unbewußte Lücken. Erinnern Sie sich an eines der ersten Beispiele:

Kunde: „*Man* hat mir gesagt..." Verkäufer: „Wer genau hat das gesagt?" (Meta-Frage) „Unser Betriebsleiter." „Ihr

Betriebsleiter hat also auch ein Wörtchen mitzureden. Wieweit kennt er sich aus?" „Eigentlich nicht besonders ..."

An dieser Stelle kann dem Käufer klar werden, daß er sich mittels der sprachlichen Form „Man hat mir gesagt" auf das wenig verläßliche Urteil seines Betriebsleiters (in dieser Sache) verlassen hat. Der Verkäufer hat gleichzeitig erfahren, daß der Betriebsleiter des Kunden auch etwas mit dem Erfolg des Verkaufsgesprächs zu tun hat ...

An diesem „Spiel-Beispiel" erkennen Sie, wie durch das Wiedergewinnen „gelöschter" Informationen – hier durch die Meta-Frage: „Wer genau?" – eine große Lücke auch im gemeinsamen Modell von Käufer und Verkäufer geschlossen wird. Wäre diese Lücke offengeblieben, hätten die „fehlenden Informationen" das Gespräch beeinflußt und beide, vor allem der Verkäufer, hätten sich gewundert, wo es „hängt."

Achten Sie in Ihren eigenen Verkaufsgesprächen darauf: Die Kommunikation Ihrer Kunden, und auch Ihre eigene, wird immer dann „unwiderlegbar" klingen, wenn Sie oder Ihr Kunde gerade soviel Informationen weglassen, ... daß der Satz sich zwar noch sinnvoll anhört, der Hörer sich jedoch kein genaues Bild von der Bedeutung der Worte machen kann. Dies geschieht bei Käufer wie Verkäufer durch die Anwendung der Sprachmuster, die Sie im vorliegenden Abschnitt kennengelernt haben: Eine böse Falle für ungeschulte Verkäufer, eine Möglichkeit der bewußten wie unbewußten Beeinflussung des Verkaufsgesprächs von beiden Seiten – und eine große Chance für den „genialen Verkäufer", der die Unterscheidungen und die Fragen des Meta-Modells beherrscht.

Meta-Modell Teil 2

Erkennen Sie, wo und wie der Kunde seine Grenzen im Verkaufsgespräch gesetzt hat.

Das Meta-Modell des NLP beruht auf einem anderen Modell, und zwar aus der Linguistik, der Sprachwissenschaft kommend. Da es in „Happy Selling" ums Verkaufen geht, werden die Autoren Sie hier weitestgehend von grammatikalischen Fachausdrücken verschonen. Wenn ein grammatikalischer Ausdruck erscheint, wie das „Verb" im letzten Abschnitt, so erfahren Sie sofort, welche Art von Worten was bewirkt und was bedeutet.

Auch hier, wo es jetzt um die Grenzen im inneren Modell des Kunden geht, gilt wieder allgemein die Regel, besser gesagt, die Empfehlung: Meta-Fragen immer dann stellen, wenn die Worte des Käufers für den Verkäufer nicht genügend Sinn ergeben (also die innere Erfahrung beim Verkäufer nicht vollständig genug ist).

Die Grenzen in seinem Modell findet jeder Käufer (und auch Verkäufer) hauptsächlich in drei sprachlichen Formen: Ganz allgemein, wenn er sagt: „Ich kann nicht ...", oder wenn er sagt: „Ich muß ...", oder wenn er Worte benutzt wie: „Alle", „Jeder", „Immer", „Nie".

Schauen Sie sich diese drei sprachlichen Formen genau an und spüren Sie, welche starke Wirkung davon ausgeht. Wo auch immer diese Art von Worten im Verkaufsgespräch auftaucht, heißt es für den „genialen Verkäufer" meist: auf der Hut sein.

Wenn ein Käufer seine Vorstellungen von einem Kauf mit

„Ich kann nicht..." (z.B. „Ich kann mir das nicht leisten.")
„Ich muß..." („Ich muß sparen.")
„Immer..." („Ich falle doch immer rein...")

beschreibt, so sagt er damit dem Verkäufer insgeheim: „Ich habe in diesem Punkt keine Wahl. Hier stehe ich mit dem Rücken an der Wand. Was das für Sie bedeutet als Verkäufer, können Sie sich an zwei Fingern ausrechnen."

Hier befinden wir uns eben an den Grenzen des inneren Modells des Kunden. Diese Grenzen sind nicht wirklich in der äußeren, wirklichen Welt sichtbar, sie gelten für das Modell des Kunden von der Welt. Mit anderen Worten: Er glaubt, hier sei das „Ende der Fahnenstange".

An keiner anderen Stelle im Verkaufsgespräch ist der Grundsatz „Prozeßdenken vor Produktdenken" so wichtig und entscheidend für ein erfolgreiches Verkaufsgespräch wie an den Grenzen der „inneren Welt des Kunden". Wer nicht den Prozeß, die Entwicklung des Gesprächs weiterführen kann, und zwar umsichtig, für den bedeutet ein „Ich kann nicht...", „Ich muß..." oder etc. tatsächlich das unrühmliche Ende eines Verkaufs. Interessanterweise äußert sich in dem Fall oft auch der Verkäufer in entsprechender Weise: „Da kann man eben nichts machen." Dies wird dem „genialen Verkäufer" kaum widerfahren, er benutzt die Fragen des Meta-Modells.

a) „Kann nicht, unmöglich, geht nicht, ..."

Wann immer ein Kunde Sprachmuster dieser Art verwendet – das berühmteste Beispiel ist wohl: „Kann ich mir nicht leisten" –, drückt er damit folgendes aus: „In meiner Wahrnehmung (aus meiner Sicht) der Dinge liegt etwas außerhalb meiner Fähigkeiten, etwas zu tun außerhalb meines ‚Einflußbereichs'." Die Betonung liegt hier auf „in meiner Wahrnehmung der Dinge".

Wenn auch zugegebenermaßen gewisse äußere Grenzen bestehen, wie im obigen Beispiel etwa das Einkommen eines Käufers, so liegen die wahren Grenzen stets mehr in den Vorstellungen, die sich ein Käufer macht von dem, was er erwerben möchte.

Ein interessantes Beispiel findet man in den Millionen Amerikanern, die scheinbar über ihre Verhältnisse leben. Wenn etwa ein vernünftig rechnender Deutscher z.B. beim Kauf eines Hauses schnell zum Schluß käme: „Das kann ich nicht machen ...", würde ein Amerikaner im allgemeinen die Schraube weiterdrehen und fragen: „Wo habe ich noch kein Geld geliehen? Wo ist da trotzdem noch etwas machbar?"

Im Grunde geht es bei den „Kann nicht"-Mustern um die Folgen des eigenen Handelns und damit sind wir bei der entsprechenden Meta-Frage angelangt: „Was würde geschehen, wenn Sie ... sich das leisten würden?"

Hochinteressant ist folgende Tatsache: Diejenigen Kunden, die glauben, sie könnten etwas nicht tun (oder irgend etwas sei unmöglich), haben nur eine einzige Antwort auf die Meta-Frage: „Was würde geschehen...?" Und diese eine Antwort malt dann stets in der einen oder anderen Art eine Katastrophe, ein Unglück aus.

Anstelle von „Was würde geschehen, wenn..." stellt der „geniale Verkäufer" auch eine andere Meta-Frage, die auf das Gleiche zielt; Beispiel:

Kunde: „Ich kann mich nicht zum Kauf entscheiden."

(Meta-Frage) Verkäufer: „Was hält Sie davon ab, sich zu entscheiden?"

Die Antwort bringt wieder die Erwartung von etwas Schlimmem als die „wirkliche" Grenze in den Vorstellungen des Kunden zum Vorschein. Hier kann der „geniale Verkäufer“ nun wieder ansetzen. Aus der blockierten Situation im Verkaufsgespräch bei: „Ich kann nicht...“ entwickelt er die Fortsetzung der Verhandlung. Die neue Richtung bilden die jetzt offen auf dem Tisch liegenden „Beschränkungen“ des Kunden, z.B. seine Befürchtungen. Gemeinsam können Verkäufer und Käufer nun prüfen, wie diese Grenzen zu einer sinnvollen Kaufentscheidung beitragen können.

Immerhin sind die „Grenzen“ im Modell des Kunden für den „genialen Verkäufer“ mit den „Alarm-Anlagen“ der „Kann nicht ...“-Formeln ausgestattet. Sie schützen den Kunden möglicherweise auch davor, daß er sich zu viel zumutet; den Verkäufer schützen sie so vor der Stornierung oder Kauf-Reue.

Oftmals hat sich der Kunde nur in seiner Vorstellung völlig unwirkliche Grenzen gesetzt, die keiner Überprüfung z.B. durch die Meta-Frage standhalten. In derartigen Fällen tragen die Meta-Fragen wie „Was hält Sie davon ab?“ zu einer „Neu-Orientierung“ des Kunden bei. Er öffnet die Schranken an seinen Grenzen und erweitert sein Modell um eine Anzahl neuer Möglichkeiten, an die er vorher nicht gedacht hatte, denn er sagte sich ständig: „Ich kann nicht ...“

„So hatte ich das noch gar nicht gesehen.“ – dieses Aha-Erlebnis verschafft der „geniale Verkäufer“ oft seinen Kunden, indem er nach „Ich kann nicht, unmöglich“ und ähnlichen Sätzen die Meta-Fragen stellt: „Was würde geschehen wenn? Was hält Sie davon ab?“

b) „Ich muß“, „Ich darf (nicht)“, „Ich sollte“, „Ich müßte“

„Wir müssen die Kosten drücken. Ich darf da nicht so einfach machen, was ich will.“ – Auch Formulierungen dieser Art lassen den „genialen Verkäufer“ wissen: „Aha, hier hat mein Kunde eine seiner Grenzen in seinem Weltbild erreicht.“

Wie bei der ersten beschriebenen Form der „Kann-Muster“ verbirgt sich auch hinter jedem „muß“ die eine oder andere Art von „schlimmen Folgen“ – für den, der sich so ausdrückt. Dementsprechend gebraucht der „geniale Verkäufer“ die gleiche Meta-Frage: „Was würde geschehen, wenn Sie... das Gegenteil von ‚Ich muß ...‘ machen würden?“

Auf der Grundlage der darauf folgenden Antwort können Käufer und Verkäufer feststellen, ob die Grenzen des „Ich muß...“ tatsächlich so bindend sind, daß das Verkaufsgespräch von hier aus eine gänzlich neue Richtung einschlagen muß; falls nicht, können Sie die „Bausteine“ dieses „Grenzpostens“ untersuchen und möglicherweise diese Grenzen durchlässiger machen. Das heißt nichts anderes, als daß der Käufer sich bereit erklärt, neue andersartige Informationen oder Sichtweisen zu prüfen und in Betracht zu ziehen; Sichtweisen, die aufgrund eines „Ich muß“, „darf nicht“ oder „sollte“ unerreichbar gewesen wären.

Ein „Muß“ ist eines der zwingendsten Elemente unserer Sprache und ohne Wissen um das Meta-Modell im NLP nur schwer zu widerlegen.

Im Rahmen eines K-Train-Seminars kann der Teilnehmer über die sprachlichen Anteile der „Ich muß“- wie auch der „Ich kann (nicht)“-Muster hinaus weitere wichtige Informationen erfahren: Wie erscheinen solche Muster praktisch zwangsläufig zusammen mit bestimmten „Streß-Verhaltensmustern“ im Verhalten von Kunden?

Hier nur ein kleines Beispiel zu einer Form von „Streßbewältigung“ durch „Anklagen“: „Das *müssen* Sie doch gewußt haben. Das *darf* doch nicht wahr sein!“ (Im anklagenden Ton und vielleicht aggressiver Haltung.) Haben Sie den Zusammenhang entdeckt?

c) Absolute Grenzen: „Immer", „alle", „jeder", „keiner", „nie"

„Ihr Verkäufer seid doch sowieso mit allen Wassern gewaschen. Ihr habt schon immer gewußt, wie man es richtig macht. Von Euch ist noch nie einer auf die Idee gekommen..."

Welcher Verkäufer ist wohl noch nicht derartigen sprachlichen Mustern in den Mitteilungen seiner Kunden begegnet? Worte wie „immer", „alle", „nie" sind mächtige Waffen, vor allem auf der Seite des Käufers. Sie beschreiben stets etwas, das absolut, unumstößlich sein und knallhart bewirken soll: Hier ist Endstation. Hier beißt der Verkäufer auf Granit, der ohne seine Meta-Fragen im Gepäck in das Verkaufsgespräch kommt.

Der Kunde, der mit „immer, alle, nie" etc. arbeitet, erzeugt praktisch ständig überzogene Verallgemeinerungen, die keine Ausnahme dulden, nicht eine einzige. So liegt die Art der Meta-Fragen hier auf der Hand; nehmen wir wieder das Beispiel, in dem der Kunde sagt: „Alle Verkäufer sind immer auf ihren eigenen Vorteil aus."

Verkäufer: „Wollen Sie damit sagen, daß Sie in ihrem ganzen Leben *nicht einem einzigen* Verkäufer begegnet sind, der außer sich selbst zu nützen auch noch Ihnen etwas Nützliches verkauft hat, so daß Sie lange Zeit zufrieden waren?" Die Betonung liegt hier auf der Gegenüberstellung „alle, immer – nicht ein einziger, im ganzen Leben".

Der „geniale Verkäufer" baut also eine Meta-Frage auf, die auf Ausnahmen in der Erfahrung des Käufers zielt. In unserem Beispiel durch „überziehen" des „immer, alle".

Diese Ausnahmen gibt es immer wieder. Ohne weiter darauf eingehen zu wollen, hier nur eine Andeutung: Wer z.B. von „immer" redet, spricht über einen unendlichen Zeitraum; immer, das heißt „zu jedem Zeitpunkt der denkbar ist", und das ist wohl eine ziemlich unwirkliche Größe, zum Beispiel für ein Verkaufsgespräch.

Ein NLP-geschulter Verkäufer ist sich darüber genau im klaren, wie „in sich widersinnig" (absurd) der Gebrauch von „immer, alle " etc. (vor allem ohne eine genaue Beschreibung einer „Bezugsmenge") dasteht. So stark derartige Sprachmuster auch klingen mögen und auch oftmals wirken, mit der passenden Meta-Frage nimmt das Verkaufsgespräch einen „angemesseneren" Verlauf für beide, Käufer und Verkäufer.

Meta-Modell Teil 3:

„Verzerrungen" – Erkennen Sie, wie Ihr Kunde seine Erfahrungen sprachlich so „umbiegt", daß er immer recht hat.

Wie Sie mittlerweile schon des öfteren erfahren haben, dient der Gebrauch von Sprache den Menschen allgemein dazu, sinnliche Erfahrungen so kurz zusammenzufassen, daß sie in Worten „mitteilbar" werden. Dabei geht ohnehin schon eine Menge Information verloren, wenn es nur um eine einzelne „Erfahrung" geht: „Ich kaufe ein Haus" – in nur vier Worten läßt sich eine äußerst vielfältige oder vielseitige „Handlung" beschreiben, die z.B. vom ersten Nachdenken bis zum Abzahlen der letzten „Tilgungen" über Jahre reichen kann. Bei vier Worten fällt in diesem Beispiel einiges unter den Tisch ...

Noch eindringlicher wird der Verlust von Information, wenn nur ein einziges Wort, z.B. „Kaufentscheidung", eine Verhaltensweise oder sinnliche Erfahrung „zusammenfassen" soll. Und damit sind wir bei der ersten Form von „sprachlicher Verzerrung" von Inhalten im Verkaufsgespräch angelangt:

a) Ereignisworte „wiederbeleben"

„Kaufentscheidung" – machen Sie sich einmal ein Bild von diesem Vorgang. Frage: Was sehen Sie vor Ihrem inneren Auge? Was hören oder fühlen Sie?

Nicht viel, wahrscheinlich gar nichts, es sei denn, Sie füllen das Wort mit Erfahrungen aus Ihrem eigenen „Bereich: Kaufen" auf. Wenn Sie das so machen, „hauchen" Sie dem Wort „Kaufentscheidung" wieder Leben ein – mit Personen, einer Ware, einem Zeitpunkt und einem Ort. Aus dem starren Ereignis „Kaufentscheidung" wird wieder ein Prozeß mit lebendigen Menschen, die daran beteiligt sind, daß sie kaufen bzw. verkaufen.

Ereignisworte sind heutzutage (leider) überaus beliebt, vor allem auch in der Rechts- und „Beamten-Sprache". Lesen Sie nur einmal eine x-beliebige amtliche Bekanntmachung durch, oder lauschen Sie einmal den Worten eines Politikers: „Der ständig steigende *Wohlstand* aller *Einkommensschichten* muß im *Interesse* des sozialen *Friedens* den ersten *Rang* in der *Politik* einer *Regierungsmannschaft* einnehmen."

Alle Ereignisworte sind hier kursiv gedruckt. „Lauter hohle Phrasen" – wie man leicht erkennt. Wer ist hier gemeint, um welche Menschen geht es hier wirklich? Alles offene Fragen. (Wenn Sie möchten, können Sie sich einmal das Vergnügen bereiten und den obigen Satz „auseinanderpflükken", sobald Sie im Verlauf der folgenden Zeilen die passenden ‚Meta-Fragen' kennengelernt haben.)

Ereignisworte – aus einem Prozeß wird ein Ereignis. Die handelnden Personen, Ort, Zeit etc. alles dies entfällt – übrig bleibt das Ereigniswort. Auch in die Verkaufspraxis hat diese „Klasse von Worten" ihren siegreichen Einzug gehalten. Im Abschnitt über die hypnotische Wirkung von Sprachmustern erfahren Sie mehr darüber, wie es dazu kommt. Hier vorab die Meta-Fragen zu Ereignisworten in einigen kurzen Beispielen:

Ereigniswort		*mögliche Meta-Frage: hier auch „Prozeß-Frage"*
Gewinn	–	Wer gewinnt was?
Sicherheit	–	Wer fühlt sich sicher in bezug worauf?
Entscheidung	–	Wer entscheidet sich wie worüber?

Sie erkennen sofort: Ereignisworte „wiederzubeleben" erfordert eine Menge Fragen und liefert eine Menge verlorengegangener Informationen; was sich in einem Verkaufsgespräch als äußerst wichtig erweisen kann, damit Käufer und Verkäufer „das gleiche meinen, wenn sie über das gleiche reden".

An dieser Stelle stellt sich die Frage, wie es kommt, daß sich die Ereignisworte unter dem Vorzeichen „Verzerrungen" und nicht im Abschnitt zu den „gelöschten Informationen" wiederfinden. Die Antwort lautet: Bei den Ereignisworten geht es um weit mehr als um das Weglassen von Einzelheiten. Immerhin verschwinden bei Worten wie „Gewinn" der Handelnde und die Handlung (Wer gewinnt was auf welche Weise?) fast gänzlich. (Der Hörer soll sich wohl gefälligst selbst „einen Reim" darauf machen.) Außerdem besteht die Verzerrung der Wirklichkeit darin, daß der Sprecher von Ereignisworten, z.B. ein Kunde, aus einem laufenden Prozeß ein abgeschlossenes Ereignis macht: er gewinnt = Gewinn.

Die Handlungs- und Denkweise dabei entspricht einem Menschen, der das letzte Bild eines Films, ohne mit der Wimper zu zucken, einfach stellvertretend gelten läßt für die gesamte Geschichte, die der Film erzählt.

Zurück zur Praxis des Verkaufsgesprächs: Der „geniale Verkäufer" richtet seine Aufmerksamkeit auch besonders auf die Teile der Sprache seiner Kunden, die Vorgänge (Prozesse) in statische (stehende) Formen pressen wollen; er erkennt sie als Ereignisworte und verwandelt diese wieder zurück in Prozeßworte mit den dazugehörigen Beschreibungen von Personen, Dingen, Ort und Zeit etc. Noch einmal ein Beispiel:

Kunde: „Die Steigerung der Steuerersparnisraten hat hier den Vorrang."

Der Verkäufer kann hier drei Ereignisworte hinterfragen:

- Steigerung – Was steigt wie um wieviel?
- Steuerersparnisrate – ein „Phantasiewort" um Ihnen zu zeigen, daß man drei Ereignisworte bequem so koppeln kann, daß alle „Unklarheiten beseitigt" sind.
- Vorrang – Was steht wovor in der Reihe der Dringlichkeiten?

Der „geniale Verkäufer" hat wieder die Qual der Wahl. Alle Ereignisworte stur nach „Schema F" zu hinterfragen wäre unhöflich und wenig passend.

Sie kennen mittlerweile schon die Empfehlung: Der „geniale Verkäufer" achtet auf alle die Teile in der Sprache seiner Kunden, die ihm nur ein unscharfes Bild von dem vermitteln, was der Kunde mitteilen will. So hinterfragt er nur diese Teile. Bei Ereignisworten legt er auch dieses Maß an und entscheidet sich in diesem Fall für das am wenigsten „klare".

Das Leben im allgemeinen und das Verkaufen im besonderen besteht aus Prozessen, die ständig weitergehen. Alles bewegt sich ohne Anfang und Ende. Diesen Wandel, der auch für das Verkaufsgespräch gilt, in Ereignisworte wie „Verkaufserfolg" zu fassen, kann nur ein Hilfsmittel sein. Ansonsten hieße es, den ständigen Wandel in Konserven einschließen.

Hier ist es wieder „Prozeßdenken vor Produktdenken" – also gerade bei Ereignisworten gegebenenfalls die Ereignisse in das zurückverwandeln, was sie einmal waren: Prozesse, Menschen die etwas tun, Dinge, Personen und Begriffe, die etwas bewirken.

b) „Die verlorene Verantwortung in der Sprache des Kunden"

Die einfachste Art, die eigene „Weltanschauung" für so richtig zu halten, daß man sie für die wirkliche Welt da draußen hält, besteht in einem ganz einfachen und meist unbewußten „Schachzug": Man vergißt zwei Worte.

Und welche zwei Worte sind das? Sie heißen: „Ich sage." Prüfen Sie selbst den Unterschied zweier fast gleicher Kundenaussagen:

1. „Diese Bedingungen sind unannehmbar."
2. „Ich (Herr Maier) sage, diese Bedingungen sind unannehmbar."

Der Ausdrucksweise im zweiten Satz mit „Ich sage" werden Sie als Verkäufer in der Praxis wohl nur ganz selten begegnen. Denn die meisten Käufer fühlen sich wohl um einiges stärker, wenn sie ihre persönliche Meinung in einem Verkaufsgespräch so darstellen, als sei sie allgemeingültig für alle.

Lesen Sie noch einmal den zweiten Satz im Beispiel und vergleichen Sie dann, um wieviel genauer, zutreffender und auch annehmbarer die „Ich sage,..."-Formulierung sich darstellt.

Aus dem großen NLP-Modell ergibt sich die grundsätzliche Vorannahme, daß jede Aussage, jeder Gedanke eines Menschen nur dann als wirklich „wahr" gelten kann..., wenn er sozusagen in Klammern ein „Ich sage“ oder „Ich denke“ davorsetzt. Denn Sprechen heißt nichts weiter als „Aussagen“ über die Welt machen. So übernimmt man wieder die Verantwortung für seine Mitteilungen, und was man verantwortet, das kann man leichter verändern.

Satz 1: „Diese Bedingungen sind unannehmbar“ klingt wie ein Naturgesetz.
Satz 2: „Ich (Herr Maier) sage, diese Bedingungen sind unannehmbar“ zeigt deutlich, wie begrenzt der Geltungsbereich dieser Aussage im Grunde ist, nämlich auf das Weltbild des Sprechers, Herrn Maier, begrenzt.

Es ergibt sich also für den Verkäufer die Möglichkeit festzustellen, wie Herr Maier zu seinem Urteil kam, vielleicht hier und da etwas zu erklären, kurz das Verkaufsgespräch weiterzuführen. Wie bereits erwähnt: Fast jeder Kunde läßt gerne seine persönliche Verantwortung aus dem Spiel, denn das macht ihn scheinbar stärker.

Der „geniale Verkäufer“ erkennt die NLP-Sprachmuster und fügt in Gedanken stets dort ein „Ich sage“ oder „Das ist meine Meinung“ zu den Worten seiner Kunden hinzu, wo es ihm als nötig erscheint. Dieses Vorgehen bringt Lockerheit und Sicherheit im Umgang mit den „schweren Geschützen“, die so mancher Kunde als Argument auffährt.

Im gleichen Sinne achtet der „geniale Verkäufer" auf die „Es ist ...“-Formel:

Kunde: „Es ist unklug, so zu denken“
Meta-Frage: „Für wen?“
Kunde: „Das ist unwichtig“
Meta-Frage: „Für wen?“

Je nach Lage der Dinge kann der „geniale Verkäufer“ seinen Kunden direkt auf seine sozusagen „einseitige“ Mitteilung aufmerksam machen, denn oftmals kommt auf die Frage eines „Für wen?" oder „Wer sagt das?" eine „dritte" Person ins Spiel, wie z.B. ein Vorgesetzter, ein Kollege oder gar eine Zeitung: „Das habe ich gelesen."

Die Autoren von „Happy Selling" sagen, die Informationen in diesem Abschnitt sind für den „genialen Verkäufer" von besonders hervorstechender Bedeutung.

Als „genialer Verkäufer" brauchen Sie niemals sprachlos dazustehen – die NLP-Sprachmuster im Meta-Modell

Nachdem Sie nun die wichtigsten Elemente des Meta-Modells kennengelernt haben, wissen Sie nun mehr über ein wichtiges sprachliches Rüstzeug des „genialen Verkäufers".

Die Fragen des Meta-Modells zielen darauf, daß der Verkäufer sich ein möglichst vollständiges Bild von dem „besorgen" kann, was sein Kunde nun wirklich meint, wenn er etwas mitteilt. Die Zahl der „Fußangeln" und „Fallen" durch sprachlichen Ausdruck ist groß, wie Sie bemerkt haben dürften; und das liegt in der zusammenfassenden Natur der Sprache begründet. Im einzelnen benutzt der „geniale Verkäufer" die Meta-Fragen vor allem, um:

1. Lücken zu schließen,
2. überzogene Verallgemeinerungen „auf den Boden der Tatsachen" zurückzuholen und
3. – ganz „breit" angelegt – den Prozeß, das „Fließen" des Verkaufsgesprächs aufrechtzuerhalten, die Bewegung zum gemeinsamen Ziel hin.

Ein „genialer Verkäufer" wird also niemals sprachlos sein müssen, da er stets die Strukturen (Muster) durchschaut, die sein Gegenüber einsetzt.

Die Anzahl der möglichen Sprachmuster innerhalb der deutschen Sprache ist sehr begrenzt – die wichtigsten sind hier beschrieben – ihre Wirkung ist stets die gleiche. Nur der Inhalt, also die wirklichen Personen, Dinge, Begriffe und Vorgänge hinter den Worten sind unendlich vielfältig. Ebenso die „Kombinationen" der Muster, die ein Verkäufer in jedem Verkaufsgespräch, bei jedem neuen Kunden antrifft. Das macht den Beruf des Verkäufers so interessant.

Eine bemerkenswerte Umkehr-Wirkung sei hier noch erwähnt: Der Verkäufer, der beispielsweise im K-Train-Seminar davon ausgeht, zu erlernen, wie man die NLP-Sprachmuster erkennt und hinterfragt, der wird sich ganz schnell dabei erwischen, wie er seine eigene Sprache untersucht. Und schon sind sie entdeckt, z.B. die Ereignisworte in der eigenen Sprache und man fragt sich: „Könnte es sein, daß ich, der Verkäufer selbst, meine Kunden im Unklaren darüber lasse, was ich wirklich meine, wenn ich den Mund ‚auftue' im Verkauf?"

Daher folgender Hinweis: Der „geniale Verkäufer" achtet auf die sprachlichen und auch nicht-sprachlichen „Rückmeldungen" (Feedback) seiner Kunden, die auf ein „Nicht-Verstehen" dessen hindeuten könnten, was der Verkäufer gerade gesagt hat.

So nimmt er ein leichtes Zusammenzucken des Kunden unmittelbar bei dem Wort „Preiserhöhung" zum Anlaß, dieses Ereigniswort in der eigenen Spreche noch einmal näher zu beleuchten (z.B. entsprechend dem Meta-Modell). So kommt echter Rapport zustande – der Kunde sagt sich: „Der versteht mich sogar, wenn ich nichts sage."

Eine besondere Form des sprachlichen Pacings: Angleichen an das typische NLP-Sprachmuster des Kunden

Eine Besonderheit des „Happy Selling" besteht darin, daß es keine zwingenden Vorschriften gibt für das Verhalten des „genialen Verkäufers" und daß er dafür stets die Wahl hat, wie er handeln möchte in einer jeden Verkaufssituation.

So kann er sich auch entschließen, auf das Stellen von Meta-Fragen (z.B. Wie genau?) zu verzichten, wenn er das nicht für unbedingt notwendig hält. Statt dessen erkennt er, welche Sprachmuster sein Kunde am liebsten oder am häufigsten verwendet. Dann gleicht er sich in seiner eigenen Sprache an (Pacing), um seine Informationen in der Form oder „Verpackung" zu überbringen, die der Käufer selbst benutzt. Beispiel: Einem Kunden, der sich gerne mit „man muß, sollte" mitteilt, kann sich der „geniale Verkäufer" mit eben diesem Muster angleichen, wenn er z.B. einen wichtigen Punkt besonders gut „begreifbar" machen will:

Kunde: benutzt gerne Ausdrücke wie „Heutzutage muß man genau rechnen." „Man sollte doch meinen, ..."

Verkäufer: (gleicht sich an) „Bei diesem Punkt muß man bedenken, daß ..." – „Einen Punkt wie diesen sollte man sich genauestens vor Augen halten, wenn man bedenkt, daß ..."

Auch bei diesem Beispiel sei hinzugefügt, daß diese Art des Pacing and Leading in erster Linie zur Herstellung des Rapports, des gegenseitigen Verstehens von Käufer und Verkäufer dient.

Wenn der „geniale Verkäufer" bemerkt, daß ein Kunde das eine oder andere NLP-Sprachmuster besonders häufig verwendet, erhält er besonders viel Information über die Art und Weise, in der sein Kunde die Welt erlebt.

Der Kunde im obigen Beispiel äußert sich bevorzugt in einer Form („man muß"), die darauf schließen läßt, daß er sich, was den in dem Moment besprochenen Bereich angeht, am liebsten auf „feststehende Regeln" verläßt. Wenn der Verkäufer mit diesem Kunden spricht, wird er sich besser „den Regeln entsprechend" verhalten, oder zumindest berücksichtigen, daß das Verhalten dieses Kunden wahrscheinlich stark von Regeln geprägt sein könnte. Auch die hier nicht genannten Sprachmuster dienen dem „genialen Verkäufer" oft als „allgemeine" Zugangshinweise auf das Verhalten seiner Kunden, die weit über das wörtlich Gesprochene hinausgehen.

V

„Hypnotische" NLP-Sprachmuster

Mit der „anderen Seite" des Meta-Modells erweitert der „geniale Verkäufer" die Wahrnehmung der Kunden

Nachdem Sie die vorhergehenden Kapitel gelesen haben, werden Sie nun wissen, daß die Fragen, die der „geniale Verkäufer" seinen Kunden aufgrund des Meta-Modells stellt, ein bestimmtes Ziel haben: Der Verkäufer will eine möglichst genaue Beschreibung von dem erhalten, was der Kunde meint, wenn er spricht. Wenn Käufer und Verkäufer weitestgehend das gleiche „meinen", also z.B. ein möglichst ähnliches Bild von einer Sache haben, sinkt die Wahrscheinlichkeit von Mißverständnissen und steigt das gegenseitige Verständnis.

In diesem Sinne „verletzt“ ein Kunde die Regeln der „Wohlgeformtheit“, wenn er Sprachmuster benutzt wie z.B. das Ereigniswort „Gewinn“. „Wer gewinnt was?“ – die Meta-Frage zwingt den Hörer dazu, sich genauer auszudrücken.

Daß ein Ereigniswort wie „Gewinn“ damit von vornherein abzuwerten wäre, z.B. als „Beamtendeutsch“, ist damit noch lange nicht gesagt. Beim Gebrauch eines jeden Wortes kommt es auf den Zweck, die Absicht an, die es erfüllen soll. So gibt es auch im Verkauf durchaus Situationen, in denen alle die Sprachmuster als höchst angebracht erscheinen, die beim Meta-Modell sofort „Alarm auslösen“ würden. Diese Situationen findet der „geniale Verkäufer“ überall dort, wo er hypnotische Sprachmuster einsetzen möchte, über die Sie in den kommenden Zeilen mehr erfahren werden.

Zum besseren Verständnis des eben Beschriebenen finden Sie in dieser Zeichnung noch einmal eine Darstellung der ganzen Bandbreite der Sprache, wie sie der „geniale Verkäufer“ einsetzen kann mit den beiden „Polen“: hypnotische Sprachmuster und Auto-Modell-Sprachmuster.

Beispiel: Gewinnen

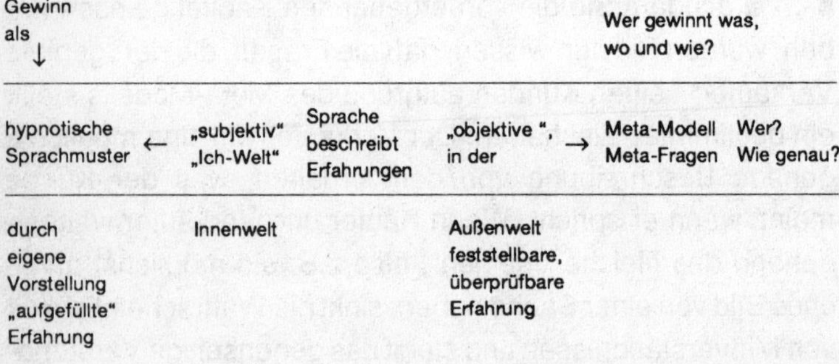

Diese ganze Bandbreite steht dem „genialen Verkäufer“ zur Verfügung im Verkaufsgespräch.

Mit den Meta-Fragen verschafft er sich genaue Informationen, wo er „kein klares Bild“ über die Vorstellungen des Kunden hat. Mit hypnotischen Sprachmustern kann er dem Käufer dabei behilflich sein, innere Erfahrungen zu machen, die er vorher vielleicht so nicht kannte.

Beispiel: Einem Kunden fehlt die „Vorstellung“, was er mit dem Produkt „anstellen“ kann, beispielsweise einem Satz Golfschläger. Der „geniale Verkäufer“ setzt nun hypnotische Sprache ein, um eine Idee zu vermitteln: Er beschreibt so möglicherweise den „Spaß am erfolgreichen Golfschlag“. Diese Idee muß der (mögliche) Käufer mit eigenen sinnlichen Erfahrungen auffüllen, damit für ihn die Worte des Verkäufers einen Sinn ergeben. Auf diese Weise kann hypnotische Sprache ein inneres Erlebnis im Käufer erzeugen helfen, das diesen seinerseits z.B. zum Kauf bewegt (motiviert).

Damit hinein in die Welt der hypnotischen Sprachmuster.

Hypnotische Sprachmuster sind „prozeßfördernde“ Sprachmuster

„Sie können nicht nicht kommunizieren“ – diesen Grundsatz macht sich der „geniale Verkäufer“ beim Gebrauch hypnotischer Sprache auf besondere Weise zunutze: Wenn ein Käufer irgendeinen Satz aus dem Mund des Verkäufers hört, z.B. „Ich habe hier ein tolles Angebot für Sie“, so muß er diese Worte innerlich so verarbeiten, daß sie einen Sinn für ihn ergeben.

Selbst wenn er den Inhalt dieser Worte ablehnen sollte, muß er dazu erst den gehörten Worten eine Bedeutung verleihen. Worte stehen immer für innere Erfahrungen; der Vorgang der „Sinngebung" ist bei uns allen so tief „eingeschliffen", daß wir uns ihm nur sehr schwer entziehen können, umso mehr als unser „Verständnis von Sprache" zum größten Teil unbewußt in unserem Gehirn abläuft.

Jedes einzelne gesprochene Wort im Verkaufsgespräch lenkt die Aufmerksamkeit von Käufer und auch Verkäufer in eine mehr oder weniger bestimmte Richtung, ob sie nun wollen oder nicht. In dem Sinne, daß Hypnose eine Art der Beeinflussung durch Lenkung der Aufmerksamkeit eines Menschen darstellt, ist jedes Wort, jeder Satz hypnotisch. Wenn Sie jetzt gerade das Wort „Elefant" lesen, wird Ihre Aufmerksamkeit automatisch auf einen Elefanten geleitet, vielleicht wird er kurz als inneres Bild „aufleuchten", möglicherweise hören Sie sein „Trompeten".

Und so funktioniert eben Hypnose durch Sprache: Mit hypnotischer Sprache ruft der „geniale Verkäufer" innere Prozesse in seinem Kunden hervor durch Lenkung der Aufmerksamkeit. Dabei wird der „geniale Verkäufer" auch die Tatsache berücksichtigen, daß jede Sprache, also auch das „Gespräch mit sich selbst", der „innere Dialog" also, wie er oft genannt wird, hypnotisch ist. Wenn wir mit uns selbst reden, z.B. vor dem Spiegel, erhalten wir Reaktionen auf das, was wir uns selbst sagen. Auf diese Reaktionen kommt es an in der Kommunikation, also auch im Verkaufsgespräch. Das Selbstgespräch vor dem Spiegel eignet sich deshalb hervorragend, um die eigenen Sprachmuster zu „testen" nach dem Motto: „Klingt die Antwort, die ich mir selbst spontan gebe, so, als hätte ‚der andere Teil von mir' verstanden, was ich meinte?" oder „Wie könnte ich mich so ausdrücken, daß ich die Reaktion erhalte, die ich mir wünsche?"

Dieser kleine Ausflug ins Selbstgespräch als mögliche „Vorbereitung“ auf den Einsatz von Sprachmustern, insbesondere „hypnotischen“ Sprachmustern im Verkauf, legt eine andere, noch direktere Beschreibung dieses Prozesses nahe: „Hypnose ist das Hervorbringen von gewünschten Reaktionen im Kommunikationspartner.“ Mit Reaktionen sind dabei innere Reaktionen im Körper und Gehirn gemeint, die äußerlich erkennbar sind.

Wenn Sie es z.B. in einer Verkaufssituation für angebracht halten, daß der Kunde eine visuelle Erfahrung macht, also sich bildlich ausmalt, wie erfolgreich er mit Ihrem Produkt sein könnte, werden Sie als NLP-geschulter Verkäufer bestimmt Sprachmuster einsetzen. Sobald Ihr Kunde gehört hat, was Sie sagen, wird er Ihnen in seinen Reaktionen eine ganze Reihe von „Zugangshinweisen“ (access cues) geben; diese sagen Ihnen, ob er den Prozeß der bildlichen Vorstellung, wie in diesem Beispiel, tatsächlich vollzogen hat (denken Sie nur einmal kurz an die Augenbewegungsmuster zurück). Erst dieses Feedback (Rückmeldung) sagt Ihnen, ob Sie Ihren Kunden *in der „Art seines Denkens“ erfolgreich beeinflußt, mit anderen Worten „hypnotisiert“ haben.*

Mittlerweile werden Sie bemerkt haben, wie weit das „NLP-Verständnis“ von Hypnose von irgendwelchem Bühnen-Hokus-Pokus entfernt ist (wenn auch dort weitgehend die gleichen Prinzipien gelten).

Im weiteren werden Sie erkennen, daß die „Zustandsveränderung“, auf die der „geniale Verkäufer“ im Verkaufsgespräch mittels hypnotischer Sprachmuster zielt, in einer Art leichter Trance besteht. Eine solche leichte Trance hängt mit dem Vorgang zusammen, daß z.B. der Käufer seine „Wach-Bewußtseinsgrenze“ ein wenig verschiebt (siehe Kapitel: Die transversale Verschiebung). Wie Sie vielleicht noch wissen, erweitert sich damit die Fähigkeit, Einfluß auf das innere Erleben zu nehmen (Programmierebene).

(Sollten Sie „Happy Selling" einmal genauer unter die Lupe nehmen wollen, empfiehlt es sich, den gerade vorliegenden Abschnitt und die Kapitel zu *Trance* und *Transversaler Verschiebung* im Zusammenhang und nacheinander zu erforschen.)

Hypnotische Sprachmuster

Hier werden die wichtigsten hypnotischen Sprachmuster für den NLP-geschulten Verkäufer vorgestellt: Die „Kehr-Seite" des Meta-Modells

1. Informationen weglassen

Die Vorgehensweise des „Informationen weglassens" verdeutlicht auf klare Weise, wie zwingend Sprache doch sein kann. Wenn der „geniale Verkäufer" mehr über seinen Kunden und dessen Vorstellungen erfahren will, fragt er: „Wer und was genau? Wie genau?"

Will er zu einem anderen Zeitpunkt im Gespräch einen bestimmten Denkprozeß anregen, so läßt er einfach so viel Inhalt weg wie nötig; denn der Grundsatz „Worte beschreiben Erfahrungen" bewirkt dann in der Praxis, daß der Kunde fehlende Informationen durch eigene Erfahrungen wieder auffüllt.

Ein Beispiel für das Weglassen: „*Das* sieht ja toll aus", sagt der Verkäufer zu einem Kunden, während sie gemeinsam eine Ware betrachten. Das Wort *das* ist ungenau genug, um für jeden beliebigen Teil der Ware stehen zu können, genauso wie für einen vorher im Gespräch gefallenen Gedanken. Aus der Reaktion des Kunden kann der Verkäufer vieles entnehmen, wie Zustimmung/Ablehnung, noch zu klärende Punkte etc.; denn in der Reaktion wird der Kunde offenlegen, wie er das „das" verstanden hat.

Ein weiteres Beispiel – Ziel des Verkäufers: Er will einen gewissen Rapport herstellen. Verkäufer: „Manche Leute wissen noch gar nicht genau, was sie eigentlich genau suchen und wollen sich erst einmal selbst einen Eindruck verschaffen, was für sie geeignet ist. Andere sind schon dabei, ihre Vorstellungen vor Ort zu prüfen, wenn es auch aussieht, als schauten sie nur einmal herein."

In diesem etwas überzeichneten Beispiel beschreibt der Verkäufer sozusagen jede Menge „Prozeß" ohne viel konkreten Inhalts. Konkrete Personen läßt er weg, statt dessen sagt er „manche Leute, sie, andere", was dazu führen muß, daß sich der Kunde an der einen Stelle mehr, an der anderen Stelle weniger angesprochen fühlt, was dem NLP-geschulten Verkäufer natürlich nicht entgehen wird. Dort kann er dann weiter ansetzen und „leaden" (führen).

Ebenso scheint der Verkäufer in unserem Beispiel praktisch nur zu sehen, daß der Kunde da ist und sich etwas umschaut. Beachten Sie einmal, mit welchen recht ungenauen Verben (Tu-Worten) der Verkäufer den Kunden dazu bringt, darüber nachzudenken, was er hier eigentlich vorhat; gleichzeitig bringt es unser Verkäufer fertig, sich selbst ganz „klein" zu machen, sich ganz aus dem Spiel zu halten, denn an keiner Stelle in den beiden langen Sätzen findet der Kunde einen direkten Hinweis auf den Sprecher, also den Verkäufer. Dies mag Ihnen als ein erster Hinweis auf die „suggestiven", also „unterschwellig beeinflussenden" Kräfte dieser Sprachmuster dienen. Auch wirft unser Beispiel ein weiteres, anderes Licht auf die Wirkungsweise hypnotischer Sprache:

Die beiden Sätze sind, obwohl sie scheinbar wenig aussagen, vollgepackt bis oben hin mit „Aufforderungen zum Verarbeiten dieser Worte". So vollgepackt, daß bestenfalls ein Teil davon bewußt von unserem Kunden verstanden werden kann; der „Rest" an Aufforderungen zu reagieren schleicht sich unterschwellig ein, ist somit „suggestiv".

Hier noch einige weitere Vorschläge zu „Informationen, die der ‚geniale Verkäufer' weglassen kann", um an Beeinflussungskraft zu gewinnen:

– fehlende Teile bei Vergleichen ... ein Sprachmuster, das schon lange in der Werbung ge- oder mißbraucht wird: „Unseres ist besser“ – als was? Das bleibt dem Hörer/Leser überlassen auszufüllen. (Er wird schon etwas finden, denn er hat kaum eine andere Möglichkeit, wenn er den Satz verstehen will.)

– „*Einige* hier werden *es bereits* wissen ...“ Wichtig sind im Zusammenhang mit diesem Beispiel „*einige*“ – eine ungenaue Bezeichnung für eine Anzahl von Personen, so daß man sich automatisch angesprochen fühlt, denn so schnell kann man gar nicht überprüfen, ob man selbst gemeint ist; da folgt auch schon das „es“ – eine andere ungenaue Beschreibung von irgend etwas Unbekanntem. Wenn der Sprecher nun aufhört zu reden, fragt man sich automatisch: „Was soll ich wissen?“ Viele fangen an zu raten oder vorauszudenken: „Jetzt müßte das und das kommen.“

Auch solche „unscharfen“ Worte wie „bereits“ oder „schon“ haben im Grunde nur einen Sinn, wenn vorher einige Informationen mehr dargeboten wurden, die ein „bereits“ in diesem Satz rechtfertigen.

Selbst ohne tieferes Wissen über Sprache spürt jeder Hörer die Spannung, die durch einen solchen – von fehlenden Teilen strotzenden – Satz wie: „Einige werden es bereits wissen...“, ausgeht. Andere ungenaue Personen, Dinge und Mengen benutzt der „geniale Verkäufer“ mit: „die da oben“, „die anderen“, „manche“ etc.

2. Ungenaue Prozeßworte

Bleiben wir bei unserem Beispielsatz: „Einige werden es bereits *wissen*“ – so finden Sie hier in „wissen“ ein ungenaues „Prozeßwort der Wahrnehmung“.

Etwas „wissen“ heißt im allgemeinen ein inneres Bild haben oder vielleicht innerlich gesprochene/gedachte Worte hören, oder ein Gefühl von/über etwas haben – vielleicht auch eine Kombination von allen. Sie merken, ein ungenaues „Verb der Wahrnehmung“ fordert den Hörer auf, einen inneren Vorgang zu „starten“ ohne ihm zu sagen, wie er das genau im einzelnen machen soll. Diese Vorgehensweise benutzt der „geniale Verkäufer“ u.a. bevorzugt dann, wenn er mehrere Kunden auf einmal dazu bringen will, einen bestimmten Prozeß einzuleiten, oder ihm bei einem bestimmten Gedanken zu folgen: „Sie alle hier werden einmal erfahren haben, wie es ist ...“ – „erfahren“ ist hier das ungenaue Prozeßwort mit „Suggestivkraft“; jeder Zuhörer kann (und muß) nun auf seine persönliche Weise innerlich nachvollziehen, was der Verkäufer nun folgen läßt im Rest des Satzes.

Weitere „ungenaue Verben der Wahrnehmung“ benutzen Sie mit: meinen, denken, sich erinnern, überlegen, sich entscheiden etc. – alles Worte, die ganz kurz jede Art von innerer Verarbeitung von Informationen erlauben, angefangen mit einfachen bis hin zu umfassenden Vorgängen. „Denken Sie daran“ – kann heißen „Machen Sie sich ein Bild“, kann in diesem Sinne noch beliebig viel mehr an „Vorgängen im Gehirn“ bedeuten.

Ungenaue Adjektive (Wie-Worte):

Jedes Wie-Wort ohne Erläuterung kann suggestiv wirken: „Groß“ – wie groß ist das? Alles ist nur groß oder klein im Verhältnis zu etwas anderem. Wenn ein Verkäufer also dieses „andere“ wegläßt, bleibt dem Kunden wenig übrig, außer die eigenen Vorstellungen einzufügen. Dazu „geht“ er in die Bereiche seiner inneren Wahrnehmung und holt sich eine passende Erinnerung oder Vorstellung. Sobald die Hauptrichtung des Denkens nach innen geht, ist die Verbindung hergestellt zu den „Trance-Zuständen", wie Sie vielleicht noch aus dem entsprechenden Kapitel wissen.

Wenn der „geniale Verkäufer" sich also aus irgendeinem Grund erst einmal das Ziel gesetzt hat, seinen Kunden eine innere Erfahrung machen zu lassen, kann er in seiner Sprache vermehrt Informationen weglassen.

Ein Verkäufer wird sich sehr oft dann für hypnotische Sprachmuster entscheiden, wenn er z.B. bemerkt, daß seinem Kunden etwas fehlt, das zu einer „runden" Kaufentscheidung dazu gehört (Vorstellung vom Nutzen, Gefühle des Gewinns beim Kauf etc.).

3. Andere hypnotische „Prozeß-Anleitungen": Grenzen erweitern, die Grenzen verkleinern

Wenn Ihnen noch irgendwo das „Meta-Modell" mit seinen Fragen im Ohr klingt, werden Sie gleich wissen, daß Sie es hier mit den Worten „müssen" und „können" zu tun haben. Wo der Kunde sein „Begreifen der Welt" einengt, kann der „geniale Verkäufer" mit den gleichen sprachlichen Mitteln wie sein Kunde die Grenzen wieder öffnen.

Ein Käufer: „Das kann ich mir nicht vorstellen, daß das klappen soll."

Verkäufer: „Sie sagen, das *können* Sie sich nicht vorstellen, im Moment; *können* Sie sich an eine ähnliche Situation erinnern, wo Sie erst gedacht haben: ‚Das *kann* nicht gehen.' ... und später, als Sie der ganzen Sache etwas mehr Zeit und Raum ließen, erkannten Sie, daß es *zumindest* möglich war einen Versuch zu starten."

Dies ist natürlich wieder ein „konstruiertes" Beispiel. Beachten Sie das Pace- und Lead-Vorgehen (angleichen und führen) und wie der Verkäufer aus dem einschränkenden „kann nicht" mit Hilfe der gleichen Wortgruppe (können, möglich sein) eine wirksame unterschwellige Aufforderung zum Öffnen der „Beschränkung" entwickelt. Die „Prozeß-Anleitung" zielt auf ein sich-vorstellen-können, wobei auch ungenaue Verben wie „erinnern, erkennen" auftauchen. Mit Worten wie „Sie müssen, sollten" etc. hält der „geniale Verkäufer" ein sprachliches Mittel in den Händen, das Einschränkung oder gar Zwang bewirkt. „Das müssen Sie sich unbedingt einmal genauer anschauen" – in freundlichem Ton gesagt, ist es für jedermann schwer, sich diesem „Befehl" zu entziehen.

Natürlich sagt dabei niemand, wer uns hier zwingt, uns „das genauer anzuschauen", oder was geschieht, wenn wir es nicht tun. So erinnern wir uns z.B. als Käufer unbewußt an andere Erfahrungen mit dem Wort „müssen" – und machen lieber, was uns gesagt wird.

Der „geniale Verkäufer" wird „müssen, sollen etc." wohldosiert mit großem Feingefühl da einsetzen, wo er die Aufmerksamkeit seiner Kunden ganz gezielt z.B. auf Einzelheiten lenken möchte. Mit allumfassenden Bezeichnungen wie „alle, jeder, keiner, nie und nimmer" läßt sich die „zwingende" oder einschränkende Wirkung dieser Sprachmuster noch um ein Vielfaches verstärken. Sie finden es im obigen Beispiel: „Das müssen Sie sich *unbedingt* einmal ...", heißt „ohne Bedingung", in jedem Fall, ganz gleich was kommt...

4. Wortmuster, die die Phantasie des Kunden „beflügeln“

... bieten sich dem „genialen Verkäufer“ in den schon beschriebenen Ereignisworten: Frieden, Freude, Gewinn und Erfolg. Wo wird das nicht versprochen in der Werbung oder im Verkaufsgespräch? Und solange man nicht „zu dick aufträgt“, funktioniert das noch immer. Und es wird weiter funktionieren, denn diese Ereignisworte laden den Hörer, also hier den Kunden, dazu ein, das entsprechende Ereignis zu liefern.

Taucht ein Wort wie „Erfolg“ ohne nähere Erläuterungen in einem Satz auf, z.B.: „Das bringt den gewünschten Erfolg“, was ist da naheliegender, als an die eigenen Vorstellungen vom Erfolgreichsein zu denken? Ein Bild entwickelt sich vor dem inneren Auge, mehr noch ein Film. Man selbst spielt darin die Hauptrolle an einem bestimmten Ort, zu einer bestimmten Zeit, die man nur selbst kennt. Man sieht die Personen, die uns sehen, wie wir uns erfolgreich verhalten, erfolgreich auf unsere ganz persönliche Weise. Es gibt Geräusche und Worte zu hören und auch Gefühle des Erfolgs werden kaum fehlen. All das, diese ganze komplette Szene mit vielen, vielen Einzelheiten – vielleicht ist es auch eine jener typischen Vorstellungen aus der Welt des Films –, eine Menge Informationen, die in unserem Gehirn gespeichert sind, gehören zu dem Ereigniswort „Erfolg“.

In Hundertstelsekunden oder schneller rufen wir solcherlei Informationen ab, wenn wir einem Wort wie Erfolg einen Sinn verleihen wollen. Ein Verkäufer, der Wert darauf legt, wird seinen Kunden in dem Moment dabei unterstützen wollen, in dem er ihm z.B. Zeit läßt oder weitere hypnotische Sprachmuster einsetzt.

Kurz gesagt, Ereignisworte beflügeln die Phantasie, Ereignisworte wie „Gewinn, Erfolg“ im eher Positiven, oder „Angst und Sorge“ im eher Negativen sind wie leere Hüllen, die sich geradezu schreiend anbieten, damit man ihnen durch Personen, Dinge, Ort, Zeit etc. „Leben“ einhaucht. Das weiß der „geniale Verkäufer“ nur zu genau, wenn er Ereignisworte entsprechend, stets für beide Seiten aufbauende Ziele, einsetzt.

Weitere hypnotische Sprachmuster:

a) „Umfassende“ Bezeichnungen: Alle, keiner, immer, ...

Dieser „Klasse“ von Worten sind Sie ja bereits begegnet in diesem Buch. Der „geniale Verkäufer“ kann diese Sprachmuster auch als Hilfsmittel zur Beeinflussung seiner Kunden benutzen: Wenn er z.B. sagt: „*Jeder* ... hat schon einmal die Erfahrung gemacht, wie gut es ist, sich bei einer Sache richtig gut zu fühlen ...“, so hat er mit dem Wort „jeder“ eine Menge genannt, zu der nun einmal jeder gehört. So kann man sich als Kunde hier nur schwer der Wirkung entziehen. Diese Wirkung besteht darin, die dem „jeder“ folgenden Worte „am eigenen Leib“ zu erfahren.

Auch ein „immer“, „keiner“ oder „nie“ arbeitet mit der gleichen scheinbar „allumfassenden“ Macht. Die Worte sind daher nur mit Vorsicht zu genießen. Aufbauend kann man diesbezüglich weniger Fehler machen im Verkauf – „Sie werden sich *immer* gern daran erinnern, daß Sie diesen Kauf gemacht haben“ – als „abbauend“. Wer kennt nicht in irgendeiner Form die „Killer-Phrasen“ (tödliche Sätze) wie: „Das schafft er nie.“ „Das hat noch keiner jemals geschafft.“

b) „Gedankenlesen“:

„Sie werden sich vielleicht *wundern*“, während Sie den Ausdruck „Gedankenlesen“ verarbeiten, was das *bedeuten* mag; und Sie *wissen* bereits, daß Sie in diesem Buch an manchen Stellen die gewünschten *Informationen* unterschwellig gleich beim ersten Lesen *erhalten*.

Daher könnte Ihnen mittlerweile *klar geworden* sein, daß überall dort das Sprachmuster des „Gedankenlesens“ *erscheint*, wo ein Ausdruck kursiv gedruckt ist. Bei all diesen Ausdrücken wie z.B. „sich wundern“, „erkennen“, „klar werden“ etc. handelt es sich um „ungenaue Verben der Wahrnehmung“.

Indem sie der „geniale Verkäufer“ gebraucht, handelt er so, als könnte er die Gedanken seines Kunden lesen und verfolgen. Wenn er sagt: „Sie wissen ja, ...“ – woher soll er wissen, daß der andere schon weiß, was jetzt folgt. Auf jeden Fall fordert er damit den Käufer erneut unterschwellig auf, das im Satz folgende nachzuvollziehen, also ein weiteres hypnotisches Sprachmuster.

Die Kernfrage des „genialen Verkäufers“ hinter den hypnotischen Sprachmustern

Wie kann der „geniale Verkäufer“ mit Sprache den „Rahmen erschaffen“, der sich von selbst mit dem gewünschten Inhalt füllt?

Am Ende dieses Abschnitts werden Sie möglicherweise sagen: „Das ist nichts Neues.“ Rufen Sie sich an dem Punkt ins Gedächtnis zurück, daß NLP durchaus vom Inhalt her wenig Unbekanntes liefert. Das „andere“ an der NLP-Sichtweise liegt in der Systematik, also im Herauskristallisieren der wichtigen, tragenden Elemente des Verkaufsgesprächs. Darüber hinaus wird „gutes NLP-Wissen“ stets so dargestellt sein, daß es in einzelnen Schritten nachvollziehbar und somit für jeden lernbar wird.

Wieder hin zu den hypnotischen Sprachmustern: Eines der ständigen, teils offenen, teils verborgenen Ziele eines jeden Verkäufers besteht darin, daß er seinen Kunden in einen inneren Zustand bringen will, der den Erwerb einer Ware oder einer Dienstleistung rechtfertigt oder begründet. Dabei spielt es keine Rolle, ob dieser innere Zustand des Kunden als ein unangenehmer oder wünschenswerter Zustand wirkt. Denken Sie nur an den Versicherungsmakler, der seinem möglichen „Partner“ in der gemeinsam im Gespräch

entwickelten Vorstellung das Haus über dem Kopf abbrennen läßt, den Kunden ins Krankenhaus legt oder ihn gar morgen schon sterben läßt. Diese Herangehensweise kann ja durchaus im Sinne des Kunden sein, wie man weiß; genausogut kann es in „Panik-Mache" münden, die zur „Überversicherung" zugunsten des Maklers führt. Darin liegen Gefahr und Chance für den Verkäufer, der hypnotische Sprachmuster verwendet. Und die würden Sie als NLP-geschulter Verkäufer im obigen Beispiel zuhauf „ausspielen".

Selbst unser nicht geschulter Versicherungs-Verkäufer weiß bis zu einem gewissen Maße, was er macht, wenn er sagt: „Stellen Sie sich einmal vor, es gäbe einen Kurzschluß im Fernseher und Sie wären nicht im Hause ..." Der innere Zustand des Kunden muß in diesem Beispiel so „echt", so stark wirken, daß der Abschluß eines Versicherungsvertrages als das einzige „vernünftige Gegengift" gegen die aufkommenden Gefühle der Panik oder Unsicherheit erscheint.

Dieser Verkäufer weiß genau, daß er auf dem direkten Weg überhaupt nicht zu diesem Ziel kommen kann. Bei der Frage „Fühlen Sie sich unsicher? Verspüren Sie Angst?" würde er nur Ablehnung von Seiten des Kunden erfahren. Selbst wenn der Kunde wollte, er könnte es nicht. Denn die Gefühle der Menschen unterliegen nicht dem direkten Willen, so wie wir unsere Muskeln steuern können nach Wunsch und Wille.

Gefühle und verwandte innere Zustände und Reaktionen werden von einem anderen Nervensystem gesteuert, als z.B. die Muskeln. Und das ist gut so: Wie sehr wären wir überlastet, wenn wir auch noch Herzschlag, die Arbeit von Leber, Nieren und tausende von anderen körperlichen Vorgängen bewußt lenken müßten.

Da jeder Anfänger im Verkauf schnell merkt, wie wichtig die Berücksichtigung der „inneren Zustände" des Kunden für das Gelingen des Verkaufsgesprächs, die Kauf-Entscheidung, die „Kauf-Reue" und vieles mehr ist, wird er schnell über Mittel und Wege nachsinnen und sich fragen: „Wie kann ich an die ‚Gefühls-Steuerungs-Zentrale' im Kunden herankommen?"

Die Leute in der Werbung, im Marketing, unser Versicherungsmakler im obigen Beispiel, sie alle kennen die Antwort: „Auf indirektem Wege."

Unsere Steuerungs-Zentrale für innere Zustände reagiert ziemlich „automatisch" auf bestimmte Reize, wie z.B. die Ankündigung von Freude oder Gefahr. Wenn die Stärke der Reize gewisse Grenzen überschreitet, geschieht etwas. (Ein gutes Beispiel dafür finden Sie im „Angst-Angriff-" bzw. „Angst-Flucht-Verhalten".) Eigenartigerweise spielt es dabei keine Rolle, ob die Reize tatsächlich aus der Außenwelt kommen (z.B. der Anblick einer aufgerichteten Klapperschlange in nächster Nähe), oder „nur" im Gehirn erzeugt wurden (z.B. eine Vorstellung oder ein Traum). Wenn eine innere Darstellung einer Situation nur möglichst nah ans Original, also einer tatsächlichen Erfahrung herankommt, wird die Reaktion auch immer weniger unterscheidbar einer „echten" Reaktion ähneln. Denken Sie nur einmal an den bekannten Biß in eine frische Zitrone. Die meisten Menschen brauchen nur die Worte zu hören, und schon verzieht sich ihr Gesicht und der Mund läuft voll „Wasser".

Für das Verkaufsgespräch bedeutet das: Der „geniale Verkäufer" möchte bei seinem Kunden eine gewünschte Reaktion hervorrufen, z.B. daß er sich zum Kauf entscheidet. Der Kunde wird diese Reaktion eher dann zeigen, wenn er sich in einem entsprechenden inneren Zustand befindet. Weil der

„geniale Verkäufer" weiß, daß innere Zustände auf indirektem Wege leicht zu erzeugen sind, führt er seinen Kunden: *Er erzeugt mit Worten eine sinnliche Beschreibung und somit im Kunden eine innere Erfahrung einer Situation. Der „geniale Verkäufer" wählt dazu eine Situation aus, die auf natürliche Weise zu der gewünschten Reaktion führt.*

In unserem bereits bekannten Beispiel: Eine dramatische, also möglichst „sinnliche" Darstellung des brennenden Hauses führt den Kunden in einen inneren Zustand, der den Versicherungsabschluß als eine natürliche, angemessene Reaktion erscheinen läßt. Einen geeigneten Rahmen zu erzeugen, im Sinne eines geeigneten inneren Zustandes des Kunden, der gewünschte Reaktionen als „logische" Folge mit sich bringt, das ist „Verkaufen mit hypnotischen Sprachmustern".

Der „geniale Verkäufer" fragt sich, sobald er eine für beide Seiten wünschenswerte Reaktion als Ziel ausgemacht hat: „Wo, unter welchen Umständen würde diese Reaktion auf selbstverständliche Weise erscheinen?" Dann setzt er diejenigen hypnotischen Sprachmuster, die Sie bereits kennengelernt haben und noch einige mehr ein, um diese Situation zu beschreiben; er stellt die Szene so dar, daß sie für den Kunden eine gewisse Wirklichkeit gewinnt. Zumindest soviel Wirklichkeit, daß der innere Zustand und daraufhin sein Verhalten (z.B. Entscheidung zum Kauf) beeinflußt wird.

Folgen Sie einen Schritt in die Tiefe dieses Vorgehens: Sie wissen, daß ein Kunde bestimmte ungenaue Sprachformeln (z.B. Ereignisworte) mit seinen eigenen Vorstellungen auffüllt, damit das Ungenaue einen Sinn ergibt. Beschreibt nun der „geniale Verkäufer" eine Situation, die eine Reaktion erzeugen soll, bleibt er bewußt unscharf in seinen Worten; er vermeidet es so, die inneren Gedankenvorgänge zu behindern. Beispiel: Wenn ein Haus brennt, ist es sehr wahrscheinlich, daß Rauch entsteht; aus welchem Fenster er hinausquillt, oder ob er aus dem Dach steigt, das wird in der Vorstellung jedes Kunden verschieden sein.

So läßt der „geniale Verkäufer“ seinen Kunden genug Raum für die persönliche Art, sich z.B. etwas vorzustellen. Gleichzeitig „liefert“ er genügend „führende“ Worte, damit auf jeden Fall der gewünschte Prozeß erzeugt wird, und damit die gewünschte Reaktion.

Auch Pacing und Leading (sich Angleichen und Führen) gehören für den „genialen Verkäufer“ unbedingt zum Gebrauch hypnotischer Sprachmuster dazu. Genauso auch eine „gezielte Überladung“ mit Informationen. Wie sich dies alles ergänzt und auswirkt als ein wahrhaft „mächtiges“ Instrument im Verkaufsgespräch, diese Erörterung würde den Rahmen dieses „Happy Selling“-Buches sprengen.

Darüber hinaus wirft die Anwendung hypnotischer Sprachmuster geradezu zwingend die Frage auf: Wie schützt der „geniale Verkäufer“ sich selbst und seine Kunden vor Mißbrauch? Wie schützt sich der Kunde? Deshalb haben die Autoren beschlossen, die praktische Anwendung, das Wie? und Wo? persönlich in den K-Train-Seminaren an die interessierten Leser weiterzuvermitteln.

VI

K wie Kinästhetisch: Happy Selling = glückliches Verkaufen mit Fingerspitzengefühl

Kasten 13

Kinästhetisch:

1. Das Bewegungsgefühl betreffend bzw. das Muskelempfinden betreffend – so lautet die allgemeine Erklärung in eher medizinischem Sinn (Fremdwörterbuch);
2. Im Zusammenhang mit NLP gilt der kinästhetische Sinn als der „Gefühlssinn“ oder „Körpergefühlssinn“, wobei man drei nützliche Unterscheidungen trifft:
   a) Wahrnehmungen des Tastsinns – Empfindungen, die man über die Haut macht.
   b) „Propriozeptive“ Wahrnehmungen: Muskel- und Bewegungssinn (s. oben) und andere innere Wahrnehmungen wie z.B. Herzschlag und ähnliches.

c) Bewertende „Meta-Gefühle" (Meta = über) – also bewertende Gefühle über andere Wahrnehmungen, die auch von anderen Sinneskanälen kommen können. Es geht hier um die allgemeine Bedeutung von Gefühlen (Emotionen), also Gefühle wie „Zorn" oder „Liebe", die man meistens im Brustkorb oder im Bauchraum spürt oder auch entlang der Wirbelsäule.

Diese Art von kinästhetischen Wahrnehmungen sind keine direkten körperlichen Wahrnehmungen, vielmehr entstehen sie meist abgeleitet als Reaktion auf andere Wahrnehmungen (V-A- oder K);

Beispiel: „Wenn ich dich sehe, wird es mir warm ums Herz" – V → K, aus „sehen" wird „fühlen".

Happy Selling – Verkaufen macht glücklich

Da Ihnen die Meta-Fragen mittlerweile vertraut sind, werden Sie sofort fragen: Wen soll Verkaufen glücklich machen und wie?

Der „geniale Verkäufer" möchte natürlich beide Seiten glücklich sehen – Käufer und Verkäufer. Kurz gesagt: „Happy Selling" beschreibt Verkaufen als einen Prozeß, der am Ende auf beiden Seiten eine „Win-Win-Situation", also eine Gewinn-Gewinn-Situation erzeugt. Nun schlicht und einfach davon zu reden, auf beiden Seiten müßte eben das Gefühl erzeugt werden, man habe „echten Nutzen" gewonnen – das wäre zu einfach; und darüber hinaus wäre es für einen NLP-geschulten Verkäufer, der sich auf die Rückmeldungen (Feedback) seiner Sinne verläßt, auch zu ungenau. So hat sich der „geniale Verkäufer" sozusagen eine unbestechliche Kontrollinstanz geschaffen – besser gesagt: dieses „Kontrollzentrum“ im Gehirn war schon immer da, nämlich das kinästhetische Sinnessystem. Der „geniale Verkäufer“ hat gelernt, es zu schulen, zu schärfen und gezielt einzusetzen.

„Glücks-Kontrolle“ – Gefühlssinn

Wenn Sie noch einmal einen kurzen Blick auf die Worterklärung für kinästhetisch werfen wollen, so werden Sie noch einmal deutlich die Unterscheidungen vor Augen haben, die NLP zum Gefühlssinn macht: Während man in deutschsprachigen Gefilden unter kinästhetisch oft nur den umgrenzten Raum des Bewegungssinnes – also genaugenommen das „Muskelempfinden“ verstanden hat, geht die angelsächsische Tradition viel weiter. Hier gehören zum kinästhetischen Sinn Tastsinn (Haut), der bereits erwähnte Bewegungssinn und schließlich auch die Meta-Gefühle, also die bewertenden Gefühle, wie Zorn und Freude oder jede Art von innerer Stimmung. Letztere gewinnen für den „genialen Verkäufer“ eine ganz besondere Bedeutung, wie Sie noch erfahren werden.

Indem die Autoren von „Happy Selling“ im weiteren Verlauf des Buches das Wort „kinästhetisch“ – (kurz K) gebrauchen, können Sie dies stets so verstehen, daß damit das Körpergefühl, der Körper-Sinn in seiner gerade gebrauchten umfassenden Bedeutung gemeint ist: Tast-, Bewegungs-, Meta-Gefühlssinn.

Allein aus der Beschreibung des kinästhetischen Sinnes in dieser Form läßt sich schon erahnen, wie die Annahme zustande gekommen ist, daß das K-System das Kontrollsystem für Happy Selling darstellt, beim Käufer wie beim Verkäufer. Um einen inneren Zustand von Glück, Zufriedenheit oder auch Ärger oder Zweifel zu erfahren, brauchen wir einen

Körper, der diese Zustände „einnehmen“ kann. Unser Körper spielt so die Rolle eines Grad-Messers unseres inneren Zustandes.

Machen Sie einmal selbst die Probe: Selbst wenn Sie als „Auslöser“ ein schönes Bild aus einer bereits erlebten Erfahrung benutzen, oder ein schönes Musikstück anhören, wird sich Ihr Glücksgefühl letztendlich körperlich, also kinästhetisch ausdrücken (z.B. in Entspannung oder in Bewegung der Lippen nach hinten oben – ein Lächeln).

Jeder Mensch, also auch der Kunde, trägt so einen Satz von inneren, körperlichen Zuständen mit sich herum; an denen kann er messen, ob das, was er gerade macht oder wahrnimmt, einem für ihn wünschenswerten Zustand ferner oder näher ist. Die Vorannahme hierfür lautet etwa so: „Jeder Mensch strebt ständig auf seine Weise einen Zustand an, den er für sich persönlich als den besten oder angenehmsten empfindet“ (schon sind wir bei K-Empfinden).

Darüber ist sich der „geniale Verkäufer“ im klaren: Wann und wie immer er seinem Kunden etwas andeutet, so löst er eine Kette von Wahrnehmungen aus (z.B. innere Bilder und Gedanken), an deren Ende ein K+ oder K- steht, also eine Bewertung z.B. der Zufriedenheit. Am Ende eines jeden erfolgreichen Verkaufsgesprächs finden Sie ein K+, also ein positives Gefühl, und zwar am besten auf beiden Seiten. Der tatsächliche innere Zustand z.B. beim Kunden ist für den „genialen Verkäufer“ höchstens annähernd meßbar. Hier gewinnt Pacing (sich Angleichen), das Sie im Abschnitt über Rapport zum ersten Mal kennengelernt haben, eine noch hochrangigere Bedeutung – Beispiel Zufriedenheit: Der Kunde zeigt seine „Zufriedenheit“ durch seine Körperhaltung (z.B. gelockert, bequeme Sitzhaltung), eine freudige Stimme (z.B. etwas schneller und voller) und ein Lächeln.

Der „geniale Verkäufer“ kann sich hier vollkommen natürlich, also wie beiläufig durch Spiegeln angleichen. Als Ergebnis wird er in seinem Körpergefühl (K) dem Zustand „Zufriedenheit“ des Kunden selbst in den Details, wie dem Atem (Geschwindigkeit und Ort, z.B. Bauchatmung) näherkommen, da ja für beide als „biologische Wesen Mensch“ die gleichen Gesetze gelten. Eingeklinkt in eine derartige Feedback-Schleife kann der „geniale Verkäufer“ um so intensiver fast am eigenen Leib erfahren, wann die Richtung des Gesprächs weg geht vom „Happy Selling“. Glücklicherweise offenbart jeder Kunde mehr oder weniger deutlich, woran man bei ihm erkennen kann, daß sich der gerade eingeschlagene Weg im Verkaufsgespräch lohnt – die „Kontroll-Instanz K“ wie

kinästhetisch wirkt quer durch alle Sinnessysteme (V,A,K): Meta-Gefühle (z.B. Freude) und Stimmungen äußern sich im Gefühl des Körpers genauso wie in Veränderungen in der Stimme, wie auch im Blick oder der Sicht der Augen. Tausende von metaphorischen (sprichwörtlichen) sprachlichen Ausdrücken sind im Grunde durchaus wörtlich zu verstehen. Beispiele:

- für K+ in V: „mit leuchtenden Augen“, „durch die rosarote Brille sehen“
- für K- in V: „ein düsterer Blick“, „etwas zu eng sehen“.

Derlei Beschreibungen von Verhalten deuten darauf hin, wie die K-Stimmungslage in den anderen Sinnen „durchschlägt“, und daß das „Kontroll-K“ durchaus leicht und deutlich zu beobachten und zu erkennen ist. Wenn auch der „düstere Blick“ ungenau beschrieben ist, lassen sich gleichwohl durchaus im Zusammenziehen der Augenlider entsprechende andere kleine Muskelbewegungen im Gesicht feststellen.

Allein schon aus dem gerade beschriebenen Beispiel können Sie leicht erkennen, daß der „geniale Verkäufer“ eine Fähigkeit perfekt beherrschen sollte, wenn es ihm ernst ist mit dem „Happy Selling“: Er trainiert seine sinnliche Wahrnehmung (sensory acuity) ständig weiter, im besonderen seinen Sinn für „K“ wie kinästhetisch. Wenn andere Verkäufer in Kategorien wie „Nutzen“ oder „Vorteil“ für den Kunden denken, geht der „geniale Verkäufer“ einen Schritt in die Tiefe der sinnlichen Wahrnehmung. Was er an Bewegungen des Körpers, Änderungen in der Stimme oder auch in den Bewegungsmustern der Augen beobachtet, gibt ihm eine unmittelbare, unverfälschte Rückmeldung. Nur wenn die Richtung des Verkaufsprozesses auf K+ zugeht, verläßlich erkennbar durch sinnliche Wahrnehmung, erkennt und weiß der „geniale Verkäufer", daß „Vorteil" wirklich „Vorteil" und „Nutzen" auch tatsächlich „Nutzen" für den Kunden bedeutet. Hier gibt es kein Raten oder Abschätzen oder Vermuten mehr – nur noch sinnliche Wahrnehmung vor allem mittels der Kontrollinstanz K wie kinästhetisch.

Diese Art von Präzision (Genauigkeit) unterscheidet Verkaufen mit NLP von Verkaufen. Gerade heute verlieren Begriffe wie „Zielgruppen" oder „typische Kunden" immer mehr an Bedeutung. Die Käufer werden als Personen immer vielschichtiger, d.h. sie haben sehr verschiedene Interessen und Einstellungen. Dementsprechend wollen sie nicht mehr länger vom Verkäufer in eine Schublade gesteckt werden durch „Standard-Behandlung" und „Standard-Argumente" im Sinne von „Zielgruppen-Zugehörigkeit."

Da Verkaufen also mehr und mehr zur Individual-Beratung wird, gewinnt das Wissen um das „Wie" der Kontroll-Instanz K um so mehr an Wert. So lernt der angehende „geniale Verkäufer" im K-Train-Seminar, wie er Unterscheidungen feinster Art im kinästhetischen Sinnessystem machen kann – Schulung der „Sinnes-Intelligenz K".

Happy-Selling – auch der Verkäufer fühlt sich wohl beim Verkaufen

War der Blick im bisherigen Verlauf des Kapitels mehr auf das Glück des Kunden gerichtet, so rückt jetzt einmal der Verkäufer in den Mittelpunkt. Daß der Kunde glücklich ist, K+ erfährt und Nutzen oder Vorteile beim Kauf einer Ware oder einer Dienstleistung erfährt, heißt ja noch lange nicht zwangsläufig: „Jetzt ist auch der Verkäufer froh."

Indem der „geniale Verkäufer“ also das Verkaufen grundsätzlich als einen Prozeß, der „glücklich“ machen kann, betrachtet, wird klar, daß hier im Mittelpunkt ein K+, also ein „Satz von positiven Körperwahrnehmungen oder Gefühlen“ auftauchen muß (wenn man diesen Prozeß in der NLP-Sprache darstellt). Wie Sie schon des öfteren im Verlauf des Buches erfahren haben, liegt im anderen Paradigma des Verkaufens der Gewinn auf Seiten des Käufers wie des Verkäufers; jetzt wissen Sie, daß dieser „Gewinn“ anhand der K-kinästhetischen Reaktionen von beiden „gemessen“ oder festgestellt werden kann.

Bevor sich der „geniale Verkäufer“ überhaupt hinausbegibt in die „Welt des Marktes“, hat er sich ein Selbstbild geschaffen, das ihn bewegt (motiviert), als Verkäufer etwas an den Mann zu bringen. Im Kapitel Outcomes konnten Sie lesen, welche Zielvorstellungen sich ein „genialer Verkäufer“ macht, und Sie erhielten Informationen darüber, welchen „Gewinn“ (außer Geld) er sich aus dem Verkaufen erhofft: z.B. Selbstverwirklichung, Erfahrung, Menschenkenntnis, Informationen, Wissen und Erkennen von größeren Zusammenhängen.

Hier geht es nun darum, wie ein NLP-geschulter Verkäufer sich selbst die Meta-Frage: „Ist es diese Zielvorstellung (outcome) für mich wert?“ so verläßlich und genau für sich beantwortet, daß das darauf aufbauende Selbstbild wirklich eine „bewegende“ (motivierende) Kraft bilden kann. Beispiel: Jeder Mensch kann, indem er seine Aufmerksamkeit nach innen wendet, sehr genau feststellen, wie er selbst die Begriffe „glücklich oder unglücklich“, „wert oder unwert“, „zufrieden oder unzufrieden“ im/am eigenen Körper erfährt. Diese Erfahrung bildet für jeden Menschen die „Skala der Werte“ (also die Kontrollinstanz), und sie wird in jedem Fall eine körperliche = kinästhetische sein. (Es geht nicht anders.) Ein NLP-geschulter Verkäufer verfügt über eine sehr feine Abstufung in seiner K-Wahrnehmung. Er kann z.B. im K-TRAIN-Seminar seine eigene Gefühlswahrnehmung erfahren haben. Er weiß dann genau, daß K+ für ihn selbst in diesem Beispiel folgendes bedeutet: ruhige Atmung, ein Wärmegefühl in der Herzgegend, ein entspanntes Gefühl um die Augen etc. Ein anderes Ende mag für ihn – als K- – so aussehen: leichtes Zittern in den Händen, Schweiß auf der Stirn, Gefühl eines zusammengeschnürten Magens. Dies nur als Beispiel; gleichwohl sind alle diese „Anzeichen" sowohl innerlich erfahrbar von unserem Verkäufer selbst, als auch von einem außenstehenden Beobachter.

Dieser Verkäufer kennt nun seine eigene K-Skala, die ihm dann als Kontrollinstrument zur Verfügung steht, zunächst einmal zum eigenen Gebrauch: Geben Sie diesem Verkäufer das Wort „Selbstverwirklichung", um es als einen „Wert des Verkaufens" zu „verdauen". Er kann nun bei sich selbst leicht erfühlen, ob dieses bloße Ereigniswort allein ausreicht, ein starkes Gefühl auszulösen. (Wahrscheinlich wird er sich selbst ein genaueres und lebendigeres Bild machen müssen davon, wie er sich im Verkauf selbstverwirklichen könnte.) Er geht z.B. aus dem K-TRAIN-Seminar nicht ohne ein K+ in seinem Selbstbild nach Hause.

Dieselbe „Werte-Skala" sagt unserem Verkäufer auch im Verkauf selbst, ob er für sich das erhält, was er sich vorher als „Wert" festgestellt hat; mit anderen Worten: seine Vorstellungen und Erfahrungen von K+ sagen ihm, ob er in seiner jeweiligen Situation, auch mit dem, was er selbst zum Verkaufsgespräch beiträgt, noch „Happy Selling" macht. Das heißt, die Kontroll-Instanz K fordert unseren Verkäufer auf, auch sein Verhalten im Verkaufsgespräch zu überdenken und zu ändern, damit die Richtung wieder K+ heißt. (Nicht immer ist nur der „böse Kunde" schuld, vor allem nicht beim „genialen Verkäufer".)

Den K-Sinn verstärken

Wer erst einmal die „kinästhetische Werteskala" bei sich selbst so weit ausgebildet hat, daß sie zu einer verläßlichen Informationsquelle geworden ist, der hat auch einen ersten Eindruck von seinem Reichtum der Gefühle erhalten. Dem „genialen Verkäufer" reicht ein „gut" oder „schlecht", „angenehm" oder „unangenehm" bei weitem nicht mehr aus. NLP fragt in diesem Zusammenhang ganz genau nach dem „Wie" der körperlichen Erfahrung.

Auch in diesem Zusammenhang wird wieder das Pacing zu einem enorm wichtigen „Werkzeug der Vermittlung". Nachdem der Verkäufer bereits gelernt hat, feinere Unterscheidungen in seiner eigenen Wahrnehmung von K, also Gefühlen zu machen, wird er spätestens beim Einüben von Pacing (Angleichen an einen Kunden) eine hochinteressante Erfahrung machen. Sobald er einmal z.B. eine Körperhaltung eingenommen hat, die nicht typischerweise zum Verhalten dieses angehenden „genialen Verkäufers" gehört, „spürt" er etwas Interessantes: Er macht eine körperliche Erfahrung (K), die er vorher noch nie (bewußt) so gemacht hat. So erhält er am eigenen Leib einen Eindruck davon, wie sein Gegenüber sich wohl gerade fühlt.

Am eindringlichsten wird diese Erfahrung, wenn man fremde Gesichtsbewegungen (Mimik) spiegelt. Man fühlt sich nicht mehr ganz „wie man selbst" und macht so die ersten Schritte zur Erkenntnis, wie verschieden die Menschen tatsächlich ihre Welt erfahren. Im K-Training wird so die Erfahrungsbandbreite der „Kontroll-Instanz K" ungeheuer erweitert und gleichzeitig verfeinert (differenziert). Ein „genialer Verkäufer" kann kaum mehr den Fehler begehen und seine Kunden grob fehleinschätzen; z.B. durch Pacing und die Tiefe seiner K-Wahrnehmung hat er gelernt „mitzufühlen" und so genau zu wissen, wo sich beide, Käufer und Verkäufer, befinden im Prozeß des Verkaufens. In diesem Hinweis auf die „größere Bandbreite der K-Wahrnehmung" liegt auch einer der Schlüssel des „Happy Selling": Der „geniale Verkäufer" lernt hautnah, wie jedes einzelne Verkaufsgespräch eine hochinteressante Erfahrung wird. Er lernt (wieder), seine Kunden wirklich als Persönlichkeiten zu achten, da er das richtige Wahrnehmungs-Instrumentarium, also das Werkzeug besitzt; bei jedem einzelnen Kunden erkennt er das eigene individuelle, unverwechselbare „Muster", sich zu äußern oder sich darzustellen.

Verkaufen gewinnt so wieder an Faszination für den Verkäufer nach dem Motto: „Ich bin mal gespannt, welchem interessanten Kunden (Verhaltensweisen, Inhalten) ich heute wieder begegne."

Kinästhetischer Konsens – das Fundament des erfolgreichen Verkaufsgesprächs

Kasten 14

Konsens (kinästhetischer)

Konsens stammt aus dem Lateinischen und setzt sich aus den Worten
1. con – zusammen, gemeinsam, und
2. sentire – fühlen
zusammen.

Konsens bedeutet also genaugenommen „Zusammenfühlen" oder „Zusammensinn", was in seine allgemeine Bedeutung von „Übereinstimmung" mündet; man ist „eines Sinnes". Kinästhetischer Konsens steht für „im Gefühlssystem eines Sinnes" oder „Zusammensein".

Der kinästhetische Konsens – frei übersetzt als die „gefühlsmäßige Übereinstimmung" – sorgt tatsächlich für „die halbe Miete" im Verkauf. Jeder Verkäufer hat diese Erfahrung schon einmal gemacht oder weiß es zumindest intuitiv: Wenn sich beide – Käufer und Verkäufer – im kinästhetischen, also im Gefühlsbereich begegnen, wird die Kommunikation um ein Vielfaches erleichtert. Auch strittige Punkte sind nun leichter zu klären, da beide sich „im Grunde doch einig" sind.

Hier ein stellvertretendes Beispiel für kinästhetischen Konsens, wie er überall und täglich stattfindet: Ein Verkäufer geht mit etwas „schwankenden Knien" in ein wichtiges Verkaufsgespräch bei einem Kunden. Während sich beide nach der Begrüßung noch ein wenig gegenseitig „abchecken", erblickt der Verkäufer in einer Ecke des Raumes eine fahrbare Golftasche mit einem kompletten Satz an Golfschlägern bestückt. Hocherfreut stellt er die Frage, ob der Kunde denn auch Golf spiele. Dieser bejaht und schon ist das Eis gebrochen. Man tauscht Erfahrungen aus, diskutiert die letzte Übertragung vom „Golf-Masters-Turnier", und als es endlich ans Geschäftliche geht, wird man sich schnell einig.

In diesem Beispiel entsteht die gefühlsmäßige Übereinstimmung aus einem gemeinsamen privaten Interesse heraus. Nun kann kein Verkäufer gleich alle Hobbies seiner Kunden betreiben. Darüber hinaus empfehlen die Autoren auch nicht, jetzt stets nach den privaten Interessen zu fragen, um sich da „anzubiedern"; solche „Methoden" sind im NLP verpönt.

Was aus dem Golf-Beispiel klar wird, besteht aus folgendem: Kinästhetischer Konsens erwächst u.a. aus:

a) einer gemeinsamen Erfahrung (bzw. Verhaltens);
b) aus einer gemeinsamen Sprache;
c) aus einer gemeinsamen „Welt".

All dies ist für zwei „Golf-Spieler" gegeben: Die Erfahrungen, die Golfspieler auf dem Platz machen, sind sich im Grunde recht ähnlich. Die gemeinsame „Welt" ist *der* Golf-Platz und sind „alle Golfspieler der Welt". Die gemeinsame Sprache gibt es natürlich auch – wer hat nicht schon von „Handicaps", „Birdies", „Eagles" und „7 unter Par" gehört? All das trifft auch für Kunden und Verkäufer zu. Auch sie teilen zumindest für die Dauer des Verkaufsgesprächs und darüber hinaus eine gemeinsame „Teil-Welt". Und wenn es nicht die Welt des Golfspiels ist, so gibt es immer irgend etwas, wo man übereinstimmen kann (siehe Kapitel Pacing).

Aufgabe des „genialen Verkäufers" ist es daher, diese „Weltsicht" auch zu vermitteln. Er wird dazu die Sprache des Kunden sprechen und durch Beobachten, Zuhören und das Stellen geeigneter Fragen (z.B. Meta-Fragen) herausfinden, „wie die Welt des Käufers ausschaut (anders ausgedrückt: Mit welchen Vorstellungen und Ideen kommt der Kunde?)"

Ein großer Teil dieses Buches – insbesondere die Überlegungen zur Herstellung von Rapport – vermittelt Ihnen, wie der „geniale Verkäufer" den kinästhetischen Konsens herstellt. Aus den obigen Überlegungen wird noch einmal deutlich warum: Indem der kinästhetische (Gefühls-)Sinn das Kontroll-System im Menschen darstellt (Meta-Frage: Ist es das wert?), kann ein Verkauf nur dann für beide Seiten zufriedenstellend über die Bühne gehen, wenn Käufer und Verkäufer im „Gefühls-System-K" übereinstimmen. Das heißt im Klartext: Ein „Punkt" im Verkaufsgespräch gilt nur dann als geklärt und konstruktiv abgehandelt, wenn sich beide nach ihrem „inneren Test" in K+ befinden (also ein gutes Gefühl dabei haben).

Ob das so ist, erkennt der „geniale Verkäufer" am eigenen Gefühl, sowie am Feedback (Rückmeldung) im Verhalten des Käufers. Er beachtet dabei „Botschaften" aus allen Sinnes-Kanälen V-A-K: Stimmen z.B. Worte und Bewegungen (des Körpers oder der Augen, Gesichtsmuskeln) beim Kunden überein? Beispiel: Ein Kunde sagt kurz „O.K.", um im nächsten Moment die Augen abzuwenden und läßt so eine schroffe Lücke im Gespräch entstehen. Dieses „zweideutige" (inkongruente) Verhalten wertet der NLP-geschulte Verkäufer als Warnzeichen (erst ja, dann nein), und er nimmt es zum Anlaß, um noch einmal nachzufragen: „Was wäre da noch ein möglicher Einwand bei Ihnen?"

Gerade solche nicht-sprachlichen „Äußerungen", wie das gerade beschriebene Abwenden der Augen können daraufhin deuten, daß ein „Teil" in der Persönlichkeit des Kunden Einwände zu machen hat. Übergeht der Verkäufer diesen Teil einfach (indem er nur auf das sprachliche O.K. achtet), signalisiert er seinem Kunden: „Ich achte nur auf das von dir, lieber Kunde, was mir recht ist, d.h. ich bin mehr auf meiner Seite, als auf deiner."

Der „geniale Verkäufer" weiß: „Wenn ich mich im Verkaufsgespräch nur auf meinen Vorteil konzentriere, ist es sehr unwahrscheinlich, daß mein Kunde und ich diesen Kauf/Verkauf mit einer positiven Einschätzung auf beiden Seiten abschließen werden." Darüber hinaus weiß er, daß er alle „Teile", alle Interessen des Käufers beim Kauf zufriedenstellen muß, wenn er Kauf-Reue oder einen schlechten Kauf vermeiden will.

Kinästhetischer Konsens im 10-Sinne-Modell

Wie Sie aus den Graphiken des Kapitels zum 10-Sinne-Modell leicht entnehmen konnten, dient dieses Modell zunächst einmal dazu, die „sinnlichen" Eigenschaften/Möglichkeiten/Stärken V-A-K-O-G z.B. von Käufern und Verkäufern darzustellen.

Legt man „Sinnes-Profile" von Käufer und Verkäufer übereinander, so ergibt sich ein (doppelt schraffiertes) „Konsens-Feld", in dem die Wahrscheinlichkeit einer wirksamen Kommunikation am höchsten erscheint.

Die ursprüngliche Überlegung lautete, daß der „geniale Verkäufer" so gewandt (flexibel) in seiner Verkaufs-Kommunikation sein sollte, daß er sich leicht in Sprache und Verhalten an ein etwaiges bevorzugtes Sinnes-System eines Käufers „anpassen" würde. Als Ergebnis ergibt sich dann ein stärkerer Rapport (Verbindung) oder um den „aktuellen" Begriff zu gebrauchen: „Konsens". Genaugenommen zielt diese Art von Pacing eines bevorzugten Sinnessystems darauf, daß der Verkäufer so aktiv einen kinästhetischen Konsens erzeugt. Also: Bei einem Kunden, der im Verkaufsgespräch durch Sprache, Augenbewegungen etc. offenbart, daß er die gerade behandelten Informationen im visuellen (Seh-)Bereich verarbeitet, will der „geniale Verkäufer" eine gefühlsmäßige (kinästhetische) Übereinstimmung erreichen. Wie? Er spricht in visuellen Worten („Das könnte man so sehen",

„Werfen Sie einmal einen Blick ... etc.") und „verhält" sich visuell: Viel zum Sehen zeigen, Bilder, Mappen etc., im oberen Körperbereich (Augenhöhe) Gesten einsetzen etc. Mit diesem Vorgehen *im Auge*, geht es nun einen Schritt weiter in die „Tiefe" des 10-Sinne-Modells: Der „geniale Verkäufer" weiß genau wie Sie, daß das kinästhetische System das Kontroll-System darstellt; von vornherein wird er seine besondere Aufmerksamkeit diesem K im Gespräch widmen. Das K, die Gefühle oder Emotionen wirken, wie bereits dargestellt, „durch" die anderen Wahrnehmungsbereiche, bzw. bis in sie hinein.

Daher zunächst noch einmal die Anforderung an den „genialen Verkäufer" seinen K-Sinn zu schärfen. Damit kann er erkennen, was für seinen Kunden K+ oder K- bedeutet, anders gesagt, wie er mit seinem Verhalten K+/K- beim Käufer hervorrufen kann. Wenn Sie sich kurz erinnern: Rapport zum Kunden herstellen heißt auch, sich die Frage stellen: „Wie kann ich als Verkäufer mein Verhalten so ändern, daß ich eine bessere Chance habe, als Reaktion des Kunden das zu erhalten, was ich will?" (Zum Beispiel Zustimmung)

Ein NLP-geschulter Verkäufer erzeugt so eine Feedforward-Schleife (Füttere vorwärts). Er hat für ein Verkaufsgespräch eine Zielvorstellung (outcome) festgelegt. Diese liegt in der Zukunft, und auf dieses Ziel ausgerichtet entwickelt er das Verkaufsgespräch vorwärts mit der Frage: „Wie kann ich mich *jetzt* so verhalten (so kommunizieren), daß ich einen Schritt weiter auf mein Ziel zukomme, gemeinsam mit meinem Kunden?"

Aus dem, was Sie bereits im Verlaufe des Buches gelesen haben, wird Ihnen klar sein, daß ihm dazu eine Fülle von sprachlichen Möglichkeiten zur Verfügung steht, genauso wie andere Techniken in Sprache und Verhalten (z.B. Pace Pace Lead). Nun noch ein im Grunde „altbekanntes" Beispiel zu einer solchen Feedforward-Schleife, um K+ bzw. kinästhetischen Konsens zu erzeugen: Angenommen, ein Kunde zeigt sich von seiner mürrischen, verstimmten Seite. Der „geniale Verkäufer" hat die Wahl, ob er dieses Verhalten einfach direkt spiegelt und sich seinerseits ablehnend aufführt, oder ob er anders vorgeht. Er kann z.B. mit der Feedforward-Schleife arbeiten: „Wie verhalte ich mich jetzt am besten, damit ihm in zwei Minuten nicht mehr viel anderes übrigbleibt als aufzutauen?"

Was er im einzelnen tun wird, hängt von dem speziellen, ureigenen Verhalten dieses Kunden ab. Möglichkeiten gibt es genug, die er nach eigenem Gutdünken ausprobieren kann. Solcherlei „Vorannahmen im Verhalten" durchzuspielen ist eine der Aufgaben für ein K-Train-Seminar.

Dissoziation: Was der „geniale Verkäufer" unternehmen kann, wenn es nicht klappt mit dem kinästhetischen Konsens

Wie Ihnen bereits aufgefallen sein dürfte, arbeiten im Grunde alle Gesichtspunkte von „Happy Selling" – insbesondere die NLP-Techniken – in beide Richtungen. Der „geniale Verkäufer" kann sie auf sich selbst beziehen und auch auf den Kunden. Das gilt genauso für den Begriff des kinästhetischen Konsens, also der gefühlsmäßigen Übereinstimmung.

Bevor der „geniale Verkäufer" sich aufmacht, um seine Ware oder Dienstleistung an den Mann oder die Frau zu bringen, wird er sich folgende Fragen stellen: „Wie steht es eigentlich mit der Übereinstimmung im ‚K-System' bei mir selbst. Sind sich die ‚Teile' meiner Persönlichkeit mit ihren Interessen beim Verkauf einig?"

Der NLP-geschulte Verkäufer ist sich nämlich darüber im Klaren, daß auch er selbst bzw. „Teile" seiner Person in der Lage und willens sind, oft durch unbewußte Verhaltensweisen die „eigenen" Nachrichten/Informationen gegenüber dem Kunden zu vermitteln. Dies wird den Käufer verwirren oder zweifeln lassen, z.B. an den guten Absichten des Verkäufers.

Ein typisches Beispiel wäre der „unsichere" Verkäufer, der sein Produkt „rühmen" will. Leider kommt diese Information so nicht „rüber", da ein „geheimnisvoller" Saboteur die Stimme zum Zittern bringt. Im schlimmsten Falle glaubt nun der Käufer, der Verkäufer spräche hier nicht die Wahrheit oder etwas sei „faul". Damit es gar nicht erst soweit kommt, steht dem (angehenden) „genialen Verkäufer" eine NLP-Technik zur Verfügung, die ihm dabei behilflich sein kann, seinen „inneren Frieden", sprich den kinästhetischen Konsens wiederherzustellen: die Dissoziation.

Wort-Klärung: Dissoziation – um es wieder einmal aus dem Lateinischen zu „erhellen“:

dis = auseinander,

sociare = sich verbünden, sich „gesellen“,

dis-sociare = sich „auseinandergesellen“, „sich entzweien“, sich „aufteilen“,

kurz: Dissoziation = aus eins mach zwei

Anknüpfend an die obigen Auslegungen würde es für einen Verkäufer z.B. folgendes bedeuten, wenn er sich „dissoziiert“: Nehmen Sie an, er befindet sich in einem „blockierten“ Zustand, weiß nicht mehr weiter. Er „tritt nun aus sich heraus“, quasi „neben sich“. Wie er das macht? Ganz einfach: Kraft seiner Vorstellung zum Beispiel; oder er geht ein wenig weg von dem Ort, wo er sich zuletzt befand und „spielt“ oder gibt vor, ein Teil von ihm sei dageblieben, und zwar der „blockierte“ Teil.

Nun hat er die Möglichkeit, sein Verhalten zu beobachten, ohne in den „negativen“ Gefühlen (K) des „dortgebliebenen“ Teils steckenzubleiben. Denn genau das stellt grundsätzlich das Problem dar, wenn man sich in einem kinästhetischen „Minus“-Zustand wiederfindet (z.B. Angst). Die eigenen Gefühle verhindern ein Nachdenken oder Entwickeln von Lösungsmöglichkeiten. Hier sorgt er durch die Dissoziation, das Aus-Sich-Herausgehen, dafür, daß er nun „frei beobachten“ und nachdenken kann. Eine mögliche Frage, die er an den „ängstlichen“ Teil stellen könnte, wäre: „Was fehlt dir? Welche Ressource/Fähigkeit?“ So kann er sich dann wieder „mit sich selbst vereinen“, wenn er einen aufbauenden, nächsten Schritt vollzieht; der NLP-Ausdruck für die „Vereinigung“ lautet hier: „Re-Assoziation“, also: wieder hineingehen in die volle Wahrnehmung einschließlich K der Gefühle.

Auch in diesem Zusammenhang zeigt sich der K-Sinn wieder als die Kontroll-Instanz. Ein negatives K-Gefühl (hier Angst) dient dem Verkäufer, der sein Selbstbild überprüft, als Auslöser, um zu dissoziieren, sich z.B. selbst von oben zu sehen. Hat er die Angst konstruktiv bewältigt (z.B. mit NLP-Techniken) und wieder assoziiert, sagt ihm ein positives K+, z.B. ein gutes Gefühl im Bauch, daß es auch wirklich geklappt hat. Auf solche Weise hat der „geniale Verkäufer“ z.B. im K-Train-Seminar den kinästhetischen Konsens in sich selbst, genauer gesagt in einem Selbstbild herzustellen.

Dissoziation im Verkaufsgespräch und kinästhetischer Konsens

Natürlich kommt auch der beste Verkäufer in die Situation, wo es heißt „Nichts geht mehr“ (Rien ne va plus). Der NLP-geschulte Verkäufer ist zum Glück auf diesen Fall vorbereitet, denn er beherrscht die Fähigkeit (Technik) der Dissoziation. Beispiel: Wenn es die Situation erlaubt, kann der „geniale Verkäufer“ z.B. aufstehen und einen Schritt zur Seite treten. Dann zeigt er auf den leeren Stuhl und sagt zu seinem Kunden: „Nun schauen Sie sich diesen Verkäufer an, und so will der was verkaufen.“

In dieser Zeit ist ihm meist schon klargeworden, was er anders oder besser machen könnte, um das Gespräch wieder weiterzubringen. Der Kunde lächelt (ein wichtiges Zeichen der Zustimmung), der Verkäufer setzt sich wieder hin und mit „frischem Wind“ nutzt er den gerade gewonnenen Konsens der Gefühle.

Dieses Beispiel zeigt natürlich nur eine Möglichkeit von vielen. Der geübte Verkäufer kann diese Dissoziation auch in Sekundenschnelle durchführen, ohne daß es der Käufer bemerkt. Dabei ist folgendes wichtig zu wissen: Natürlich dissoziiert auch Ihr Kunde; z.B. oftmals dann, wenn er seine Gefühle nicht preisgeben will. Dafür gibt es alle Arten von Hinweisen (cues) im Verhalten des Käufers (Beispiel: Stimme klingt „kälter“). Der „geniale Verkäufer“ hat gelernt, auf diese Hinweise zu achten als Warnzeichen: „Vorsicht! Hier geht unsere K-Übereinstimmung auseinander.“ Desweiteren kommt es auch durchaus vor, daß der „geniale Verkäufer“ seinem Kunden dabei behilflich sein will (oder gar muß) zu dissoziieren; z.B. dann, wenn der Kunde sich in „ungünstigen“ Gefilden von K (also z.B. in Befürchtungen) aufhält. Das

Vermitteln dieser Technik gehört eher ins Seminar, wobei dem aufmerksamen Leser schon im bisher gelesenen Text einige Hinweise darauf garantiert sind, wie man das macht.

Zusammenfassend läßt sich nun sagen, daß der größte Teil der nun folgenden Überlegungen in den nächsten Kapiteln sinngemäß ganz eng mit dem Begriff des kinästhetischen Konsens von Käufer und Verkäufer gekoppelt sind. Aus dem Selbstverständnis des „genialen Verkäufers", das auf Partnerschaft zwischen Kunden und Verkäufern ausgerichtet ist, auf faire Beratung des Käufers und auf gegenseitige Achtung der Persönlichkeit, kann sich nur folgendes ergeben: NLP im Verkauf heißt: Der „geniale Verkäufer" verkauft konstruktiv. Er setzt seine Kommunikationsfähigkeiten, einschließlich der NLP-Techniken ein, um für beide Seiten eine Atmosphäre zu schaffen, in der das Verkaufsgespräch Spaß macht oder zumindest als ein angenehmer und interessanter Prozeß verläuft – kurz – auf der Grundlage einer gefühlsmäßigen Übereinstimmung in K+.

VII

Olfaktorisch-Gustatorisch: Die richtige Nase für den Geschmack des Kunden

Die Ethik des „genialen Verkäufers“

Kasten 15

Ethik

Die allgemeine Bedeutung des Wortes „Ethik“ wird im Fremdwörterbuch als „die Normen und Maximen, die sich aus der Verantwortung gegenüber anderen herleiten“, umschrieben.

Es geht also dabei um die Regeln und Grundsätze, die sich ein Mensch für sein Handeln (sein Leben) als Orientierungshilfe gewählt hat, und um die Werte oder Wertvorstellungen (also die Grundeinstellung oder die Weltsicht).

Der NLP-geschulte Verkäufer würde die oben zitierte Auslegung zumindest um einen kleinen Zusatz erweitern: Ethik des Verkaufs – die Normen und Maximen, die sich aus der Verantwortung gegenüber den Kunden und dem Verkäufer selbst herleiten.

Natürlich belassen es die Autoren nicht bei einer derart vereinfachten Worterklärung, denn bei NLP besteht im Grunde stets die Möglichkeit einer genauen „Handlungsanleitung", wie schon das Wort „Programmieren" in NLP ausdrückt.

Eine jede Ethik gewinnt ihren Wert nur aus der Brauchbarkeit in der Umwelt, für die sie gemacht ist. Betrachten wir an dieser Stelle noch einmal die Welt, die sich heute dem Verkäufer darbietet, gemeinhin als Markt bezeichnet. Wir befinden uns in der Phase der Umwandlungen. Es wird nicht viel übrigbleiben von dem, was einmal war in der Welt des Verkaufs. Wie der Zukunftsberater Gerd Gerken in seinem *Trend Radar Info System* deutlich macht, stehen wir tatsächlich an der Schwelle zu einem neuen Zeitalter: Das mechanische Weltbild, das mit „Ursache-Wirkung-Gleichungen" (man nehme A und B, das ergibt ganz sicher C) operierte, funktioniert nicht mehr. Die Käufer sind in einer Zeit, in der so viele und gute Informationen leicht verfügbar sind (Warentests, Zeitungen, Fernsehen, Telefon etc.), so gut informiert, daß sie sich nicht mehr einfach was erzählen lassen (auch die „alten" Verkaufstechniken sind im Grunde schon zu bekannt, als daß sie noch erfolgreich wirken könnten).

Die Menschen werden im allgemeinen immer vielseitiger; sie entwickeln mit besserer Bildung und Erziehung vielfältigere Interessen; vielfältigere Interessen, d. h. im Sinne des Multimind-Modells von Robert Ornstein, eine Person hat mehrere „Teile", deren Absichten auch in einem Verkaufsgespräch vom Verkäufer berücksichtigt werden wollen. Der Käufer von morgen (und auch schon von heute) ist unberechenbarer denn je; ade feste „Zielgruppen", good-bye den damit verbundenen Vorstellungen, wie der Kunde sich „eigentlich" verhalten müßte.

In den „fließenden Märkten" der Zukunft lasse sich bald nur noch die „Fitness für Überraschungen planen" (sinngemäß nach Gerd Gerken). Dies wird zu einem der ersten Grundsätze des „genialen Verkäufers", der mit NLP seine Gewandtheit schult. An die Stelle des alten mechanischen Weltbildes tritt eine Anschauung, die den Markt als ein *Zusammenwirken von sich selbst steuernden Systemen* darstellt (der zungenbrecherische Fachterminus: Synergie autopoietischer Systeme). „Die Welt als ein fließendes Werden der unterschiedlichsten Kräfte."

Ohne tiefer in diese Theorie einsteigen zu wollen, sei hier nur gesagt, daß in einer Welt, die immer komplexer und dynamischer wird, die alten Vorstellungen von Planungen „über Bord gehen müssen", zumindest, was den Verkauf angeht. Für den Verkäufer von morgen tritt an die Stelle von Planung und Beeinflussung: die Verschmelzung (Interfusion). Mit anderen Worten, einem aufgeklärten Käufer von morgen kann man nichts mehr „aufreden". Der Weg zu einem Verkauf führt nur über ein „Einklinken" oder „Teilnehmen" an der Welt des Kunden. So baut der „geniale Verkäufer" eine kooperative Beziehung zum Käufer auf, d.h. sie arbeiten zusammen. Gerd Gerken nennt in ähnlichem Zusammenhang als die drei wichtigsten Parameter (Maßstäbe):

- Nähe und Sympathie,
- Glaubwürdigkeit und Echtheit,
- Gemeinsamkeit.

Nun nähern wir uns schon sehr der „Ethik des ‚genialen Verkäufers'". Hierbei taucht wieder die Kontroll-Instanz K (Gefühlssinn) auf: Alle drei Parameter des „Verkaufserfolgs" wurzeln in einem K+ Zustand von Käufer und Verkäufer. Das neue Bewußtsein des Verkäufers erfordert so ein „expanded self", also ein „erweitertes Selbst".

Ein Kunde, der immer besser informiert ist, steuert sich selbst: Er kennt sich selbst, ist selbstbewußter denn je und weiß, was er will. Somit ist er kaum noch von außen zu steuern oder zu beeinflussen, auch nicht von einem guten Verkäufer. Nur von innen her, also aus der Welt des Kunden selbst heraus, ist es dem Verkäufer möglich, Einfluß zu nehmen. Dazu muß er dann in der Lage sein, sich in die Erfahrung des Kunden hineinzuversetzen. Er muß sein Selbst um das Selbst des Kunden erweitern können, damit er so denken kann, wie der Kunde denkt.

Nur durch diesen gleichsam verschmolzenen Zustand kann er dem Kunden ein Angebot machen, das wirklich auf dessen Bedürfnisse zugeschnitten ist, und so auch den Abschluß erzielen. Dabei behält der Verkäufer durchaus die eigenen Interessen im Auge (NLP-Techniken dazu: z. B. Dissoziation und Assoziation). Ohne die Fähigkeit, sich in das gleiche Boot zu setzen wie der Kunde sind Nähe, Glaubwürdigkeit, Gemeinsamkeit etc. gegenüber dem aufgeklärten Käufer nicht zu erreichen.

Die Ethik eines Verkäufers entwickelt sich aus der Verantwortung, die er zunächst einmal gegenüber sich selbst hat. Meistens ist er nicht nur sich selbst gegenüber verpflichtet, fast immer gilt es eine Familie zu ernähren oder einen Partner. Auch möchte man sich über das Berufliche oder Finanzielle hinaus selbstverwirklichen, glücklich sein und das Leben genießen können. „Jeder ist sich selbst der Nächste", dieses alte Motto enthält auch heute noch einen Teil der Wahrheit. Die Folgerungen aus diesem Grundsatz haben sich dabei drastisch verändert: Früher war es einem Verkäufer noch möglich, nach diesem Motto ungeniert mit allen erdenklichen Mitteln seine Kunden zum Verkaufsabschluß zu bringen; heute wird er sich mit der „Hauptsache: Umsatz-Einstellung" in einer Welt der anderen Werte eher selbst schaden als nutzen.

Der Verkäufer, der seine Kunden als Umsatzbringer betrachtet, sieht sich selbst als getrennt vom Käufer. Nur so kann er rechtfertigen, daß er seine Kunden mit Tricks und Überredung zum Kaufen bringt. Mit sich selbst würde kein Verkäufer das machen lassen. So zielt das Weltbild des „Hard-Selling-Verkäufers“ auf „Manipulation von außen“, denn Verkäufer und Kunde sind getrennt.

In der neuen Welt der „Synergien“ (Zusammenwirken von Systemen) gibt es keine Kontrolle von außen mehr. Der intelligente, selbstbewußte Kunde von morgen (und auch schon heute) merkt sofort, wenn er über den Tisch gezogen werden soll. So funktioniert Verkaufen und damit auch der Umsatz nur noch durch Teilnahme an der Welt des Kunden. Überreden, Druck machen etc. heißt jetzt: sich selbst schaden.

Die Werte und Maximen (Grundsätze) der entsprechenden neuen Ethik des „genialen Verkäufers“ lauten: Glaubwürdigkeit, Sympathie, Nähe, Gemeinsamkeit mit dem Kunden. All dies läßt sich nur über die Teilnahme oder Verschmelzung (Interfusion) erreichen, die sich auch beschreiben lassen als „echte Kommunikation“ und „Ko-Operation“ (Zusammenarbeit) mit dem Kunden.

Hieraus erwachsen weitere Werte und damit Handlungsanweisungen für den „genialen Verkäufer“. Wie in diesem Buch immer wieder erwähnt wird, rückt jetzt der Prozeß der Kommunikation, insbesondere die Qualität der Kommunikation mit dem Kunden immer mehr in den Mittelpunkt des Verkaufsgesprächs.

Feststehende Redewendungen, 08/15-Formeln (wie AIDA) und allgemeine Verkaufsmethoden sind längst überflüssig. Der „geniale Verkäufer“ schafft, wie Sie bereits wissen, einen echten Rapport (Verbindung) zum Kunden. Und hier setzt nun spätestens auch der Happy Selling-Ansatz des „Glücklichen Verkaufens“ an: Der Verkäufer, der heute sein Glück mit Hilfe seiner Kunden machen will, kann den Käufer nicht mehr als einen Fremden betrachten und behandeln, als irgendein Mitglied einer abstrakten (losgelöst betrachteten) Zielgruppe.

Die Einstellung des „genialen Verkäufers“ läuft auf Gemeinsamkeit mit dem Kunden hinaus: Jeder Kunde ist wie ein guter Bekannter, den man schätzt und achtet wegen seiner persönlichen Eigenheiten und weil er ein Teil der eigenen Welt ist.

Bei „Happy Selling“ kommen so wieder die Gefühle ins Spiel: Der „geniale Verkäufer“ hat es mit lebendigen Menschen zu tun als Kunden, nicht mit mehr oder weniger anonymen Käufern, die „im Grunde doch alle gleich sind“. Er verkauft lebendigen Menschen, und was könnte zumindest für

einen Verkäufer interessanter sein, als mit „echten Menschen“ umzugehen. Interesse heißt Dabeisein, und wer mit Interesse verkauft, der ist dabei, und zwar mit seinen Gefühlen und mit seiner Aufmerksamkeit. Das ist der Gedanke des Mottos „Verkaufen soll dem Verkäufer Spaß machen“ im „Happy Selling“.

In der servicebetonten Welt von morgen wird der selbstbewußte Kunde nur noch dann bereit sein zu kaufen, wenn er dieses echte Interesse des Verkäufers spürt: „Der wahrt meine Interessen.“ Dann wird er auch die Situation und die Interessen des Verkäufers erkennen und annehmen (akzeptieren); d.h. von seiner „Käufer-Seite“ aus zusammenarbeiten im Verkaufsgespräch. (Damit meinen die Autoren die Einsicht des Kunden, auch zu erkennen, was für den Verkäufer im

Bereich des möglichen und machbaren ist.) So entsteht durch eine andere Beziehung zwischen Käufer und Verkäufer eine Art „Ko-Operation" im Verkaufsgespräch, und damit letztendlich die hier oft genannte „Win-Win-Situation", also „Gewinn für beide Seiten".

Die sogenannten Kundenwiderstände fallen auch in dem Moment weg, wo die Beziehungen unter dem Stern einer „Ko-Operation" stehen (Zusammenarbeiten), denn: was der Kunde selbst mitgestaltet, bekämpft er am wenigsten. In diesem neuen Weltbild der Synergie (Zusammenwirken) steht also die Ko-Evolution (gemeinsame Weiterentwicklung) der Teile – hier Käufer und Verkäufer – im Mittelpunkt. Der Verkauf bzw. Kauf einer Ware oder Dienstleistung muß demnach dem Wachstum oder Erfolg beider Seiten dienlich sein.

Was sich heute in der Wirklichkeit an der stetig steigenden Geschwindigkeit und Menge von Informationen und Nachrichten zeigt, ist ein typisches Anzeichen für das Entstehen der oben beschriebenen synergetischen Systeme – nämlich die enge Verbindung zwischen den verschiedenen „Teilnehmern."

Sie werden es selbst erleben: Der Verkäufer, der sich heute noch einen schlechten Ruf durch „Hard-Selling auf Teufel komm raus" verschafft, wird gar nicht mehr so schnell umziehen können, wie ihm sein Ruf vorauseilt. Wie bei „Igel und Hase" heißt es: „Bin schon da." Das gleiche, immer enger werdende Netz von Beziehungen (schließlich befinden wir uns im High-Tech-Satelliten-Kommunikationszeitalter) wird umgekehrt für den „genialen Verkäufer" mit seiner „echten Kommunikation" und „Teilnahme" an der Welt des Kunden arbeiten.

Die Umsetzung der „neuen Ethik“ in der Verkaufspraxis durch NLP

Schon beim Lesen der neuen „Richtlinien“ wird Ihnen aufgefallen sein, wie nahtlos diese in das „NLP-gesteuerte“ Verhalten des „genialen Verkäufers“ übergehen. Zum einen ist NLP nichts anderes als „wirksame Kommunikation mittels Sprache und sinnlicher Wahrnehmung“; zum anderen haben Sie bereits zu Beginn des Buches kurz einen Hinweis auf die Ethik des NLP erhalten: Erwähnt wurde dabei der Begriff der Ecology. (Damit ist nicht die Ökologie, also die Lehre von den Beziehungen der Lebewesen zu ihrer Umwelt, gemeint, sondern die Auswirkungen von Handlungen auf das größere Ganze.)

Der „Ecology-Check“ – dargestellt am „Multimind“-Modell Robert Ornsteins

Wie Sie wissen, erhebt NLP den Anspruch, „wasserdichte“ Lösungen anzubieten, indem z.B. der „geniale Verkäufer“ seine Kommunikation, seine Angebote dem Test unterzieht: Ist es für jeden Außenstehenden sinnlich (V-A-K) erkennbar, daß z.B. dieses „Ja“ des Kunden „von Herzen“ kommt; oder kann ich mittels meiner Wahrnehmung (sensory acuity) erkennen, daß da noch irgendwo ein Einwand steckt? Zur besseren Anschauung das schon genannte Beispiel: Ein Kunde sagt „O.K.“ und wendet unmittelbar darauf den Blick ab, nach unten.

Wenn ein Käufer zur gleichen Zeit oder nacheinander solche nicht zusammenpassenden „Nachrichten“ vermittelt, geht der NLP-geschulte Verkäufer davon aus, daß hier sinngemäß das Wort „Einspruch" gefallen ist. Es gibt da also einen Teil im Kunden, der mit der dargebotenen Lösung nicht einverstanden ist.

Dieser Art die Dinge zu sehen, liegt die Idee zugrunde, daß wir Menschen sogenannte „Teile" (Module) in unserem Gehirn haben, die verschiedene Aufgaben erfüllen und verschiedene oft weit auseinanderliegende Interessen haben. Bekannter ist vielleicht das „Rollen-Modell" im Menschen. Beispiel: Die Kundin, die das Leben der „vielgeplagten Frau von heute" lebt. Ihrer Rolle als Berufstätige stehen oft die Rollen von Hausfrau, Mutter, Ehefrau etc. wie Gegner gegenüber. Klar, daß solche Interessenskonflikte in jedem Lebensbereich, auch z.B. beim Kauf oder Nicht-Kauf von Waren und Dienstleistungen wieder auftauchen werden.

Der „geniale Verkäufer" weiß, daß er es bei seinen Kunden stets mit „mehreren Persönlichkeiten in einem Menschen" zu tun hat, wie das Beispiel „Frau von heute" deshalb deutlich macht. Er richtet deshalb sein Verhalten so aus, daß er ein Angebot entwirft, daß allen „Teilen" und Interessen des Kunden gerecht wird.

Der bekannte amerikanische Psychologe Robert Ornstein weist in seinem Buch „Multimind" darauf hin, daß auch die jüngsten Forschungsergebnisse auf das Vorhandensein von vielen „Geistern" in einem Geist hinweisen – wir sind eben alle „Multiminds" oder „multiple Persönlichkeiten".

Das Wachbewußtsein wird dabei immer nur von einem „Teil" gehalten. In einem hochinteressanten Roman von Daniel Keyes, der auf echten Tatsachen beruht, sieht das so aus: Im „Held" des Romans versammeln sich die verschiedenen Persönlichkeiten innerhalb des Billy Milligan um einen „Spot", also einen Scheinwerferkegel. Nur eine steht jeweils im „Spot", und wer sich dort befindet, der nimmt die „reale"

Außenwelt wahr und lebt in ihr. Weil in Billy die „Teile" wie vollständige Einzelpersonen sind, die keinen ausgeprägten Kontakt zueinander haben, kommt es natürlich zu den schlimmsten Verwicklungen: „Zeitlöcher" entstehen, da kein „umfassender Billy" ein durchlaufendes Wachbewußtsein hat. Obgleich dies die Geschichte einer krankhaften „vielfachen Persönlichkeit" beschreibt, veranschaulicht sie dramatisch einige Überlegungen zu der augenscheinlichen Tatsache, daß wir alle „Multiminds" sind.

Lassen Sie uns einmal unsere Teile mit Begriffen wie die verschiedenen Aufgaben, Funktionen, Interessen, Fähigkeiten etc. umschreiben und ihre Wirklichkeit z.B. als „Netzwerk aktiver Nervenzellen im Gehirn" oder „als Felder geistiger Aktivität im Gehirn" darstellen. Wenn ein solcher Teil das Wachbewußtsein innehat, also die bewußte Verbindung zur Außenwelt hält, werden die anderen Teile sich nicht so einfach nach außen hin mitteilen können. Trotzdem werden sie es versuchen, sobald sie ihre „Belange" als betroffen erkennen.

Ein Beispiel für den Verkauf: Ein Verkäufer ist soeben dabei, einem Kunden einen Konzert-Flügel zu verkaufen. Reden wir „in Teilen", so ist möglicherweise jetzt der „Musiker" vorne und steht voll hinter dem Kauf, als sich der „praktische Teil" meldet mit dem „Inhalt": „Wir wohnen im 12. Stock eines Hochhauses. Um den Flügel in die 12. Etage zu bekommen, müßten wir wohl einen Helikopter mieten und ein Fenster ausbauen lassen." Da dieser Einwand wichtig und berechtigt ist, wird „der praktische Teil" versuchen, sich irgendwie bemerkbar zu machen. Er muß einen „Kanal" für die Nachricht wählen (V-A-K), er kann z.B. ein Bild schicken vom Hochhaus mit Flügel am Kran (V), oder einen Gedanken in Worten (A), oder ein Gefühl, das im Körper wahrnehmbar ist (K).

Und das ist dann von außen für den NLP-geschulten Verkäufer wahrnehmbar, z.B. in Form von Augenbewegungen, „Griff an die Nase" oder was auch immer.

Der Kunde hat es vielleicht noch nicht einmal selbst bemerkt, so begeistert ist er von seinem Kaufvorhaben – der Verkäufer aber hat wahrgenommen: „Aha, da ist eine Nachricht von einem anderen Teil, die nicht zum übrigen zustimmenden Verhalten meines Kunden paßt. Jetzt will ich herausfinden, was es damit auf sich hat."

Wie? All das fällt unter den „Ecology Check", den Sie noch ausführlicher beschrieben finden werden. Geht dieser Verkäufer nicht auf die „Zeichen" ein, die der „praktische Teil" gesendet hat, werden der Schaden und die Reue groß sein, auf beiden Seiten.

Sie werden erkennen, wie sich dieses Multimind-Modell mit den Forderungen der Ethik des „genialen Verkäufers" (Ko-Operation, echte Kommunikation) ergänzt: Der „geniale Verkäufer" arbeitet mit allen Teilen einer Käufer-Persönlichkeit zusammen; in echter Kommunikation, die alle Interessen berücksichtigt, um einen aufbauenden (konstruktiven) Verkaufsprozeß zu gestalten. In der Sprache des NLP heißt das: er macht „Ecology-Checks".

Techniken zum Ecology Check – Rückversicherung für den Verkäufer

Der „geniale Verkäufer" hat aufgrund seiner Ethik bei allem, was er im Verkaufsgespräch unternimmt, den Ecology-Gedanken im Hinterkopf; d.h. er wendet sich mit dem Gedanken, daß er es bei jedem Kunden mit einer „Multimind-Persönlichkeit" zu tun hat, an alle „Teile". Dazu hat er, wie das im NLP üblich ist, die verschiedensten Wahlmöglichkeiten, so daß er stets über Alternativen (andere Wege) verfügt, um durch ein „abgerundetes" Angebot seinen Kunden eine „kongruente" Kaufentscheidung (d.h. mit Zustimmung aller beteiligten Teile) zu ermöglichen. Die wichtigsten davon können Sie nun kennenlernen:

a) Es ist Ihnen schon bekannt: *das Meta-Modell:*
Mit Meta-Fragen wie z.B. „Was genau?", „Wie genau?" in ihren vielfältigen Formen, fragt der „geniale Verkäufer" nach „wohlgeformten Zielvorstellungen" (outcomes). Wirklich wohlgeformte Outcomes umfassen auch die Zielvorstellungen der „anderen am Kauf beteiligten Teile" der Käuferpersönlichkeit. Also werden z.B. durch „Wie genau" auch andere „Teile" wachgekitzelt. Genauso wie bei der Frage nach:

b) ... *conflicting outcomes und „Nebenprodukten* ":
Conflicting outcomes sind Zielvorstellungen des Kunden, die z.B. mit dem Kauf einer Ware nicht übereinstimmen würden, wie etwa bei unserem Beispiel mit dem

Konzert-Flügel. In die gleiche Richtung zielt die Frage des „genialen Verkäufers" nach Nebenwirkungen, die der Kunde vielleicht ursprünglich nicht bedacht hatte.

c) *„Kontextualisierung" (In den richtigen Zusammenhang setzen):*
Wenn ein Kunde eine Ware oder Dienstleistung erwerben will, so erhofft er sich einen Gewinn, der an einem anderen Ort und zu einem anderen Zeitpunkt etc. spürbar wird. Der „geniale Verkäufer" fragt also nach „Wo?", „Wann?", „Bei wem?" und entsprechend auch „Wo nicht?" etc. um zu überprüfen, ob das Angebot, das er macht, für den vom Kunden gewünschten Kontext oder Rahmen sinnvoll ist. Besonders auf Fragen wie „Wofür nicht?", „Wann nicht?", „melden" sich oft Teile mit „anderen Interessen".

d) „Einwände aus der Vergangenheit" (past objection):
„Was sprach früher dagegen, daß Sie dies erwerben?" – wäre eine solche Frage des „genialen Verkäufers". Auf der Grundlage der Antwort darauf kann er prüfen, ob die früheren Einwände des Kunden heute noch gültig sind; mit anderen Worten, ob hier z.B. ein Teil, der vorher wichtig war, einfach „überstimmt" werden soll. Der „geniale Verkäufer" tut gut daran, dies zu checken, denn später, nach dem Kauf wird sich der „übergangene" Teil zu Wort melden und die sogenannte „Kauf-Reue" ist perfekt.

e) *„Polaritäten" darstellen (das Gegenteil):*
Manche nennen das auch des „Teufels Advokat" spielen. Hier geht es nicht darum, daß der „geniale Verkäufer" das eigene Nest beschmutzen soll. Nehmen Sie nur einmal an, Sie wären dabei ein Geschäft abzuschließen, das so groß wäre, daß ein Fehlschlag Sie Kopf und

Kragen kosten könnte. Spätestens dann erscheint es als äußerst sinnvoll, die genau gegenteilige Position, also die Polarität, einmal einzunehmen – u. a. zum Schutz von Käufer und Verkäufer.

f) Die Bezugsperson ändern (change reference index):
Beispiel: „Was wird Ihr Chef/Ihre Frau/Ihr Vorstand dazu sagen?" Oftmals eine Kernfrage, deren Antwort die Art und Weise, in der der „geniale Verkäufer" seine Angebote macht, ganz eindringlich verändern wird.
Eine andere Formulierung könnte sein: „Sehen Sie das auch einmal durch die Augen Ihrer ..."

g) „Future pace" (Schritt in die Zukunft):
Wenn der „geniale Verkäufer" seinen Kunden behilflich ist, die „Sache" einmal aus einer zukünftigen Sichtweise (zurück in die Gegenwart blickend) zu betrachten, so können mögliche Einwände auftauchen, die jetzt noch gar nicht absehbar sind; genauso werden natürlich auch eventuelle noch nicht bedachte weitere Vorteile wahrnehmbar.

Die wichtigste Möglichkeit des Ecology Checks, die in diesem Buch beschrieben wird, soll nun etwas ausführlicher diskutiert werden.

Der „allgemeine Zufriedenheits-Test": Kongruenz – Check all channels! (Prüfe alle Sinneskanäle)

Kongruentes Verhalten eines Kunden heißt, wie Sie schon an anderer Stelle erfahren haben, daß er „in allen Sinneskanälen die gleiche Nachricht sendet". Beispiel für einen „kongruent zustimmenden" Käufer: Gestik, Mimik und Körperhaltung stimmen sichtbar (V) überein, Stimme und Worte passen hörbar (A) zueinander und auch zur Körpersprache. Atmung, Muskelspannung und andere körperliche Anzeichen (K) wie „Rötung der Haut" etc. drücken übereinstimmend einen Enstress (freudige Erregung) aus; dies als Beispiel.

Kongruenz beim Kunden wird sich auch stets in der Sprache und im Verhalten als ein eindeutiges Meta-Gefühl zeigen, was, wie Sie wissen, als „bewertendes Gefühl" aufgrund von anderen Wahrnehmungen entsteht. Beispiel: Zorn, Angst, Zuneigung, Freude.

Dem „genialen Verkäufer" ist es sehr daran gelegen, im Verkaufsgespräch auf eine Situation hinzuarbeiten, in der sein Kunde kongruent und K+ (positives)-Verhalten ausdrükken kann, vor allem bei der Entscheidung zum Kauf bzw. beim Abschluß. Denn Kongruenz steht in „Multimind"-Sprache ausgedrückt dafür, daß alle beteiligten Teile „an einem Strick ziehen". Dadurch wird die Storno-Rate deutlich sinken und das Image des Verkäufers steigen; denn ein kongruenter Käufer erhält eine wirklich optimal auf ihn, genau auf alle seine Interessen zugeschnittene Problemlösung, wenn er einen Kauf tätigt.

Sie sehen, spätestens hier ergibt sich für den „genialen Verkäufer" ein echter Maßstab, den er an sein Verhalten (und das des Kunden) halten kann, um zu prüfen, ob er die „theoretische" Ethik in der Verkaufspraxis verwirklicht wiedererkennen kann.

Ein NLP-geschulter Verkäufer strebt im Grunde stets nach sinnlich überprüfbaren Ergebnissen (sensory acuity). Deshalb werden im K-Train-Seminar eine ganze Reihe von Gesichtspunkten vermittelt und trainiert, an denen Kongruenz und Inkongruenz erkannt werden können. (Inkongruenz = verschiedene Kanäle drücken verschiedene Botschaften aus.)

Der „geniale Verkäufer" kann prüfen:

(V) sichtbare Körpersprache: oben – unten; eine Inkongruenz: Beine/Füße um Stuhlbeine geschlungen – Hände, Arme locker, offen; rechte-linke Körperhälfte – gehen beide Körperhälften synchron (im Gleichschritt)?

(A) Hörbares in der Stimme: passen z.B. Geschwindigkeit, Tonhöhe (und das Gesagte) zusammen?

(K) Kinästhetisches (Fühlbares): ... ist auch durch „Vermischungen" der übrigen Kanäle erkennbar bei Inkongruenz; z.B. „ein lachendes und ein weinendes Auge" ist erkennbar durch „gegenwirkende" Muskelspannungen um die Augen. Kinästhetische Kongruenz kann sowohl durch Beobachten (s.o.), als auch durch Pacing (insbesondere Spiegeln), also durch (kurzes) eigenes Erleben, erkannt werden.

Die Kurzformel zum Kongruenz-Test lautet, wie Sie schon aus der Überschrift entnehmen konnten: Check all channels – überprüfe alle sinnlichen Kanäle (V-A-K- + Sprache).

Inkongruenz beim Kunden – ist sie unerwünscht?

Die Antwort vorab: Inkongruenz beim Kunden gibt dem „genialen Verkäufer" die Gelegenheit, ein „maßgeschneidertes" Angebot zu entwerfen. Nach dem Multimind-Modell Ornsteins läßt ja das Erscheinen von Inkongruenz deutlich erkennen, daß im Kunden verschiedene Teile ihre Interessen und Wünsche vertreten haben wollen. Was unternimmt also der „geniale Verkäufer"? Er „kommuniziert" so mit dem Käufer, daß er jeden Teil für sich zu Wort kommen läßt. Wie er das machen kann, haben Sie bereits im Abschnitt zum Ecology check kennengelernt.

Bei der „Check all channels"-Vorgehensweise kann der „geniale Verkäufer" auch den Teil oder die Teile, die er im inkongruenten Verhalten des Kunden wahrnimmt, direkt ansprechen: „Nun, ich habe das Gefühl, daß Sie noch nicht so ganz 100%ig zufrieden sind, so wie es sich jetzt darstellt." (Erkennen Sie die hypnotischen Sprachmuster?)

Was tun mit den widersprüchlichen Teilen?

Es wurde bereits gesagt, daß die Teile, die Einsprüche erheben, dem Verkäufer nicht nur die Chance geben, sondern auch die Verpflichtung auferlegen, seinen Lösungsvorschlag zu „überholen" und ein „Redesigning" vorzunehmen („ein neues Bild entwerfen"). Das kann die verschiedensten Formen annehmen: Sei es, daß man gemeinsam ein passenderes Produkt auswählt oder bestimmte Einzelheiten neu klärt. Manchmal geht es auch darum, eine andere „Perspektive" einzunehmen, es ist auch durchaus möglich, daß der Verkäufer auf die Einwände „inkongruenter" Teile hin sein Angebot entsprechend erweitert.

Sie können schon aus der Ethik des „genialen Verkäufers" und aus der veränderten Lage auf dem Markt heraus ersehen: Ein guter Verkaufsabschluß steht morgen und auch schon heute unter dem guten Stern der Synergie der Teile; gemeint ist das Zusammenwirken aller beteiligten Kräfte und Interessen, sowohl beim Verkäufer, als auch beim Käufer.

Inkongruentes Verhalten zu erkennen ist somit ein wichtiger Schritt des „genialen Verkäufers" auf diese Synergie hin. Das heißt auch neue Wahlmöglichkeiten zu entwerfen, denen die widersprechenden Teile im Kunden gerne zustimmen werden als Vorbedingung eines „runden" Verkaufsabschlusses.

Ein Wort zur Warnung: In/Kongruenz läßt sich auch erzeugen

Wenngleich Sie gerade noch erfahren haben, wie bedeutend der Ecology check für ein gelungenes Verkaufsgespräch ist, hier noch ein anderer Hinweis: Es bedarf einer Menge Übung und Praxis, bevor der „geniale Verkäufer" den Ecology check beherrscht. Es bedarf einer schnellen Wahrnehmung und auch einer gewissen Erfahrung, um z.B. Inkongruenz zu hinterfragen. Nur in Verbindung mit anderen NLP-Mustern, vor allem dem Meta-Modell der Sprache und der Sensory acuity (Schärfe der sinnlichen Wahrnehmung) verhindert ein NLP-geschulter Verkäufer, daß er „die Flöhe husten hört", will sagen „etwas in den Kunden hineininterpretiert", was gar nicht da ist (mit den Sinnen erkennbar).

Wenn ein Verkäufer selbst unsicher oder ängstlich vorgeht, steigt die Wahrscheinlichkeit, daß auch der Kunde selbst nur das Verhalten des Verkäufers widerspiegelt und so „künstlich" inkongruent wird. Eine Gegenmaßnahme wie üblich: z.B. 3 x trainieren, das Selbstbild prüfen und die Sinne schärfen.

Lassen Sie uns noch einmal kurz zusammenfassen: Die Ethik des „genialen Verkäufers" verkörpert das Weltbild der Synergie, des fruchtbaren Zusammenwirkens der am Verkaufsgespräch beteiligten Teile, Interessen und Kräfte von Käufer und Verkäufer. In der Praxis verwirklicht er die Ethik durch die „echte Kommunikation" und „Teilnahme" z.B. im Herstellen von Rapport (u.a. durch Pacing) und die Anwendung aller anderen NLP-Kommunikationstechniken. Besonders der sogenannte Ecology check stellt sicher, daß alle beteiligten Teile eine zufriedenstellende oder gar attraktive Wahrung ihrer Interessen erfahren. „Maßstab" des NLP-geschulten Verkäufers beim Ecology check sind Kongruenz bzw. Inkongruenz, die mit den Sinnen in Sprache und Verhalten des Kunden erkennbar sind.

Inkongruenz deutet auf widerstreitende Teile hin. Aus dem näheren Betrachten der „auseinandergetrennten" Teile ergibt sich für den „genialen Verkäufer" die Chance, ein besseres, weit vollständigeres Angebot zu machen; dadurch steigt in der Regel die Bereitwilligkeit des Kunden, den Abschluß zu machen.

Zwei Bemerkungen zum Schluß:

Inkongruenz und Kongruenz drücken nur die „Vollständigkeit" einer Botschaft aus („senden alle Kanäle V-A-K das gleiche" – ja oder nein?). Ein Käufer kann kongruent ablehnen, genauso (wie es im Text oft beschrieben wurde) kann er inkongruent zustimmen.

Im inkongruenten Verhalten findet der „geniale Verkäufer" seine echte Herausforderung. Es wahrzunehmen, damit umzugehen und gelungene Lösungen anzubieten – das ist eine der Aufgaben, die „Happy Selling" so interessant und abwechslungsreich machen.

VIII

Synergien – Zusammenwirken im NLP

Die wichtigsten NLP-Techniken im Verkaufsgespräch

Kasten 16

Synergie: Zusammenwirken – hier im Sinne von Fähigkeiten, Ressourcen, Talenten, Methoden, Techniken, Sprachmustern etc., die zusammenwirken, um z.B. eine bestimmte Reaktion beim Kunden zu erreichen ... (als einen Schritt in Richtung auf eine gemeinsame Zielvorstellung).

frame: engl. – „Rahmen", bezieht sich auf den Rahmen, innerhalb dessen Menschen denken und handeln. Der Rahmen verleiht diesem Denken und Handeln Sinn, Wert und Bedeutung. Andere Worte dafür finden Sie in „Kontext" bzw. „Zusammenhang".

agreement frame: „Zustimmungs-Rahmen“, „Übereinkunfts-Rahmen“ – ein Rahmen, den verschiedene „Parteien“ als annehmbar erklären, um innerhalb dieses Rahmens zusammenzuarbeiten. Dieser Rahmen wird zu einem großen Teil auch durch Bedingungen beschrieben.

re-framing: – unter dieser Bezeichnung finden Sie einige der wichtigsten NLP-Techniken überhaupt vor. Eine ungenaue Übersetzung würde „wieder-einrahmen“ heißen, also „einen neuen Zusammenhang oder Rahmen schaffen“.

Im Text taucht nur dieser Original-NLP-Ausdruck wieder auf; zu Recht, da dieses Wort einfach ins Deutsche übersetzt zuviel von seiner echten Bedeutung verliert.

utilisieren: etwas nutzen, genauer: Elemente im Verhalten des Kunden nutzen, um ein gemeinsames Ziel zu erreichen.

conditional close: „Abschluß unter der Bedingung, daß ...“ (Verwandt mit dem agreement frame).

Ein conditional close ist nicht immer gleich ein Abschluß eines Geschäftes oder Verkaufs. Es geht im Grunde dabei mehr um die Bedingungen, die Kriterien.

Kriterien:
Ziehen wir noch einmal das Fremdwörterbuch zu Rate, so finden wir:
1. Prüfstein
2. Merkmal, unterscheidendes
3. Kennzeichen

Alle drei Erklärungen weisen darauf hin, daß Kriterien im Verkauf für eine Art Maßstab zur Bewertung der Ware oder der „ausgetauschten Worte und Verhaltensweisen“ – also der Kommunikation stehen.

Ein Verkaufsgespräch:

Das nun folgende Verkaufsgespräch mag Ihnen etwas seltsam und ungewöhnlich erscheinen. Des öfteren wird es Ihnen vorkommen, als habe es gar nichts mehr mit Verkaufen zu tun. So erhalten Sie u.a. in Form der Gedanken, die sich Käufer und Verkäufer machen, gelegentlich eine Art Kommentar zu dem, was eigentlich dahintersteckt.

Eingebettet in dieses Gespräch werden Sie als aufmerksamer Leser eine Menge von dem entdecken, was Sie bereits über NLP und „Happy Selling" erfahren haben, insbesondere über bestimmte Sprachmuster und Techniken. Darüber hinaus erhalten Sie Informationen darüber, wie andere Elemente des NLP, die im Kasten der Worterklärungen angesprochen wurden, vom Verkäufer in diesem Gespräch eingesetzt werden.

Dies ist also kein typisches Verkaufsgespräch für „geniale Verkäufer", es könnte und würde wohl „draußen" an jeder beliebigen Stelle anders verlaufen. Nehmen Sie also einfach einmal an, die beiden Gesprächspartner hätten sich tatsächlich so unterhalten. Der Verkäufer hegt übrigens die Absicht, seinem möglichen Kunden eine K-TRAIN-Seminar-Reihe zu verkaufen, und man hat sich zu einem zwanglosen Vorgespräch getroffen und miteinander bekannt gemacht.

Der Verkäufer hat schon „ein bißchen was" von NLP erzählt, und daß es eine Menge mit der „hohen Kunst der Kommunikation" zu tun hat ...

> *Verkäufer:* Ja, und wissen Sie, eine der interessanten Sachen, die Ihnen so ein K-TRAIN-Seminar vermitteln kann, ist, wie man einen Kunden wirklich erreichen kann, wie Sie die Informationen, die Sie rüberbringen wollen, auch tatsächlich rüberbringen.

Käufer: Sie meinen, wie ich wirklich Eindruck machen kann?

Verkäufer: Ja, so einen Eindruck machen, daß Ihr Kunde ein völlig anderes Gefühl von Ihrem Produkt bekommt, z.B. auch dann, wenn Sie es mit jemand zu tun haben, der glaubt, er hätte alles fest im Griff.

Käufer: Ja, das kenne ich, die sitzen so fest im Sattel, daß es schwer ist, sie auch nur einen Zentimeter von ihrem Standpunkt wegzubewegen.

Verkäufer: Genau solche Kunden, die sich an ihrer eigenen Meinung festgebissen haben, die meine ich. Dazu würden Sie im K-TRAIN-Seminar eine Möglichkeit kennenlernen, wie Sie solche Kunden sozusagen an ihrem eigenen Standpunkt festmachen würden, während Sie ihnen gleichzeitig ein paar griffige Argumente zuflüstern würden, so daß dem einzelnen Kunden plötzlich ein Licht aufgeht und er nur noch erstaunt zugeben wird, daß er die Dinge so, aus diesem Blickwinkel, noch überhaupt nie gesehen hat.

Käufer: Also das ging mir zu schnell, bei so etwas fühle ich mich leicht überrumpelt.

Verkäufer: Dann lassen Sie uns einmal das Tempo drosseln. Es geht z.B. darum, daß ein Verkäufer nach einer vollen K-TRAIN-Seminar-Reihe in der Lage ist, schnell genug zu begreifen, in welchem Sinnes-System ... System – Sehen – Hören – Fühlen – sich ein Kunde gerade bewegt. Wenn Sie das wissen, können Sie in das gleiche Sinnes-System „hineingehen" und so den Standpunkt Ihres Kunden teilen.

Von diesem gleichen Standpunkt aus werden Sie am ehesten wissen, was dem Kunden an wichtigen Informationen fehlt, weil er vielleicht noch in die falsche Richtung schaut.

Käufer: Das leuchtet mir schon eher ein.

Verkäufer: Sind Sie schon einmal irgendwo um die Ecke gebogen und plötzlich haben Sie eine Vorhut von irgendeinem Zirkus gesehen, die bekannt macht, daß der Zirkus in der Stadt gastiert? Da bleibt man doch unwillkürlich stehen und hört und schaut zu. Das ungewohnte Trompeten der Elefanten, die Kunststücke der Artisten auf der Straße, die fliegenden Keulen der Jongleure; die bunten Farben, das Durcheinander der Geräusche und vielleicht noch der seltsame Geruch von fremden Tieren – das nimmt einen doch so in Anspruch, daß man ernsthaft darüber anfängt nachzudenken, ob man Freitagabend in der Vorstellung sitzen will. Von denen kann man als Verkäufer so manches lernen, und das wissen auch die Leute von K-TRAIN.

Kommentar:

Als Leser dieses Gespräches wird Ihnen spätestens jetzt auffallen, daß der Verkäufer sich sprachlich geschickt in den drei Haupt-Sinnes-Systemen Visuell-Auditiv-Kinästhetisch bewegt. Er hat es mit einem Kunden zu tun, der sich im Moment in kinästhetischen Prädikaten ausdrückt; also gleicht der Verkäufer sich an, um dann in andere Bereiche überzuleiten.

Spätestens in der Zirkus-Metapher (Gleichnis) verschafft er dem Käufer eine möglichst vollständige Sinneserfahrung V-A-K und so eine Art „Dreifach-Wirkung“, von der er durch bestimmte hypnotische Sprachmuster zu K-TRAIN überleitet. Auch das Überlappen (Overlapping) vom K-System des Kunden in ein anderes und die Wirkung dieses Vorgehens wurde im Gespräch offen für Sie überprüfbar dargestellt.

Aus alledem können Sie entnehmen, was sich für den NLP-geschulten Verkäufer als besonders wichtig erweist: Er benutzt in seiner Kommunikation alle Sinnes-Systeme, um vollständige Erfahrungen im Kunden erschaffen zu können. Dazu muß er *alle* seine Sinne so trainieren wie seine – sagen wir – ohnehin bestentwickelten.

Verfolgen wir nun weiter das Verkaufsgespräch. Der „zukünftige" K-TRAIN-Seminar-Teilnehmer verhält sich ziemlich abweisend, indem er mit sprachlich groben Verallgemeinerungen versucht, den Verkäufer aus dem Gleichgewicht zu bringen:

Käufer: Das ist ja wohl der blanke Schwachsinn, den Sie hier verzapfen.

Der Verkäufer hätte hier natürlich ohne weiteres die Möglichkeit, einfach ein paar Meta-Fragen zu stellen (z.B.: Was genau meinen Sie?); statt dessen:

Verkäufer: Oh ja, da Sie das so unverblümt ausdrükken ... Wissen Sie, das erinnert mich nämlich an einen Freund, der ist auch Verkäufer, und der hat wiederum einen Bekannten, der macht Aikido, das ist so eine östliche Bewegungs- und Kampfkunst. Und als er seine Ausbildung angefangen hat, haben sie ihm gleich gesagt, daß er nur eines zu lernen brauchte, wenn er perfekt werden wolle, und wollen Sie wissen, was das ist?

Käufer: Na klar, wo Sie mich jetzt schon mal neugierig gemacht haben.

Verkäufer: Na dann, ... er sollte nur verinnerlichen, daß jeder Angriff seiner Gegner nichts weiter sei als Energiefluß – Bewegung von Energie. Er brauche also nicht mit Zorn oder Angst in den Kampf zu gehen. Wenn er

mal in einen reißenden Fluß fiele, würde er auch nicht auf den Fluß schimpfen, sondern vielmehr überlegen, wie er die Strömung so nutzen könnte, daß sie ihn an der günstigsten Stelle wieder an Land bringen würde.

Und genauso gehen die Leute auch beim Kämpfen vor; da ist eigentlich überhaupt kein Kämpfen. Wenn man auf die einschlägt, greifen sie z.B. das Handgelenk, gehen einfach ein Stück mit und lenken dann fast sanft die Energie zurück. Das sieht dann so aus, daß aus einem Faustͅstoß des Gegners plötzlich ein Salto-Vorwärts wird, ohne daß der Aikido-Mann sich sonderlich anstrengt. Der „lebt" praktisch von der Energie des anderen.

Käufer: Ja, 'ne schöne Geschichte und was hat das mit K-Train zu tun?

Verkäufer: Gut, daß Sie die Brücke schlagen; ein K-Train-Verkäufer hat auch gelernt, das es kein Versagen gibt, keine „schlechten" oder „bösen" Kunden, sondern nur Feedback, also Rückmeldungen durch das Verhalten des Käufers.

Wenn Sie erst einmal am Seminar teilgenommen haben, werden Sie wissen, wie Sie jede Reaktion Ihres Kunden als nächsten Schritt im Prozeß des Verkaufsgesprächs als Veränderung hin zum Ziel nutzen können. Und Sie werden auch wissen, wie NLPler das nennen: Utilisieren. Die einzige Frage, die Sie sich dann noch stellen werden in Ihren Verkaufsgesprächen, wird sein: „Funktioniert das, was ich gerade mache, ja oder nein?"

Käufer: Und wenn einer ablenkt?

Verkäufer: Ja, was könnte dann funktionieren? Zum Beispiel könnten Sie auch ablenken: „Oh, ich glaube, wir sollten mal kurz 'ne Pause machen und dann in fünf Minuten wieder voll einsteigen", dann würden Sie an der Reaktion des Kunden sehen, ob er auch nur 'ne Pause will, oder ob was anderes dahintersteckt. Natürlich könnten Sie auch etwas anderes tun, im K-Train-Seminar erfahren Sie mehr darüber.

Käufer: Das ist es ja gerade: meistens steckt etwas anderes dahinter und man hat keine Ahnung, deshalb probiert man herum und tappt doch im Dunkeln.

Verkäufer: Sie wollen sich also lieber sicheren Schrittes auf einem Gebiet bewegen, wo Sie schneller begreifen, was Ihr Kunde eigentlich will, worauf es ihm wirklich ankommt?

Käufer: Ja, genau. Im Grunde ist doch jeder Kunde anders. Wie soll man sich da heutzutage noch auskennen?

Verkäufer: Damit sprechen Sie genau den Punkt an, den Sie später als NLP-geschulter Verkäufer mit Kriterien bezeichnen würden.

Käufer: Was soll das denn sein?

Verkäufer: Unter Kriterien können Sie eine bestimmte Sorte von Wörtern verstehen, die Ihr Kunde benutzt, um auszudrücken, ob er etwas mag oder nicht, ob es ihm etwas wert ist, oder nicht. Haben Sie Kinder?

Käufer: Ja, 'nen 14jährigen Sohn und 'ne 17jährige Tochter.

Verkäufer: Na, wenn Sie denen irgend etwas als „gut" verkaufen wollen, dann müssen Sie ja auch genau das richtige Wort treffen. Wie heißt es denn bei Ihnen? „Cool" oder „öde" oder „super", „toll" oder wie? Das wissen Sie bestimmt selbst, daß bei denen oft „nix läuft" ohne das richtige Wort zum Thema; und wenn Sie es dann noch falsch betonen oder nur so unecht „wie ein Grufti" über die Lippen bringen, dann können Sie es sich ja „gleich abschminken", oder?

Käufer: Da ist was dran.

Verkäufer: Mit Kriterien können Sie immer wieder Überraschungen erleben. Leider gibt es viel zu viele Verkäufer, die ihre eigenen Kriterien für die besten und wichtigsten halten. Nehmen Sie nur einmal den typischen Computer-Verkäufer, bei dem schon der Ausdruck „120 Mega-Byte-Festspeicher" ein Hoch auf dem Gesicht auslöst, während der Kunde keine Ahnung hat, was das heißt und gelangweilt oder unsicher dreinschaut.

Das ist einer der Punkte im K-TRAIN-Seminar. Sie lernen etwas über die eigenen Kriterien und wie Sie den „Wertmaßstab" Ihres Kunden erkennen. Sie werden staunen, wie sehr die Attraktivität, also die Anziehungskraft Ihres Angebotes davon abhängt, ob Sie die Kriterien Ihres Kunden treffen oder nicht. Ach übrigens, Sie erfahren dann auch, daß man „Kriterien" u.a. an bestimmten Wortklassen wie „Nominalisierungen" und „Adjektiven" erkennt, nur würde das jetzt zu weit führen.

Für Sie, verehrter Leser, an dieser Stelle die weiterführende Information, daß die Kriterien tatsächlich ein mächtiges Werkzeug sind, das Ihnen der Kunde selbst in die Hand gibt. Zustimmung und Ablehnung kristallisieren sich stets schon sehr früh aus Verhalten und Sprache heraus. Die „Kongruenz", mit der Ihr Kunde bestimmte Worte (Kriterien) in seinem Verhalten betont, sagt Ihnen automatisch, was für ihn einen Wertmaßstab darstellt.

Beispiel: Ein Kunde ändert, als der Verkäufer die Worte „Ihr Chef ..." erwähnt, sein Verhalten deutlich. Nun wissen Sie gleich, daß dieser Chef für den Ausgang des Gesprächs eine bedeutende Rolle spielt, wahrscheinlich ändern Sie nun Ihr eigenes Verhalten ...

Ein amerikanischer NLP-Verkaufstrainer hat sich die Mühe gemacht und die Kriterien, die ihn in seiner Erfahrung als die wichtigsten erschienen, aufgelistet. Den Begründern von K-TRAIN-Seminaren erscheint es weitaus wichtiger, daß ein Verkäufer weiß, wie man Kriterien, anders gesagt die „Schlüssel-Worte" bzw. „Schlüssel-Werte" eines Kunden früh im Gespräch erkennt und in der weiteren Kommunikation mit dem Käufer auch gezielt einsetzt.

Beobachten Sie nun, welche weiteren Punkte in diesem Verkaufsgespräch zur Sprache kommen:

Käufer: Ich habe das Gefühl, Sie arbeiten hier mit meinen eigenen Kriterien und wollen mich hier über den Tisch ziehen?

Verkäufer: Von „über den Tisch ziehen" braucht hier keine Rede zu sein. Wenn Sie selbst erst einmal die Kriterien Ihrer Kunden gebraucht haben, werden Sie wissen, daß Sie ihnen damit nur die Gelegenheit verschaffen, das Angebot in deren ureigenen Wahrnehmung zu überprüfen.

Käufer: Glauben Sie, daß das auch mit einem Kunden geht, der schon von vornherein voreingenommen ist gegen mich oder mein Produkt?

Verkäufer: Nach einem K-TRAIN-Seminar werden Sie die „voreingenommenen" Kunden als doppelt interessant einschätzen, denn diese Art von Käufern hat sich meistens schon vorher ausgerechnet, wie ihrer Meinung nach das Gespräch verlaufen wird, also wissen Sie auch, was dabei für sie rausspringen soll, z.B. an Rabatt...

Die Kriterien, die solche Kunden mitbringen, ergeben sich aus solchen Vorannahmen. Im K-TRAIN-Seminar können Sie eine spannende Vorgehensweise dazu kennenlernen, den Agreement Frame.

Käufer: Schießen Sie los!

Verkäufer: Agreement Frame heißt in etwa „Rahmen für eine Zustimmung". Diesen Rahmen bringt ein guter Verkäufer auch ziemlich am Anfang in das Gespräch ein. Er hat verschiedene Möglichkeiten:

Nehmen wir einmal Ihren voreingenommenen Kunden und prüfen wir seine Kriterien, und vor allem seine Vorannahmen.

Natürlich hat dieser Kunde von vornherein etwas gegen Sie oder Ihr Produkt; die Tatsache, daß er trotzdem zu Ihnen gekommen ist, deutet darauf hin: da ist noch ein anderer Teil, der durchaus einen Grund hat, an einem Verkaufsgespräch mit Ihnen interessiert zu sein. Wenn es Ihnen nun gelingt, diese beiden Teile im Kunden „an einem Strick ziehen zu lassen", und zwar an einem Strick, an dem Sie auch noch mitziehen würden, dann wäre das Gespräch so gut wie gewonnen, oder?

Käufer: Ja, das sagen Sie so leicht. So etwas will ich erst einmal am eigenen Leib erlebt haben, bevor ich es glaube.

Verkäufer: Natürlich. In einem K-TRAIN-Seminar erhalten Sie die Gelegenheit, das „Wie" eines „Agreement-Frames" zu erlernen – damit könnten Sie dann eigene Erfahrungen sammeln.

Käufer: Also ich sollte dann zwei streitende Teile in meinem Kunden zusammenbringen. Wie soll das gehen?

Verkäufer: Wir wollen hier dem Seminar nicht zu weit vorgreifen. Soviel sei Ihnen schon einmal verraten: der Ansatz dazu ist ein generativer, d. h. Sie werden durch Ihre Vorschläge, Fragen etc. einen Rahmen erschaffen, in dem beide „Streithähne" sich „bereichern" können, wenn sie zustimmen. Für beide springt in diesem Rahmen mehr heraus, als wenn sie sich streiten. Vorher stehen beide Teile außen, der eine will Ihr Produkt, der andere nicht, und beide haben ihre Gründe.

Sie als Verkäufer bieten ihnen beiden einen Kontext (Rahmen), der für beide soviel Vorteil bringt, daß sie sich gerne in den Rahmen hineinstellen werden. Jetzt stehen sie plötzlich beide innen, statt beide draußen sich gegenüber, und das verändert die Wahrnehmung ganz stark.

Käufer: Halt, halt, das geht mir wieder zu schnell.

Verkäufer: Also noch mal etwas langsamer. Lassen wir uns noch einmal mit dem voreingenommenen Kunden ein. Obwohl er so tut, als tauge Ihr Produkt wenig, ist er trotzdem gekommen. D.h. es gibt mindestens zwei Standpunkte in ihm, soviel wüßten Sie gleich als NLP-geschulter Verkäufer, also sagen Sie: „Mir scheint, als gäbe es bei Ihnen einige Einwände gegen mein Angebot und ich bin sicher, Sie wollen damit verhindern, daß Sie das falsche kaufen." (Damit zeigen Sie als Verkäufer dem angeblich voreingenommenen Teil Ihren Respekt.) Weiter könnten Sie sagen: „Andererseits sind Sie hergekommen, weil Sie sich verbessern wollen oder sich einen Vorteil erhoffen." Damit sprechen Sie den anderen Teil in ihm an.

„Wenn wir jetzt gemeinsam die Gelegenheit wahrnehmen würden, das Angebot zu prüfen, um herauszufinden, ob Sie bei diesem Produkt Ihre Einwände tatsächlich auch bestätigt finden oder nicht, so müßte das in Ihrem Sinne sein, nicht wahr?"
Darauf wird er spontan eingehen wollen, da jetzt beide Interessen, und die Ihren noch dazu, so gedeckt sind, daß das Verkaufsgespräch „generativ" wird, also eine Bereicherung darstellt.

Käufer: O.K., dem kann ich folgen.

Verkäufer: Dementsprechend können Sie in einem K-TRAIN-Seminar lernen, wie Sie systematisch Schritt für Schritt, denn das ist NLP, so einen Agreement Frame in Ihren Verkaufsgesprächen aufbauen, wann immer und mit wem immer es nötig wird.

Als Verkäufer tragen Sie im Grunde genommen die Verantwortung dafür, daß das Gespräch zu einer Ko-operation im Sinne eines Zusammenwirkens wird; und das schaffen Sie nur, indem Sie eine gemeinsame Zielvorstellung entwickeln, der alle Beteiligten am Verkaufsgespräch gerne zustimmen.

Käufer: Sie sagen das so. Was mache ich denn, wenn der voreingenommene Kunde erst zustimmt und dann im Verlaufe des Gesprächs auf die „alte Schiene" überwechselt und mir auf die „linke Tour" kommt?

Verkäufer: In dem Falle werden Sie dann gleich wissen, daß etwas nicht mehr stimmt, was die Abmachung, den Agreement Frame angeht. Vielleicht haben Sie selbst gerade den Zielvorstellungen widersprochen, so daß der kritische Teil sich „verraten" fühlt. Oder Sie können Ihren Kunden an die Abmachungen erinnern und sagen: „Wir hatten uns ja darauf geeinigt zu prüfen und zu wiegen ..." Manchmal können Sie auch etwas Forsches sagen, wie: „Daß Sie wissen, wie man über etwas einfach so herzieht, haben Sie ja am Anfang des Gesprächs schon gezeigt. Wie wäre es, wenn wir wieder ..." Wenn Sie einmal einen wirklich guten Agreement Frame ausgehandelt haben, ist es eher unwahrscheinlich, daß der „Kritiker" grundlos wieder auftaucht.

Käufer: Da würde ich ja gern noch mehr darüber erfahren.

Verkäufer: Am meisten erfahren Sie im K-TRAIN-Seminar, wie Sie Agreement Frames bilden können. Außerdem erfahren Sie noch eine Menge mehr über „Happy Selling“. Lassen Sie uns einmal Ihre Terminplanung mit den geplanten Terminen der K-TRAIN-Seminare vergleichen ...

Reframing 1: „So habe ich das überhaupt noch nicht gesehen“

Reframing – wenn Sie möchten, können Sie sich noch einmal die ungefähre Übersetzung im Kasten der Worterklärungen durchlesen. Ansonsten hier der Tip: Reframing einfach als Vokabel in Ihren Wortschatz aufnehmen, denn Reframing wird im Verlaufe des nun folgenden Abschnitts Schritt für Schritt an Bedeutung für Sie gewinnen.

Ist Reframing etwas Besonderes oder Seltenes? Mitnichten. Das Leben schreibt seine Geschichten oft nach „Reframing-Art“. Im allgemeinen hat Reframing sehr häufig mit der Frage des Zeitpunktes zu tun, an dem etwas geschieht.

Nehmen wir einmal stellvertretend eine von Günther Stracks „Hessischen Geschichten“ aus dem ZDF. In einer dieser Episoden spielte Strack einen reichen Bauern, der in Frankfurt am Bahnhof ankommt und sich ein Taxi nimmt. Er hat es sehr eilig, denn er will sich in Kürze mit einem Finanzexperten treffen. Dieser hat ihm versprochen, daß er die Ersparnisse des Bauern vervielfachen will, und heute ist Vertragsabschluß. Da es um viel Geld geht, ist es ihm natürlich sehr wichtig um die Pünktlichkeit. Doch leider hat er Pech. Er gerät im Taxi an einen Neuling im Geschäft, der sich in Frankfurt noch nicht auskennt. „Goethe-Straße? Wo ist denn das?“ So verrinnt die Zeit, man sucht auf dem Stadtplan und fährt los. Unser Bauer Strack wird immer unruhiger. Auch ein Taxi-Wechsel bringt ihn nicht weiter, nachdem es vorher sogar noch einen kleinen Unfall gegeben hat, der alles noch mehr verzögerte.

Als er schließlich ankommt, ist er schon zehn Minuten zu spät dran und stellt dazu auch noch fest, daß er zu Fuß in zwei Minuten vom Bahnhof aus dort angelangt wäre. Der Bauer geht also hinein in das Haus in der Goethe-Straße – natürlich ist keiner mehr da, „aus der Traum" vom großen Geld.

Eine Putzfrau kommt dazu und fragt: „Zum Herrn Dr. wollen Sie? Na, seien Sie froh, der ist schon weg, den hat vor fünf Minuten die Polizei abgeholt."

„Ja, wie denn das?"

„Na, Wirtschaftsverbrechen. Der hat doch den Leuten nur so das Geld aus den Taschen geholt. Wollten Sie Ihres auch beim ihm abliefern?"

Da steht er, unser reicher Bauer und ist froh, daß er einen Neuling im Taxi-Geschäft getroffen hat und über all die anderen Unannehmlichkeiten bis hin zum Unfall und all der unnötig verbrauchten Zeit. Wo er sich doch gerade noch geärgert hat, von wegen „zwei Minuten vom Bahnhof".

Und das ist nichts anderes als ein lustiges Beispiel für Reframing. All der Zeitverlust gewinnt seine Bedeutung erst aus dem Frame, dem Rahmen oder Zusammenhang. Zunächst ist es schmerzlich, „so viel Zeit für das kurze Wegstück zu brauchen", und dann wird plötzlich der Rahmen ausgetauscht („reframed") durch „Wirtschaftsverbrechen" und unser Bauer ist froh über das, was ihn gerade noch beinahe „den letzten Nerv" gekostet hätte.

Wie gesagt, „das Leben selbst" führt Reframings oft mittels der Zeit aus. Zum Beispiel „Hätte ich das nur schon früher gewußt ..." – dieser Satz fällt in diese Klasse – „... hätte ich mich ganz anders verhalten".

Das Ergebnis von Reframing ist stets ein mehr oder weniger starkes „Aha-Erlebnis", also auch ein K-Erlebnis (kinästhetisch) besonderer Art, und darum geht es dem „genialen Verkäufer" in seinen Verkaufsgesprächen: Herausfinden, ob es einen Hintergrund (Frame) beim Kunden gibt, vor dem z.B. der Kauf des Produkts bzw. der Erwerb der Dienstleistung die „am besten geeignete Reaktion oder Handlung" des Kunden wäre.

Ein großer Teil des NLP für Verkäufer überhaupt handelt davon, wie man den „Rahmen" des Kunden erkennt (z.B. Erkennen von Sprachmustern und welche Sinnes-Systeme der Kunde benutzt); dabei „klinkt" sich der „geniale Verkäufer" in die Wahrnehmung des Kunden ein (Pacing) und erhält dadurch die Gelegenheit, ihm eine veränderte Wahrnehmungsweise darzubieten (reframing). Diese Fähigkeit, den Kunden dazu zu bringen, daß er z.B. die „Welt einmal anders herum betrachtet", taucht überall im NLP auf:

– andere Sinnes-Systeme benutzen als das bevorzugte;
– Dissoziation (z.B. sich selbst von der Seite sehen);
– Trance;
– Ressourcen (Fähigkeiten) in andere Situationen übertragen usw.

Darüber hinaus gibt es mehrere Formen von Reframing, die man als „Standard-Reframing-Techniken" bezeichnen könnte, und diese Techniken werden Sie jetzt kennenlernen.

Die „einfachste" Form von Reframing bezieht sich hauptsächlich auf den Kontext, den Hintergrund:

Kontext-Reframing

Um es gleich zu sagen, Kontext-Reframing erweist sich vor allem für das Verkaufen als ein „Muß": „Das ist zu teuer! Das dauert zu lange! Ich bin zu beschäftigt!" – wie oft hört ein Verkäufer diese „Formeln". Kontext-Reframing bietet hier eine angemessene Vorgehensweise an.

Wagen wir uns ruhig einmal an den berühmten „Zu teuer"-Einwand, um ein Reframing zu unternehmen. Denn dieser Standard-Satz im Verkaufsgespräch eignet sich gut dazu. Berücksichtigen Sie dabei, daß der hier vorgeschlagene Weg nur einer unter vielen ist. Sie werden mittlerweile erfahren haben, daß NLP keine „Rundum-Lösungen" für jeden Fall anbietet: Die Personen (Verkäufer und Käufer) bestimmen selbst, wie man vorgeht.

Also ein Kunde sagt: „Das ist mir zu teuer."

Genaugenommen läßt dieser Kunde den Zusammenhang weg, der ihn zu dieser Schlußfolgerung kommen läßt. Damit er die Aussage „zu teuer" machen kann, muß er vorher eine innere Wahrnehmung gehabt haben, die dem Verkäufer zwangsläufig unbekannt sein wird (er kann ja keine Gedanken lesen).

Diese innere Wahrnehmung kann ein Gefühl gewesen sein, oder z.B. ein Bild aus dem Gedächtnis, das den letzten Konto-Auszug darstellte. Nehmen wir einmal diesen Fall für unser Beispiel an und unterteilen Sie jetzt mit uns das Verhalten des Kunden in „Reiz" und „Kontext". Das würde bedeuten: Das Angebot des Verkäufers steht als Reiz vor dem Hintergrund (Kontext) des Kontoauszugs. Dabei entsteht im Gehirn des Kunden eine Vorannahme: Er verbindet z.B. Ware, Kauf und Konto-Stand und sieht sich vielleicht ins Minus rutschen, also kein Wunder, er sagt „zu teuer".

Darüber „muß" sich ein Verkäufer im klaren sein, daß der Kunde eine Vorannahme gebildet hat, wenn er z.B. sagt „zu teuer". Je mehr der Verkäufer über den ganzen Prozeß weiß,von Reiz (z.B. Ware) über Kontext (hier: Konto-Auszug), über Vorannahme (hier: „Minus") bis zum Verhalten („Ist mir zu teuer"), desto leichter kann er ein Reframing liefern, das dem Kunden auch wirklich „unter die Haut geht".

Da es in diesem Falle um ein Kontext-Reframing geht, setzt sich der „geniale Verkäufer" hier das Ziel, das Verhalten („zu teuer") beizubehalten und den Hintergrund (Konto-Auszug) so zu verändern, daß der Kunde bei gleichem Verhalten mehr oder weniger erstaunt etwas sagen wird, wie: „Oh, so hatte ich das noch gar nicht gesehen."

Wie glauben Sie, ist das möglich?

Eine von mehreren Möglichkeiten hinsichtlich des Kontext-Reframings in unserem Beispiel wäre die folgende:

Kunde: „Das ist mir zu teuer."

Verkäufer: „Gut, daß Sie das ansprechen. Damit sagen Sie mir gleich, daß wir das Angebot gemeinsam auch vor allem im Rahmen der Finanzierungsfrage prüfen müssen ..."

Dies ist ein Beispiel mit doppeltem Reframing-Effekt:

1. Ein Reframing für den Kunden: Das Verhalten wird angenommen und sogar bestätigt. (Wie oft folgt in Verkaufsgesprächen die große Pause nach dem „Zu teuer"?) Der Zusammenhang (Kontext) ändert sich: Statt allein vor dem „Kontoauszug im Minus", steht der Kunde jetzt mit „gemeinsam die Finanzierungsfrage prüfen" vor einem „doppelt anderen" Bezugspunkt.
2. Ein Reframing für den Verkäufer: Er nimmt das gemeinhin als „verkaufshemmend" betrachtete „zu teuer" als positiv, ja sogar als eine Anregung auf, das Verkaufsgespräch besser abzustimmen. Kontext-Reframing dient also auch dazu, daß der Verkäufer sein eigenes Verhalten in einen angebrachten, aufbauenden Zusammenhang stellt, um ein „Happy Selling" zu gewährleisten.

„Verändere die Bewertung eines Verhaltens, indem du es vor einen anderen (nützlichen) Hintergrund (Kontext) stellst." So lautet der Grundsatz des Kontext-Reframings. Er ist vor allem nützlich an den Stellen im Verkaufsgespräch, wo platte Verallgemeinerungen auftauchen. Wie Sie sicher gemerkt haben, lenkt der „geniale Verkäufer" die Aufmerksamkeit des Kunden auf einen anderen Bezugs-Rahmen.

So eignet sich Kontext-Reframing hauptsächlich als ein Vorgehen mit Kurzzeit-Wirkung. An der Reaktion des Kunden erkennt der „geniale Verkäufer", ob das Verhalten stark „kontext-gebunden" war – in dem Fall zeigt der Verkäufer oft eine deutlich wahrnehmbare, oft nicht-sprachliche Reaktion, wie Veränderung der Haltung, z.B. Entspannung (vorausgesetzt der „neue" Kontext hat eingeschlagen). (Natürlich erhält der Teilnehmer am K-TRAIN-Seminar eine Schritt-für-Schritt-Vorgehensweise des Kontext-Reframings, wie auch der anderen Arten von Reframing.)

Es gibt also keinen „richtigen" oder „falschen" Kontext für ein Verhalten, nur eine mehr oder weniger starke Reaktion. Ein Problem-Kontext erzeugt sozusagen eine „Flüchte oder Greif an"-Reaktion, während ein gelungener Reframing-Kontext so etwas wie Entspannung sichtbar werden läßt. So hat der „geniale Verkäufer" immer die Möglichkeit, seinen Erfolg beim Reframing zu überprüfen.

Taucht z.B. ein Einwand eines Kunden auch nach dem Kontext-Reframing wenig verändert wieder auf, gilt es dem NLP-geschulten Verkäufer als ein Zeichen, daß es hier um ein tiefergehendes oder komplexeres Verhalten des Kunden geht – vielleicht Zeit für die nächste Stufe des Reframing.

„Meaning-Reframing" (oder Bedeutungs-Reframing)

Während sich das Kontext-Reframing hauptsächlich für Situationen eignet, in denen der alte Grundsatz paßt: „Alles ist relativ", ist das Bedeutungs-Reframing auf einer anderen, vielleicht tieferen Ebene wirksam.

Das Bedeutungs-Reframing befaßt sich mit sprachlichen bzw. gedanklichen „Gleichungen". Ein Beispiel: Ein Verkäufer steht unmittelbar vor einem Gespräch mit einem, wie er meint, „erwiesenermaßen schwierigen Kunden" und denkt schon an das übliche „Oh weh"; im Geiste sieht er sich womöglich schon geschlagen von dannen ziehen. Glücklicherweise hat er eine Woche vorher auf einem K-Train-Seminar ausgiebig Reframing geübt; so „sinnt" er auf einen eleganten Lösungsweg und schnell kommt der Entschluß: „Wenn die Chancen auf Erfolg bei diesem Kunden so oder so grundsätzlich ungünstiger stehen, habe ich ja hier eine hervorragende Möglichkeit mein NLP-Kommunikationskönnen auszuprobieren. Schaden kann es nicht, also werfe ich mich freudig ins Getümmel."

Beim näheren Hinsehen erkennen Sie schnell den Unterschied zum Kontext-Reframing. Der Hintergrund (z.B. Zeit und Kunde), sowie die Handlung (Verkaufsgespräch) bleiben gleich: was sich ändert ist die „Bedeutung" oder die „Bewertung" der Gesamtlage.

Erst hieß es: „Mit dem schwierigen Kunden verhandeln = Niederlage einstecken", nach dem Reframing lautete die Gleichung „Mit dem schwierigen Kunden verhandeln = gute Gelegenheit, um NLP auszuprobieren".

Der „geniale Verkäufer" weiß nur zu gut, daß die meisten menschlichen Gedankenläufe in einem „bewertenden" Meta-Gefühl enden. Denken Sie nur noch einmal an den Abschnitt zur „Kontroll-Instanz K wie kinästhetisch". Dementsprechend verfolgt er den Zweck in seinen Verkaufsgesprächen, seinen Kunden eine „neue Welt" zu verschaffen, indem er ihnen „andere Bedeutungen für das gleiche Verhalten" anbietet, eben „Bedeutungs-Reframing" macht.

Der Rahmen (Frame) entsteht hier nicht vorrangig aus dem Kontext, vielmehr aus dem „Etikett", das der Kunde z.B. einem Produkt als seine „Meinung" aufklebt. Allein schon daher ergibt sich auch die „Vorannahme": Es gibt keine „wahren" oder „unwahren" Bedeutungen. Es gibt nur „persönliche" Bedeutungen, und verschiedene oder andere Bedeutungen (Bewertungen) erzeugen auch beim Kunden andere Reaktionen: „So herum sieht es natürlich ganz anders aus."

Sie werden es gemerkt haben, im wesentlichen kommt es dem „genialen Verkäufer" beim Reframing darauf an, daß es ihm gelingt, „Bewegung zu bringen in festgefahrene Einstellungen oder Verhaltensweisen beim Kunden".

Auf ein sinnvolles Reframing, also eines, das dem Kunden „eingeht", erhält der Verkäufer eine sichtbare oder spürbare

Veränderung im Verhalten, z.B. Entspannung, wie Sie schon erfahren haben. D.h. fast immer auch, die „Sicht der Dinge" nach dem Reframing ist freier oder weiter als vorher. Also wird der Kunde wohl eine bessere Wahl treffen beim Kauf; und damit ist es auch die bessere Wahl für den Verkäufer.

Auch für das Bedeutungs-Reframing (dasselbe Verhalten bedeutet etwas anderes), bietet K-Train die Schritt-für-Schritt-Strategie. Zum Ausklang dieser Darlegungen hier noch der Hinweis, daß Meaning Reframing durchaus nicht nur das Ergebnis ins Positive verwandeln will. Eine Menge Kunden fordern ihren Verkäufer geradezu heraus, ihnen ein „negatives" Reframing zu verabreichen. Beispiel: Verkäufer zum unverschämten Kunden: „Manche Leute verwechseln zu gerne Frechheit mit Selbstsicherheit."

Hier endet das Buch, der Vorhang schließt sich ... und er öffnet sich noch einmal für die besonders Eifrigen:

Six-Step-Reframing (oder Sechs-Schritt-Reframing)

Das Reframing in sechs Schritten, wie der Name schon sagt, zielt auf eine eher unbewußte Absicht, z.B. in einem Kunden, der ein „negativ-unverständliches" Verhalten zeigt, etwa dauernde abwertende Kritik – scheinbar ohne „echten" Grund.

Six-Step-Reframing ist also für die wirklich „schweren Fälle" im Verkaufsgespräch vorgesehen. Der „geniale Verkäufer" geht davon aus, daß auch ein Kunde, der anscheinend unbegründet destruktiv (abbauend) handelt, im Hintergrund, also mehr oder weniger unbewußt, eine positive Absicht verfolgt.

Anders gesagt: der „geniale Verkäufer" unterscheidet im Verhalten seiner Kunden zwischen einerseits dem Verhalten selbst und andererseits der Absicht, die hinter dem Verhalten steckt. Beispiel: Ein Kunde verhält sich abweisend und zugeknöpft, und er weiß möglicherweise selbst nicht so recht warum (= Verhalten). Die positive Absicht: Er will sich selbst davor schützen, „übers Ohr gehauen“ zu werden, was ihm früher schon einmal zugestoßen ist.

Das „Fatale“ oder Unangenehme an dieser Vorgehensweise des Kunden ist, daß er sich sowohl in seinem Verhalten beim Kauf selbst, als auch in den Möglichkeiten, das Beste für sein Geld zu erhalten, radikal einschränkt.

Die Autoren können gar nicht überbetonen, wie wichtig es für jeden Verkäufer ist, zwischen Verhalten und Absicht eines Kunden unterscheiden zu können. Genau das geschieht im Six-Step-Reframing.

Sechs-Schritt-Reframing ist gleichzusetzen mit „Kommunikation mit dem Unbewußten“ des Kunden. Ein „Könner“ im Verkaufen mit NLP kann es auch so durchführen, daß das wache Bewußtsein des Kunden nicht viel mehr als ein Zeuge einer Verbindung ist, die der Verkäufer zu „unbewußten“ Teilen in der Person seines Gegenüber herstellt (dies nur als Hinweis auf die Aussichten für Fortgeschrittene).

Zunächst einmal führt die Tatsache, daß der „geniale Verkäufer“ bei einem Kunden-Verhalten zwischen dem Verhalten und der Absicht, die dahintersteckt, unterscheiden kann, zu folgendem Verhalten des Verkäufers selbst: Er gleicht sich der „guten“ Absicht an (Pacing der guten Absicht). Im obigen Beispiel heißt das: Der Verkäufer „würdigt“ die „Zurückhaltung“ des Käufers, z.B.: „Wie ich merke, halten Sie sich ein wenig zurück (er wendet sich an den unbewußten Teil), bestimmt gibt es einen triftigen Grund dafür“ (er würdigt damit die positive Absicht des „Schützenwollens“, ohne genau zu wissen, was er da anerkennt).

Wenn der „geniale Verkäufer“ nun auf diese Worte hin eine Zustimmung von Seiten des Kunden erfährt, wird diese auf nicht-sprachliche Art sein und vielleicht auch unbewußt, z.B. ein schnelles Nicken oder Augenschließen oder was auch immer. Die Reaktion, die der „geniale Verkäufer" hier erhält, ist also enorm wichtig, da sie anzeigt, ob es ihm gelungen ist, einen Rapport (Verbindung) zu erhalten mit dem Kunden und speziell mit dem unbewußten Teil.

Die Vorannahme im NLP zu diesem Punkt lautet etwa so: Wenn bestimmte Teile in einer Person eine Aufgabe übernehmen, wählen sie oftmals nur einen einzigen Weg, um diese Aufgabe zu erfüllen. Wenn solche Teile dann unbewußt sind, kommt es diesem Menschen so vor, als wäre er gezwungen, so und nicht anders zu handeln; was ja auch stimmt, solange der unbewußte Teil sich nicht ändert.

In unserem Beispiel: Der Teil, der vor dem „Übers Ohr gehauen werden" schützen will, hat nur einen Weg ausgesucht, diese Aufgabe zu erfüllen (starke Zurückhaltung) und keinen anderen.

Gelingt es nun, eine Verbindung zu diesem Teil herzustellen, so kann z.B. der „geniale Verkäufer" einen geschickten Zug unternehmen; in unserem Beispiel könnte er sagen: „Können Sie sich vielleicht vorstellen, daß ein anderer Weg, sich vor Mißbrauch zu schützen, darin besteht, sich möglichst gut zu informieren. Vielleicht machen Sie einmal den Versuch und quetschen dieses Angebot einmal so richtig aus. Sie können sich ja dann gegebenenfalls immer noch zurückhalten und an jedem beliebigen Punkt sehr vorsichtig sein."

Dies ist sozusagen *der* Schritt im Six-Step-Reframing: Der „geniale Verkäufer" bietet andere Mittel an, dieselbe gute Absicht zu verwirklichen; dabei läßt er bewußt den Ausweg offen, zum „alten" oder ersten Verhalten zurückzugehen, sofern die neuen Vorschläge „nicht zu taugen" scheinen.

Auch hier, wie bei den vorangegangenen „Arten" des Reframings, spielt die Reaktion auf Seiten des Kunden eine entscheidende Rolle. Sie zeigt, ob der Kunde die Vorschläge unbewußt ablehnt oder ihnen zustimmt. Manchmal genügt die Andeutung gegenüber einem Kunden, daß es vielleicht andere Wege gäbe, das zu erreichen, was einem wichtig ist. In anderen Fällen erweist es sich für den „genialen Verkäufer" als notwendig, sich an einen „schöpferischen" Teil im Kunden zu wenden, z.B.: „Bestimmt fallen Ihnen manchmal einfach so Ideen ein, wie Sie etwas machen könnten. Könnte Ihnen auch hierzu etwas einfallen?"

Falls der Kunde bejaht, läßt sich wieder an der Ja/Nein-Reaktion erkennen, was ein brauchbarer Vorschlag ist. Das heißt, in der Test-Phase zeigt sich, ob der Kunde (bzw. der Teil des Kunden) gewillt ist, ein anderes Verhalten auszuprobieren, das den gleichen Zweck erfüllt.

In unserem Beispiel zeigt es sich darin, ob der Käufer Vertrauen faßt und sich auf ein echtes Verkaufsgespräch einläßt. Sollte der Kunde ein „Nein" signalisieren, kann das bedeuten: Es waren keine „brauchbaren" Vorschläge dabei, ich brauche andere. Es kann auch heißen: Hier sind noch andere Interessen (Teile) mit „im Spiel", die ebenfalls berücksichtigt werden wollen. In dem Fall geht das Spiel wieder von vorn los. Sie erinnern sich: Unterscheiden zwischen Verhalten und Absicht, also: Kontakt herstellen ...

Ebenfalls mit voller Absicht wurde hier das Sechs-Schritt-Reframing nicht in der starren Sechs-Schritte-Form dargestellt, wie es im K-Train-Seminar zu Übungszwecken vermittelt wird. Ein solch strenges Vorgehen ist im Verkaufsgespräch wohl auch eher unangebracht. Vielmehr geht ein Six-Step-Reframing – wie jede Art von NLP-Techniken im Verkauf – eher auf unterhaltsame Art über die Bühne. Für den Nicht-Eingeweihten findet nur ein merkwürdig interessantes Gespräch statt.

Im ganzen gesehen legt es das Sechs-Schritt-Reframing insbesondere auf folgendes an: Es soll eine Verbindung entstehen, zwischen bewußten und unbewußten Teilen, so daß gemeinsam andere Wege, einen bestimmten Zweck zu erfüllen, gefunden werden. Vor allem auch eine möglichst genaue Bestimmung der „Absicht hinter einem Verhalten“ steht dabei im Vordergrund: Was hat er davon, sich so und nicht anders zu verhalten?

Mit dem Sechs-Schritt-Reframing gewinnt die Kommunikation mit einem Kunden wieder einen neuen Stellenwert. Immerhin geht es dabei vielleicht am deutlichsten um die Kommunikation mit dem „Unbewußten im Kunden“ – ein heißes Eisen. Diese Technik gehört vor allem auch durch ihre „generative“ Wirkung in die Hände verantwortungsbewußter Verkäufer. Generativ (bereichernd, und auch verallgemeinernd) – dies bezieht sich darauf, daß unbewußte Teile oft für mehr als nur einen „Bereich“ zuständig sind innerhalb eines Menschen. Somit ist ausdrücklich zu sagen: Vorsicht mit leichtfertigem Reframing – immer die Reaktion (Kongruenz) prüfen.

Nehmen Sie das bereits vertraute Beispiel: „Löschen“ Sie als Verkäufer bei diesem zurückhaltenden Kunden so sein Verhalten der Zurückhaltung. Ohne daß er mit wirklich guten anderen Wegen für seinen „Schutz“ vor Übervorteilung sorgt, wird er wahrscheinlich bei Ihnen gut damit fahren. Bei einem anderen Verkäufer, der zuerst an sich selbst, viel später an den Kunden denkt, wird er wieder „den Kürzeren ziehen“. Denn vor allem das unbewußte Lernen (und das ist Reframing) ist sehr oft „verallgemeinernd“ für alle anderen Fälle (dieser Klasse). Unbewußtes Lernen ist das „stärkste Lernen“, es sitzt wirklich fest.

Der Vollständigkeit halber wollten diese letzten Bemerkungen zum Thema des Sechs-Schritt-Reframings gesagt sein. Tatsächlich geht es in einem „normalen“ Verkaufsgespräch nicht „so tief“, nur sollte man als NLP-geschulter

Verkäufer für Ausnahmen gewappnet sein. Gerade beim Verkauf „größerer Projekte", der sich über längere Zeit hinzieht und viel mehr persönliche Kontakte entstehen läßt, wird auch die Qualität der Kommunikation andere Formen annehmen. Auch sind den Autoren dieses Buches Fälle bekannt, in denen ein Verkäufer durchaus zum Vertrauten des Kunden, teils bis in den privaten Bereich hinein wurde. Hier kann die Kenntnis des Six-Step-Reframings sehr nützlich sein, wie auch überall dort, wo der Psychologe im Verkäufer gefordert ist.

In den K-TRAIN-Seminaren üben die Teilnehmer das Reframing und haben so die Gelegenheit, ihr Selbstbild als Verkäufer wirksam zu „reframen"; was auch bedeuten kann: Schönere, elegantere, witzigere Wege zu entwickeln, um das zu erhalten, was man als Verkäufer möchte.

Ein praktisches Beispiel: Durch das Six-Step-(Sechs-Schritt-) Reframing erhöht der „geniale Verkäufer" seine eigene Überzeugungskraft: Die „Kommissar-Columbo-Technik".

Der „geniale Verkäufer" verändert mit Hilfe des Reframing die eigene Wahrnehmung oder die des Kunden. Das führt z.B. beim Käufer dazu, daß er urplötzlich über mehr als nur eine Möglichkeit verfügt, die „Dinge zu betrachten". Anstatt mit „Agumentendusche" Druck zu machen, eröffnet der „geniale Verkäufer" nun Perspektiven – mehr Freiheit zu einer wirklich guten Kaufentscheidung.

Eine solche Flexibilität (auch im Sinne von Gewandtheit und Geschicklichkeit) in seinem Verhalten strebt der „geniale Verkäufer" als eines seiner wichtigsten Ziele an. Da er nur mit einem rundherum zufriedenen Kunden (auch noch lange nach dem Kauf) „abschließen" will, weiß er auch: „Ich will als Verkäufer selbst in bezug auf meinen ‚Job' genauso kongruent auftreten wie auch bei meinem Kunden im nächsten Verkaufsgespräch." Sie erinnern sich: Kongruentes Verhalten – alle „Output-Kanäle" (alles Sichtbare, Hörbare und Spürbare im Verhalten) drücken die gleiche Botschaft aus, d.h. alle „Teile" der Person ziehen an einem Strang.

Glücklicherweise ist der „geniale Verkäufer" aufgrund seiner geschulten Wahrnehmung in der Lage, bei einem Käufer gerade die noch gar nicht berücksichtigten inneren Einwände in der Form von „inkongruentem Verhalten" oft noch früher zu erkennen als der Kunde selbst. Also hilft er dem Käufer – z.B. mit Reframing – auf eine wirksame Weise, diese Einwände so in das Verhandlungsgespräch einzubauen, daß eine rundum gute Lösung in einen Kauf münden kann.

Genauso hilft sich der „geniale Verkäufer" dabei, selbst kongruent zu werden und zu bleiben. „Mein Kunde hat das Recht auf einen kongruenten Kauf; ich selbst bin kongruent

- in bezug auf mein Verkaufen,
- in bezug auf meine Ware,
- als Person gegenüber diesem Kunden,
- in bezug auf die bestehenden oder noch auszuhandelnden Konditionen etc."

Damit ein überzeugendes Auftreten möglich wird, erhalten Sie hier zum Abschluß – gewissermaßen als verlockenden Ausblick auf die weiteren Anwendungsmöglichkeiten des Six-Step-Reframing – eine Beschreibung der „Kommissar-Columbo-Technik", die uns von Thies Stahl (siehe Literaturliste) freundlicherweise zur Verfügung gestellt wurde, wobei er hinzufügte, daß sich diese Vorgehensweise im Geschäftsleben und Verkauf als sehr brauchbar erwiesen habe.

Wer kennt ihn nicht, diesen seltsamen Helden der Krimi-Serie Columbo? Seltsam zerstreut und scheinbar schlampig löst er doch stets seine Fälle auf geniale Weise. Er tritt als ein Paradebeispiel für Inkongruenz auf; nichts scheint bei ihm zusammenzupassen, seine Gegenspieler wirken ihm gegenüber meist haushoch überlegen. Glücklicherweise beherrscht er ein Verhalten meisterhaft, das Thies Stahl als das Herz-Stück der „Kommissar-Columbo-Technik“ vorstellt: Immer, wenn Columbo etwas seltsam vorkommt im Verhalten des „Verdächtigen“, geht er in eine als Zerstreutheit oder Vergeßlichkeit wunderbar getarnte und versteckte „Selbst-Trance“, die er immer wieder unglaublich kreativ nutzt; wenn er dann „zurückkommt“, macht er stets genau das Richtige, um genau in der richtigen Art und Weise und Reihenfolge genau die richtige Information zu erfragen. Wie macht er das genau?

Sobald sich im Verlauf eines Gesprächs „ein Teil“ von Columbo meldet, der sozusagen ausdrückt: „Halt, das verstehe ich nicht so genau“, unterbricht er mit einem kleinen Ablenkungsmanöver, z.B.: „Oh, einen kleinen Moment bitte, ich glaube, ich habe einen wichtigen Termin vergessen“ – und tut so, als denke er – während er über sein Notizbuch geneigt ist – nach.

In Wirklichkeit läßt er genau in diesem Augenblick dem „Einwand“ Raum, der vielleicht zuerst noch in einer völlig diffusen Form erscheint, als bloße innere Störung, als inneres Bild, das sich aufdrängt; vielleicht auch als ein Körpergefühl, das noch weit davon entfernt ist, als eine Botschaft verstanden zu werden.

Columbo verschafft dieser Nachricht von innen eine Gelegenheit, sich deutlicher auszudrücken, klarer zu werden; anstatt eine solche Wahrnehmung von innen als eine lästige Störung abzutun, versichert er sich so der wertvollen

Mitarbeit eines seiner zunächst noch unbewußten Teile, und das erweist sich dann oft als entscheidend.

Wie kann nun der „geniale Verkäufer" die „Kommissar-Columbo-Technik" zur Erhöhung der eigenen Überzeugungskraft einsetzen? Er weiß, daß sie zunächst dazu dient, Einwände, die von innen kommen und die das eigene Bewußtsein (noch nicht) wahrzunehmen gelernt hat, erst einmal wahrnehmbar zu machen. Im Verlauf dieses Prozesses lernt sein Bewußtsein, sich für den „inneren Berater" empfangsbereit zu machen; also verändert er die „Antennen-Einstellung", so daß aus einem „weißen Rauschen" eine klar wahrnehmbare und damit auch als wichtigen Hinweis einbeziehbare Nachricht werden kann.

Ein kleines Beispiel dazu: Ein Verkäufer verspürt im Verlaufe eines Gesprächs mit seinem Kunden irgendwo in seinem Körper ein ungutes Gefühl. Anstatt nun dieses Gefühl als lästige Störung zu übergehen, denkt er sich: „Hier bietet mir einer meiner inneren Berater, der ein echter Insider ist, seine wichtige Mitarbeit an. Und gerade sein Beitrag zu diesem Verkaufsgespräch könnte ja ein entscheidender Punkt für den erfolgreichen Abschluß sein."

Jetzt kann unser Verkäufer wie Columbo vorgehen („Oh, Entschuldigung, mir ist da gerade etwas Wichtiges eingefallen ...") und diesem inneren Berater sein Ohr schenken, das Bild betrachten, das er schickt oder dem Gefühl nachgehen. Denn dieser Berater kennt sich oft besser als das Bewußtsein aus, z.B. auch in Bereichen, die gerade eben im Verkaufsgespräch berührt oder gar beeinflußt wurden, ohne daß das Bewußtsein des Verkäufers etwas davon wußte.

Während er nun kurz die Gelegenheit nutzt und mit seinem inneren Berater eine Lösung entwickelt, die den „Hinweis im Einwand" miteinbezieht, führt er vom Aufbau der Gedankenfolge praktisch ein Six-Step-Reframing durch (und ebenso wird auch die „Columbo-Technik" im K-TRAIN-Seminar als Schritt für Schritt-Folge eingeübt, die dann später mit fortschreitender Übung in Sekundenschnelle durchlaufen werden kann.

Ebenso wie Columbo wird auch unser „genialer Verkäufer" nach der kurzen Ablenkung mit einem wichtigen, wenn nicht entscheidenden Punkt für das Gelingen des Verkaufsgesprächs aufwarten. Denn das, was ursprünglich als ein „ungutes Gefühl im Körper" auftauchte, hat sich bestimmt als ein Einwand im Verkäufer selbst erwiesen, wie z.B. „Du solltest erst noch Punkt X ansprechen", oder als Hinweis auf das Verhalten des Kunden: „Er signalisiert noch nicht rundum seine Zustimmung, da gilt es noch einmal nachzufragen."

Bedenken Sie auch, daß der Kunde seinerseits ohne weiteres im Verhalten des Verkäufers erkennen kann, ob dieser kongruent auftritt; so ist ja auch im obigen Beispiel das ungute Gefühl beim Verkäufer durchaus von außen erkennbar, z.B. in der Haltung, im Gesichtsausdruck oder vielleicht im Tonfall der Stimme.

Angenommen, der Kunde sagt „Ja", bewegt dabei aber den Kopf leicht zur Seite („Nein"-Zeichen, was bedeuten kann: es gibt eine Inkongruenz im Kunden, die dieser selbst nicht bewußt bemerkt). Dies wird wiederum vom Verkäufer unbewußt aufgenommen und „nebenbei" verarbeitet, wodurch der Vorgang bewußt wird. Beispielsweise entsteht vor dem inneren Auge des Verkäufers ein Bild, auf dem der Kunde seine zunächst innere Ablehnung ganz deutlich zeigt und auch äußert. Gleichzeitig hat der Verkäufer vielleicht ein besonderes Hitzegefühl: „Dabei fällt mir siedendheiß ein ...".

Anstatt sich zu bedanken und schnell abzuschließen, geht der Verkäufer automatisch zur „Columbo"-Technik über und fragt seinen „inneren Berater", der ihm Bild und Gefühl geschickt hatte, in der so gewonnenen Zeit, welche Hinweise ihm dieser noch geben kann. Nach dem Motto „War da noch etwas? ..." wird er dann zumindest weitere bewußte und/oder unbewußte Hinweise von Seiten des Kunden stärker beachten. Die „Antworten" darauf baut der Verkäufer dann wie von selbst in seine Sprache und Gestik ein.

Der Kunde, der eventuell noch gar nicht bemerkt hatte, daß er innerlich Einwände hatte, fühlt sich jetzt maximal verstanden und drückt dies auch sprachlich und verhaltensmäßig aus (= Kongruenz). Auch der Verkäufer ist jetzt zufrieden und sagt es auch. Er zeigt also, daß er keine Angst vor Einwänden hat, selbst vor denen nicht, die im Kunden noch nicht einmal die Schwelle des Bewußtseins überschritten haben, und daß er statt dessen vollkommen von seiner Leistung überzeugt ist und daß er jederzeit bereit ist dazuzulernen (= Kongruenz).

Er „strahlt vor Überzeugungskraft", die sein wichtigstes Betriebskapital ist und kann jetzt seine Fähigkeit, mit den unterschiedlichsten Menschen immer wieder Überraschendes erleben zu können, in ganzen Zügen genießen:

Happy Selling

Literatur

Andreas, Connirae u. Steve: Gewußt wie – *Arbeit* mit Submodalitäten und weitere NLP-Interventionen *nach Maß*. Paderborn: Junfermann ^{2}1990.

Bandler, R.: Veränderung des subjektiven Erlebens. Paderborn: Junfermann ^{3}1990.

–, *Grinder, J.*: Neue Wege der Kurzzeit-Therapie – Neurolingiustische Programme. Paderborn: Junfermann ^{8}1989.

–,–: Metasprache und Psychotherapie – Die Struktur der Magie I. Paderborn: Junfermann ^{6}1990.

–,–: Kommunikation und Veränderung – Die Struktur der Magie II. Paderborn: Junfermann ^{5}1989.

–,–: Reframing. Paderborn: Junfermann ^{3}1988.

Beyer, M., Marwitz, K.: Einführung in die Strategien des ganzheitlichen Lebens und Lernens – Workshop-Bericht. Kiel: Idyll-Seminare 1989.

Bierbaum, G.: Ihr gutes Gedächtnis. München: Universitas.

–: Mehr als Superlearning – Kreatives Lernen. München: Langen-Müller-Herbig.

–, *Ullmann, F.*: Nichts vergessen – mehr behalten. München: Universitas.

Buzan, T.: Kopf-Training. München: Goldmann.

Dilts, R., Bandler, R., Grinder, J. u.a.: Strukturen subjektiver Erfahrung – Ihre Erforschung und Veränderung durch NLP. Paderborn: Junfermann ^{3}1989.

Drucker, P.: Neue Realitäten. Düsseldorf: Econ.

Gerken, G.: Management by Love. Düsseldorf: Econ.

James, T., Woodsmall, W.: Time Line – NLP-Konzepte zur Grundstruktur der Persönlichkeit. Paderborn: Junfermann 1990.

Keyes, D.: Die Leben des Billy Milligan. München: Heyne.

Kirckhoff, M.: Mind Mapping – Die Synthese von sprachlichem und bildhaftem Denken. Berlin: Synchron.

Ornstein, R.: MULTIMIND – Ein neues Modell des menschlichen Geistes. Paderborn: Junfermann 1989.

Stahl, Th.: Triffst du 'nen Frosch unterwegs – NLP für die Praxis. Paderborn: Junfermann ^{3}1990.

Notizen

Notizen

Notizen

Die Erfolgstitel von Lothar J. Seiwert

Das ABC der Arbeitsfreude
Techniken, Tips und Tricks für Vielbeschäftigte
Von Winfried U. Graichen und Lothar J. Seiwert
111 Seiten, Paperback
ISBN 3-478-81134-1

Verkaufen Sie sich einfach an die Spitze
Erfolgsgesetze, Verkaufsgespräche, Zeitmanagement
Von Klose/Graichen/Seiwert
161 Seiten, Paperback
ISBN 3-478-81139-2

Das 1x1 des Zeitmanagement
Von Lothar J. Seiwert
107 Seiten, Paperback
ISBN 3-478-81125-2

Das 1x1 der Erfolgsstrategie
Der sichere Weg zu konkurrenzlosen Spitzenleistungen
Von Lothar J. Seiwert und Kerstin Friedrich
88 Seiten, Paperback
ISBN 3-478-81153-8

Zeitmanagement für Verkäufer
Mehr Zeit für Verkaufserfolge
Von Edgar K. Geffroy und Lothar J. Seiwert
272 Seiten, Paperback
ISBN 3-478-81177-5

Mehr Zeit für das Wesentliche
Besseres Zeitmanagement mit der SEIWERT-Methode
Von Lothar J. Seiwert
107 Seiten, Paperback
ISBN 3-478-81125-2

mvg-verlag · 86895 Landsberg am Lech

Erhältlich in Ihrer Buchhandlung